古典文獻研究輯刊

三五編

潘美月・杜潔祥 主編

第 **14** 冊

《經義考通說》探源(下)

司馬朝軍 著

國家圖書館出版品預行編目資料

《經義考通說》探源（下）／司馬朝軍 著 -- 初版 -- 新北市：
花木蘭文化事業有限公司，2022〔民 111〕
目 2+170 面；19×26 公分
（古典文獻研究輯刊 三五編；第 14 冊）
ISBN 978-626-344-116-3（精裝）
1.CST：經義考 2.CST：經學 3.CST：研究考訂
011.08   111010305

古典文獻研究輯刊
三五編 第十四冊   ISBN：978-626-344-116-3

《經義考通說》探源（下）

作　　者　司馬朝軍
主　　編　潘美月、杜潔祥
總 編 輯　杜潔祥
副總編輯　楊嘉樂
編輯主任　許郁翎
編　　輯　張雅淋、潘玟靜、劉子瑄　美術編輯　陳逸婷
出　　版　花木蘭文化事業有限公司
發 行 人　高小娟
聯絡地址　235 新北市中和區中安街七二號十三樓
　　　　　電話：02-2923-1455 ／傳真：02-2923-1452
網　　址　http://www.huamulan.tw 信箱 service@huamulans.com
印　　刷　普羅文化出版廣告事業
初　　版　2022 年 9 月
定　　價　三五編 39 冊（精裝）新台幣 98,000 元
　　　　　　　　　　　　　　　　　　版權所有‧請勿翻印

《經義考通說》探源(下)

司馬朝軍 著

目

次

利、《經義考‧通說三‧說經下》探源

303

明孝宗曰：六經載聖人之道，宜講明體行，務臻實用。

【探源】《大明孝宗敬皇帝寶訓》卷之一：弘治元年三月癸酉，上視學，行釋奠禮，御彝倫堂，授經於講官，祭酒、司業賜之坐講。祭酒費𤄏講《商書‧說命》「惟天聰明」一節，司業劉震講《周易‧乾卦》「大人者與天地合其德」一節，講畢，上宣諭師生曰：「<u>六經載聖人之道，講明體行，務臻實效爾</u>。師生其勉之！」

【今按】明俞汝楫編《禮部志稿》卷五「視學之訓」條所記與上同，文曰：弘治元年三月，上視學，行釋奠禮，御彝倫堂，授經於講官，祭酒、司業賜之坐講。祭酒費𤄏講《商書‧說命》「惟天聰明」一節，司業劉震講《周易‧乾卦》「大人者與天地合其德」一節。講畢，上宣諭師生曰：「六經載聖人之道，講明體行，務臻實效爾。師生其勉之！」

【又按】清高宗御定《資治通鑒綱目三編》卷十五「帝詣國子監行釋奠禮」條所記與上略有不同，文曰：帝親釋奠於先師加幣，用太牢，改分獻曰分奠，坐彝倫堂，命祭酒費𤄏等進講，𤄏舉《商書‧說命》篇敷陳時憲欽若之義，詞旨了暢，帝聳聽良久，徐諭曰：「六經載聖人之道，匪知難，惟行之艱，朕與爾師生勉之。」費𤄏，字廷言，丹徒人。

304

朱升曰：大哉六籍之功乎！立天地之心，植生民之命，措斯人於至治，傳是道於無涯，先聖後聖因時而起，制作傳述其事不同，而此心此理則未嘗異也。是故《詩》者人情之宣也，《書》者政事之紀也，《禮》者列義理之序，而《樂》者陶天地之和也，《易》者上古聖人所以開物成務，而《春秋》者夫子所以正王道而明大法者也。聖人之道載於經，聖人之心無窮，經之理亦無窮也。

【探源】朱升《朱楓林集》卷六策問之「六經」曰：「《詩》《書》《禮》《樂》，先王所以造士之四教也；《周易》《春秋》，孔氏修之贊之，以為世教者也。大哉六籍之功乎！立天地之心，植生民之命，措斯民於至治，傳是道於無窮，先聖後聖，因時而起，制作傳述，其事不同，而此心此理則未嘗異也。……是故《詩》者人情之宣也，《書》者政事之紀也，《禮》者列義理之序，而《樂》者陶天地之和也，《易》者上古聖人所以開物成務，而《春秋》者吾夫子所以正王道而明大法者也，皆非可以易言也。……夫聖人之道載於經，聖人之心無窮，經之理亦無窮也。」〔註1〕

【今按】「聖人之道載於經」的觀點見於元張之翰《西巖集》卷十三《易齋詩卷序》：「聖人之道載於經。經之道原於《易》。《詩》非《易》無以盡人情，《書》非《易》無以盡王事，《禮》非《易》無以教民欽，《樂》非《易》無以教民和，《春秋》非《易》無以教民名分。《易》乃道之原。五經，道之流也。世之學者昧制作之本意，指為聖人神天下之書，皆以茫然莫可得而詰，遂晦其說於深遠之域，不有熟讀五經，泝流以窮源，孰知天地之道、神明之德、陰陽之義、性命之理盡在於是。」

【又按】明方孝孺《遜志齋集》卷十四《贈金谿吳仲實序》亦云：道本於人心，非幽深渺遠不可知也，而人鮮知之，邪說惑之耳。古之為邪說者，其言異，其術異，其名亦異，其心亦自以為異於聖人之道，故其說易攻，而民之智者不之信。後世之為邪說者，其言與術皆異，至於問其名則自以為儒，問其所宗則以為得聖人之傳，故智與愚者皆溺焉。聖人之道載於經，可知矣。未嘗使人求道於博文約禮之外。

【又按】朱升（1299～1370），字允升，號楓林，安徽休寧人。至正元年，登鄉貢進士。薦為池州學正。棄官避隱石門，學者稱楓林先生。編輯《小四書》，又

〔註1〕《四庫全書存目叢書》集部24冊第337頁至340頁。

有《五經旁注》《楓林集》。因向朱元璋建議「高築牆、廣積糧、緩稱王」被採納而聞名。為明代開國謀臣之一，官至翰林學士兼東閣大學士。

<h2 style="text-align:center">305</h2>

　　王禕曰：載籍以來，六經之文至矣。凡其為文，皆所以載道者也。陰陽之變化載於《易》，帝王之政事載於《書》，人之情性草木鳥獸之名物載於《詩》，君臣內外之名分人事之善惡載於《春秋》，尊卑貴賤之等，聲容之美，以建天地之中和，載於《禮》《樂》。此其為道實至著至久，與天地同化而同運者，而皆託於文以見。嗚呼！此固聖人之文也與？世有作者，舍聖人則無所為學，其為文也，苟以載夫道，雖未至於聖人之文，其必不謬於聖人者矣。

【探源】明王禕《王忠文集》卷二十《文原》：天地之間，物之至著而至久者，其文乎？蓋其著也，與天地同其化，其久也，與天地同其運。故文者，天地焉相為用者也。是何也？曰：道之所由託也。道與文不相離，妙而不可見之謂道，形而可見者之謂文。道非文，道無自而明。文非道，文不足以行也。是故文與道非二物也，道與天地並，文其有不同於天地者乎？載籍以來，六經之文至矣。凡其為文，皆所以載夫道也。陰陽之變化載於《易》，帝王之政事載於《書》，人之情性、草木鳥獸之名物載於《詩》，君臣華夷之名分、人事之善惡載於《春秋》，尊卑貴賤之等級以節文乎天理者則《禮》載焉，聲容之美以建天地之和者則《樂》載焉。此其為道實至著至久，與天地同化而同運者，而皆託於文以見，則其為文固亦至著而至久，無或不同於天地矣。嗚呼！此固聖人之文也歟？然而經非聖人不能作，而聖人不世作也。後世作者豈遂不足以言文乎？曰：非然也。道在天地間，萬古一日，無或敝也。世有作者，舍聖人則無所為學。其為文也，苟以載夫道。雖未至於聖人之文，其必不謬於聖人者矣。三代而下，漢有董子，其文曰《三策》焉。唐有韓子，其文曰《原道》焉。至宋，則周子有《太極圖說》，張子有《西銘》，程子有《易春秋序》，歐陽子有《本論》。蓋其立言皆幾於經矣，等而上之，亦何愧於聖人之文乎？故曰：為文苟以載夫道，雖未至於聖人之文，固可謂不謬於聖人者也。由是論之，文不載道，不足以為文。凡世之以雕章繪句為務，競華藻而逞妍巧者，曾不翅淫聲冶色之悅人，其不眩耳目而蠱心志者幾希。此則文之為敝，而有志乎學聖人者之所不屑道也。盱江王君伯昭，其志於為文，而學聖人者乎？余嘗與之論文而有契，遂定交焉。君間屬予記其恒山書舍，未果

而言別，因書所嘗與伯昭論者，作《文原》以為贈，用以志吾二人者，其所論文非苟然而遂已也。君之伯氏玄翰甫，博學，尤工文，向辱與予遊，而九原已不作矣，不得以今所論從質之，抑亦可慨也夫！

【今按】王禕（《明史》《辭海》等為「禕」，《宗譜》記作「褘」）（1322～1373），字子充，號華川，金華府義烏來山人。後依外祖父居青岩傅。幼從祖父王炎澤學，後師事柳貫、黃溍。元至正八年（1348）遊燕京，上八千言書論時政。危素舉薦於朝，未被納用。遂歸隱著書，名聲日盛。十八年，朱元璋率部攻取婺州，禕應召，被任為中書省掾史。二十一年，進《平江西頌》，朱元璋大喜，說：「吾固知浙東有二儒，卿與宋濂耳。學問之博，卿不如濂；才思之雄，濂不如卿。」授江西儒學提舉司校理，累升侍禮郎，掌起居注。升翰林待制，同知制誥兼國史院編修官，教皇太子經學。五年正月，奉詔書往雲南招諭梁王把匝刺瓦爾密歸順。六月抵雲南，申明利害，梁王本有降意，適元殘部遣脫脫至，約梁王聯兵抗明，脅迫梁王殺禕，次年十二月遇害。建文初年追贈翰林學士，諡文節，正統中改諡忠文。著有《大事記續編》《王忠文公集》《重修革象新書》。

306

又曰：聖人之文，厥有六經。《易》以顯陰陽，《詩》以道性情，《書》以紀政事之實，《春秋》以示賞罰之明，《禮》以謹節文之上下，《樂》以著氣運之虧盈。凡聖賢傳心之要，帝王經世之具，所以建天衷，奠民極，立天下之大本，成天下之大法，皆於是乎在。是故世之學者，本之《詩》以求其恒，本之《易》以求其變，本之《書》以求其質，本之《春秋》以求其斷，本之《樂》以求其通，本之《禮》以求其辨。夫如是，則六經之文為我之文，而我之文一本於道矣。

【探源】明王禕《王忠文集》卷十九《文訓》：文以載道，其此之謂乎？太史公曰：「諸子之文，皆以明夫道固也，然而各引一端，各據一偏，未嘗窺夫道之大全。人奮其私智，家尚其私談，支離頗僻，馳騁鑿穿，道之大義益以乖，大體益以殘矣。此固學術之弊而道之所以不傳也。」生曰：「聖人之文，厥有六經。《易》以顯陰陽，《詩》以道性情，《書》以紀政事之實，《春秋》以示賞罰之明，《禮》以謹節文之上下，《樂》以著氣運之虧盈。凡聖賢傳心之要，帝王經世之具，所以建天衷，奠民極，立天下之大本，成天下之大法者皆於

是乎有徵。斯蓋群聖之淵源，九流之權衡，百王之憲度，萬世之準繩。猶之天焉，則昭雲漢而揭日星，布煙霞而鼓風霆。猶之地焉，則山嶽峙而江河行，鳥獸蕃而草木榮。故聖人者，參天地以為文，而六經配天地以為名。自書契以來，載籍以往悉莫與之京。斯其為文，不亦可以為載道之稱也乎？」太史公蹶然而驚，喟然而歎，曰：「盡之矣，其蔑有加矣。此固載道之器，而聖人之至文矣。」嗟乎！世之學者，無志乎文則已，苟有志焉，舍是無以議為矣。是故本之《詩》以求其恒，本之《易》以求其變，本之《書》以求其質，本之《春秋》以求其斷，本之《樂》以求其通，本之《禮》以求其辨。夫如是，則六經之文為我之文，而吾之文一本於道矣。故曰：經者，載道之文，文之至者也。後聖復作，其蔑以加之矣。今子知及乎此，則於文也其進孰御焉，特在加之意而已矣。

【今按】太史公即豫章黃溍。王褘師黃溍，友宋濂，學有淵源，故其文醇樸閎肆，有宋人軌範。宋濂稱其文凡三變：「初年所作，幅程廣而運化宏，壯年出遊之後，氣象益以沉雄；暨四十以後，乃渾然天成，條理不爽。」

【又按】朱彝尊於原文有所竄改。朱氏好為人師，硬要替前人修改文字，重新組織，妄哉！

307

又曰：六經者，聖人致治之要術、經世之大法，措諸實用，為國家天下者所不可一日或廢也。孔子嘗曰：「我欲託諸空言，不如載諸行事之深切著明也。」後世學者因以謂聖人未嘗見諸行事，而惟六經是作，顧遂以空言視六經，而訓詁講說之徒又從而浮詞曲辨淆亂之，於是聖人致治經世之用微矣。

【探源】明王褘《王忠文集》卷四《六經論》：六經，聖人之用也。聖人之為道，不徒有諸己而已也，固將推而見諸用，以輔相乎天地之宜，財成乎民物之性，而彌綸維持乎世故，所謂「為天地立極，為生民立命，為萬世開太平」者也。是故《易》者，聖人原陰陽之動靜，推造化之變通，以為卜筮之具，其用在乎使人趨吉而避凶；《書》者，聖人序唐、虞以來帝王政事號令之因革，以為設施之具，其用在乎使人圖治而立政；《詩》者，聖人采王朝列國風雅之正變，本其性情之所發，以為諷刺之具，其用在乎使人懲惡而勸善；《禮》極乎天地朝廷宗廟以及人之大倫，其威儀等殺，秩然有序，聖人定

之，以為品節之具，其用在乎明幽顯，辨上下；《樂》以達天地之和，以飾化萬物，其聲音情文，翕然以合聖人，協之以為和樂之具，其用在乎象功德格神人；《春秋》之義，尊王抑霸，內夏外夷，誅亂賊絕，僭竊聖人，直書其事，志善惡，列是非，以為賞罰之具，其用在乎正義不謀利，明道不計功。由是論之，則六經者，聖人致治之要術、經世之大法，措諸實用，為國家天下者所不可一日以或廢也。孔子嘗曰：「我欲託諸空言，不如載諸行事之深切著明也。」後世學者因以謂聖人未嘗見諸其行事，而惟六經是作，顧遂以空言視六經，而訓詁講說之徒又從以浮辭曲辯淆亂之，其弊至於今幾二千年，於是聖人致治經世之用微矣。嗚呼！聖人之用，載於六經，如日月之明，四時之信，萬世無少替也。天地之所以位，萬物之所以育，世故之所以久長而不壞者，繄孰使之然也。或曰：六經，聖人之心學也，《易》有先天、後天之卦，乃聖人之心畫；《書》有危微精一之訓，乃聖人之心法；《詩》者，心之所發；而《禮》由心制，《樂》由心生者也；《春秋》又史外傳心之典也。又曰：說天莫辨乎易，由吾心即太極也。說事莫辨乎書，由吾心政之府也。說志莫辨乎詩，由吾心統性情也。說理莫辨乎春秋，由吾心分善惡也。說體莫辨乎禮，由吾心有天序也。道民莫過乎樂，由吾心備人和也。心中之理無不具，故六經之言無不該也。然則以聖人之心言六經者，經其內，以聖人之用言六經，則經其外矣。心者，其本而用者，其末矣，舍內而言外，棄本而取末，果可以論六經乎？曰：非然也。心固內也，而經則不可以內外分，內外一體也。而尤不可以本末論，聖人之道蘊諸心而不及於用者有之矣，未有措諸用而不本於心者也，況乎六經為書，本末兼該，體用畢備，吾即聖人之用以言之，則聖人之道為易明，而聖人之心為己見本體之全固在是矣。若夫徒言乎心而不及於用者，有體無用之學，佛、老氏之所為道也，豈所以言聖人之經哉！

308

又曰：治《易》必自《中庸》始，治《書》必自《大學》始，治《春秋》必自《孟子》始，治《詩》及《禮》《樂》必自《論語》始。《易》以明陰陽之變，推性命之原，然必本之於太極，太極即誠也，而《中庸》首言性命，終言天道人道，必推極於至誠，故曰治《易》必始於《中庸》也。《書》以紀政事之實，載國家天下之故，然必先之以德，峻德、一德、三德是也，而《大學》

自修身以至治國平天下，亦本原於明德，故曰治《書》必始於《大學》也。《春秋》以貴王賤霸、誅亂討賊，其要則在乎正誼不謀利，明道不計功，而《孟子》尊王道，卑霸烈，闢異端，距邪說，其與時君言，每先義而後利，故曰治《春秋》必始於《孟子》也。《詩》以道性情，而《論語》之言《詩》有曰：「《關雎》樂而不淫，哀而不傷。」

【探源】明王褘《王忠文集》卷四《四子論》：四子，《論語》《大學》《中庸》《孟子》也。《論語》，孔子及門人問答之微言，而記於曾子、有子之門人。《大學》亦孔氏遺書。其經一章，孔子之言，而曾子所記傳十章，則曾子之言，而門人記之。《中庸》三十三章，子思之所作。《孟子》七篇，孟子所著，或曰其門人之所述也。《論語》先漢時已行，蕭望之、張禹皆以傳授，而諸儒多為之注。《大學》《中庸》二篇在《小戴記》中，注之者鄭玄也。《孟子》初列於諸子，及趙岐注之後遂顯矣。爰自近世，大儒河南程子實始尊信《大學》《中庸》而表章之，《論語》《孟子》亦各有論說。至新安朱子，始合《四書》，謂之四子。《論語》《孟子》則為之注，《大學》《中庸》則為之章句。或問：自朱子之說行，而舊說盡廢矣，於是四子者與六經皆並行，而教學之序莫先焉。然而先儒之論以謂，治六經者必先通乎《四書》，《四書》通則六經可不治而通也。至於六經四書所以相通之類，則未有明言之者。以予論之：治《易》必自《中庸》始，治《書》必自《大學》始，治《春秋》則自《孟子》始，治《詩》及《禮》《樂》必自《論語》始。是故《易》以明陰陽之變，推性命之原，然必本之於太極，太極即誠也，而《中庸》首言性命，終言天道人道，必推極於至誠，故曰治《易》必始於《中庸》也。《書》以紀政事之實，載國家天下之故，然必先之以德，峻德、一德、三德是也，而《大學》自修身以至治國平天下，亦本原於明德，故曰治《書》必始於《大學》也。《春秋》以貴王賤霸誅亂討賊，其要則在乎正誼不謀利，明道不計功，而《孟子》尊王道，卑霸烈，闢異端，距邪說，其與時君言，每先義而後利，故曰治《春秋》必始於《孟子》也。《詩》以道性情，而《論語》之言《詩》有曰：「《關雎》樂而不淫，哀而不傷。」又曰：「可以興，可以群，可以怨。」《禮》以謹節文，而《論語》之言禮，自鄉黨以至於朝廷，莫不具焉。《樂》以象功德，而《論語》之言樂，自韶舞以及翕純皦繹之說，莫不備焉。故曰治《詩》及《禮》《樂》必始於《論語》也。此四子、六經相通之類然也。雖然，總而論之，四子本一理也，六經亦一理也。漢儒有言：「《論語》者，五經之錧

轄,六藝之喉衿。」《孟子》之書則而象之,嗟乎!豈獨《論語》《孟子》為然乎!故自陰陽性命道德之精微,至於人倫日用家國天下之所當然,以盡乎名物度數之詳,四子六經皆同一理也,統宗會元,而要之於至當之歸,存乎人焉爾。

309

又曰:「可以興,可以觀,可以群,可以怨。」《禮》以謹節文,而《論語》之言禮,自鄉黨以至於朝廷,莫不具焉。《樂》以象功德,而《論語》之言樂,自韶武以及翕純皦繹之說,莫不備焉。故曰治《詩》及《禮》《樂》必始於《論語》也。此四子、六經相通然也。

【探源】見上條。

310

又曰:聖人之經,儒者之傳,諸子百家之著述,歷代太史之紀錄,以及天文、地理、陰陽、律曆、兵謀、術數、字學、族譜之雜出,敷落旁行、虞初稗官、燕談脞語之並興,其為說不同,為教亦異,而其為書類皆學者所當讀而通之者也。雖然,學問無窮,歲月有限,誠有不能遍觀而盡識者,而惟聖人之經則弗可以莫之究也。先王之道,所以立天下之大本,先王之制,所以成天下之大業,皆於是乎在。乃厄於秦,讖緯於漢,聖遠言湮,愈傳而愈失,時異事易,愈變而愈,非其流弊遂有不可勝言者矣!宋河南程子、關中張子者出,始克實踐精討,而聖賢明德之要,帝王經世之規,所以垂憲後世者乃大有所發明。其後,朱文公、張宣公、呂成公一時並興,而當其時,如永嘉薛氏、鄭氏、陳氏、葉氏、閩中林氏、永康陳氏後先迭出,各以所學自成其家,大抵均以先王之道為己任,以先王之制為必行,而所以立天下之大本、成天下之大業者,咸粲然方冊間矣。學者之於經,不可徒誦其文而已也,必將求其道以淑諸身,明其法以用於世,而所學始不徒為空言也。

【探源】明王褘《王忠文集》卷八《滄江書舍記》:滄江書舍,徐君方舟之所居以讀書者也。桐廬濱江為縣,君居在縣北,距江不百武而近,蓋唐比部方公勳之別業,而宋名臣方公愨之故居。君間來屬予為文記其舍壁。夫書之在天下,可謂博且廣矣。<u>聖人之經,儒者之傳,諸子百家之著述,歷代太史之紀錄,以及天文、地理、陰陽、律曆、兵謀、術數、字學、族譜之雜出,敷落旁行、</u>

虞初稗官、燕談胍語之並興，其為說不同，為教亦異，而其為書類皆學者所當讀而通之者也。雖然，學問無窮，歲月有限，誠有不能遍觀而盡識者，而惟聖人之經則弗可以莫之究也。是故《易》以明陰陽之理，《書》以紀帝王之政，《詩》以道人之性情，《春秋》以示世之賞罰，《禮》以謹上下之節文，《樂》以通天地之氣運，凡先王之道所以立天下之大本，先王之制所以成天下之大業者，皆於是乎在。然自厄於秦，訓詁於漢，聖遠言堙，愈傳而愈失，時異事易，愈變而愈非，其流弊遂有不可勝言者矣！且仁義性命中誠太極鬼神皆所謂道也，妙極乎無聲無臭，而不離乎匹夫匹婦之所知，皆講學之樞要，而乃以善柔為仁，果敢為義，氣質以為性，六物以為命，依違以為中，鈍魯以為誠，玄虛以為太極，冥漠以為鬼神，或至以佞為忠，以詐為信，以察為智，以蕩為情，以貪為欲，以反經為權，捷給以為才，譎詭以為術，而世皆謬迷於聞見之陋，莫之或省。若夫法制之遺，其弊尤甚。井牧以居民，而丘乘卒伍之不合，則參以管仲、穰苴之法；封建以經國，而百里、五百里之不同，則託諸歷代之異。郊丘禘祫，大事也，或以郊丘為二或，以禘祫為一焉。廟堂、明堂，大典也，或以為異所而殊制，或以為一廟而八名焉。帝號官儀，悉承秦舛，郊兆廟室，雜踵漢誤，以及貢賦選舉之設，皆不過一切之法而已。嗚呼！六經之書，先王道學治具之所在，而後世所取法也，然其為說之弊，乃至於是。蓋千數百年，宋河南程子、關中張子者出，始克實踐精討，而聖賢明德之要，帝王經世之規，所以垂憲後世者乃大有所發明。其後，朱文公、張宣公、呂成公一時並興，而當其時如永嘉薛氏、鄭氏、陳氏、葉氏、閩中林氏、永康陳氏後先迭出，各以所學自成其家，大抵均以先王之道為己任，以先王之制為必行，而所以立天下之大本，成天下之大業者，咸粲然方冊間矣。然及於今，學者顧遂因儒先君子講習既明之餘，因循苟簡，承前襲舊，習矣而不察，行矣而不著，甚者以先王之道為莫之可行，以先王之制為無所於用。夫然故書自為書，人自為人，而學為空言矣。嗚呼！此其為弊不有甚於前日歟？是故學者之於經，不可徒誦其文而已也，必將求其道以淑諸身，明其法以用於世。蓋惟誠求而實見，篤信而力行，然後知人之貴，果可以為聖賢，果可以位天地、育萬物，而所學不徒為空言也。予夙有聞於此，竊嘗有志而願學焉。比與君定交，錢唐辱遣其子膺從予遊，會予迨東歸，不得與之相講習，故因道予所聞者，書以授膺，以復於君，並請揭諸舍壁以為記。

【今按】「旁行」本指橫向書寫的佛經，代指佛教，「敷落」所出的《度人經》乃道教
經典，「敷落旁行」指佛道二教，與虞初稗官（即小說）、燕談脞語（即雜家）
正好並列。而《經義考新校》第十冊第 5370 頁未明此義，誤將前後句標點
為：「以及天文、地理、陰陽、律曆、兵謀、術數、字學、族譜之雜出敷落
旁行，虞初稗官、燕談脞語之並興」。

【又按】朱彝尊於原文有所點竄。提要鉤玄是其長處，刪改原文是其短處。

311

宋濂曰：聖人之言曰經。其言雖不皆出於聖人，而為聖人所取者亦曰經。
經者，天下之常道也。《易》《書》《春秋》用其全，《詩》與《禮》擇其純而去
其偽，未有不合乎道而不可行於世者也。故《易》《詩》《書》《春秋》《禮》皆
曰經。五經之外，《論語》為聖人之言，《孟子》以大賢明聖人之道，謂之經亦
宜。其他諸子所著，正不勝譌，醇不逮疵，烏足以為經哉？

【探源】明宋濂《文憲集》卷二《經畬堂記》：<u>聖人之言曰經，其言雖不皆出於聖賢，</u>
<u>而為聖人所取者亦曰經。經者，天下之常道也</u>，大之統天地之理，通陰陽
之故，辨性命之原，序君臣上下內外之等，微之鬼神之情狀、氣運之始終，
顯之政教之先後、民物之盛衰、飲食衣服器用之節、冠昏朝享奉先送死之
儀，外之鳥獸草木夷狄之名，無不畢載，而其指歸皆不違戾於道，而可行
於後世，是以謂之經。《易》《書》《春秋》用其全，《詩》與《禮》擇其純
而去其偽，未有不合乎道而可行於世者也。故<u>《易》《書》《詩》《春秋》《禮》</u>
<u>皆曰經。五經之外，《論語》為聖人之言，《孟子》以大賢明聖人之道，謂</u>
<u>之經亦宜。其他諸子所著，正不勝譌，醇不逮疵，烏足以為經哉？</u>自漢以
降，聖賢不作，異說滋橫，凡外夷小道以及星曆、地理、占卜、醫藥、種
樹、養馬詭誕淺近之言，皆僭以經名，千餘年間，時益歲加，書之以經名
者布乎四海之內，學者眩於其名，趨而陷溺焉者甚眾，而五經、孔、孟之
道晦矣。然非彼之過也，學五經、孔、孟者不能明其道，見諸事功故也。
夫五經、孔、孟之言，唐、虞三代治天下之成效存焉。其君堯、舜、禹、
湯、文、武，其臣皋、夔、益、契、伊、傅、周公，其具道德、仁義、禮
樂、封建、井田，小用之則小治，大施之則大治，豈止浮辭而已乎？世儒
不之察，顧切切然剽攘摹擬其辭，為文章以取名譽於世。雖韓退之之賢，
誨勉其子，亦有經訓菑畬之說，其意以為經訓足為文章之本而已，不亦陋

於學經矣乎！學經而止為文章之美，亦何用於經乎？以文章視諸經，宜乎陷溺於彼者之眾也。吾所謂學經者，上可以為聖，次可以為賢，以臨大政則斷，以處富貴則固，以行貧賤則樂，以居患難則安，窮足以為來世法，達足以為生民準，豈特學其文章而已乎？錢唐錢鈞，質甚敏，好學甚篤，取退之經畬之言名其齋，會余過其郡，造旅邸，徵文甚力。余美其志，恐其泥於退之之言也，推其道以告之，使求夫大者焉。

312

又曰：文當以聖人為宗。古之立言，簡奇莫如《易》，又莫如《春秋》。序事精嚴莫如《儀禮》，又莫如《檀弓》，又莫如《書》。《書》之中又莫如《禹貢》，又莫如《顧命》。論議浩浩而不見其涯，又莫如《易》之《大傳》。陳情託物莫如《詩》，《詩》之中反覆詠歎又莫如《國風》。鋪張王政又莫如二雅，推美盛德又莫如三頌。有闔有開，有變有化，脈絡之流通，首尾之相應，莫如《中庸》，又莫如《孟子》。《孟子》之中，又莫如《養氣》《好辨》等章。人能致力於斯，得之深者，固與天地相始終，得其淺者，亦能震盪翕張，與諸子較所長於一世。蓋文之所存，道之所在也，文不繫道，不作焉可也。

【探源】明宋濂《文憲集》卷三一：文學之士，自古及今，以之自任者眾矣，然當以聖人之文為宗。文之立言簡奇莫如《易》，又莫如《春秋》。序事精嚴莫如《儀禮》，又莫如《檀弓》，又莫如《書》。《書》之中，又莫如《禹貢》，又莫如《顧命》。論議浩浩，而不見其涯，又莫如《易》之《大傳》。陳情託物莫如《詩》。《詩》之中，反覆詠歎又莫如《國風》。鋪張王政又莫如二雅。推美盛德又莫如三頌。有開有闔，有變有化，脈絡之流通，首尾之相應，莫如《中庸》，又莫如《孟子》。《孟子》之中，又莫如《養氣》《好辯》等章。嗚呼！濂之所言者客爾，以其所言推其所不言，蓋可知矣。人能致力於斯，得之深者固與天地相始終，得之淺者亦能震盪翕張，與諸子較所長於一世。雖然，此特論為文之體然耳。若原其本，則未也，其本者何也？天地之間，至大至剛，而吾藉之以生者，非氣也耶？必能養之而後道明，道明而後氣充，氣充而後文雄，文雄而後追配乎聖經。不若是，不足謂之文也。何也？文之所存，道之所存也。文不繫道，不作焉可也。苟繫於道，則萬世在前，不謂其久。吾不言焉，言則與之合也。萬世在後，不謂其遠。吾不言焉，言則與之合也。是故無小無大，無外無內，無古無今，非文不足以行，非文不足以傳，其可

以無本而致之哉？浦陽雖小邑，自宋以來以文知名者甚眾，大抵據經為本，有足貴者。

【今按】朱彝尊於原文有所點竄，如「文當以聖人為宗」原文作「文學之士，自古及今，以之自任者眾矣，然當以聖人之文為宗」，已經改變了作者的原意——「文學之士當以聖人之文為宗」，而「文當以聖人為宗」只能視為朱彝尊自己的觀點。

313

又曰：孔子傳《易》，孟子釋《詩》，加數言而其意炳如，辭不費也。辭之費，經之離乎？漢儒訓經，使人緣經以求義，優柔而自得之，有見乎爾也。近世傳文或累千言，學者復求傳中之傳，離經遠矣。造端者，唐之孔穎達乎？

【探源】此則選自宋濂《龍門子凝道記》卷之中《陰陽樞第三》。今本《宋濂全集》文作：「孔子之傳《易》，孟子之釋《詩》，加以數言而其意炳如也。是何也？辭不必費也。辭之費，其經之離乎？漢儒訓詁經文，使人緣經以釋義，必優柔而自得之，有見乎爾也。近世則不然，傳文或累言數百，學者復求傳中之傳，離經遠矣。其造端者，唐之孔沖遠乎？」（此條參考陳開林《〈經義考‧通說〉引文續考》）

【今按】朱彝尊於原文有所點竄。

【又按】《鶴林玉露》「孟子釋詩」條云：孟子釋《公劉》之詩曰：「故居者有積倉，行者有裹糧也，然後可以爰方啟行。」〔註2〕釋《烝民》之詩曰：「故有物必有則，民之秉彝也，故好是懿德。」〔註3〕只添三兩字，意義粲然。六經古注亦皆簡潔，不為繁詞。朱文公每病近世解經者推測太廣，議論太多，曰：「說得雖好，聖人從初，卻元不曾有此意。」雖以呂成公之《書解》，亦但言其熱鬧而已，蓋不滿之辭也。後來文公作《易傳》《詩傳》，其詞極簡。

314

又曰：五經自孟氏後無兼通之者。

〔註2〕《公劉》：「匪居匪康，乃場乃疆，迺積迺倉，乃裹餱糧，於橐於囊，思輯用光，弓矢斯張，干戈戚揚，爰方啟行。」
〔註3〕《烝民》：「天生烝民，有物有則。民之秉彝，好是懿德。」

【探源】明宋濂《文憲集》卷二八《答郡守聘五經師書》：十一月二十七日，承遣使者來山中，賜以書幣，強濂為五經之師，聞命，驚愕不知所云。雖然，執事之意則甚善也。昔舒人文翁為蜀郡守，招下縣年少者為學官弟子，每行縣益從學官諸生明經飭行者與俱，蜀地大化，比齊魯焉。執事亦舒產，是宜汲汲孜孜，欲追躅於文翁也。然而興學在乎明經，明經在乎選傳，得良傳則正鵠設而射志定，土范齊而鑄器良，聲流教溢，俗轉風移，反是則政墜矣。此則執事不可不慎者也。濂也不敏，幼即多病，若藝黍稷與肇牽車牛、遠服商賈之事皆力所不任。靖自念之，吾將何執以閱世乎？適家藏古書數千卷，因取翻閱，習久成性，遂不欲棄去。然亦藉是以自遣耳，非有所能也。是故家庭之間未嘗以知經稱之，豈直家庭哉？至於鄉黨州閭亦未嘗謂其通經也。執事者不之察，一旦強儒之，使服深衣大帶，張拱徐趨於講堂之上，吾恐人無不笑之，而所笑者又恐不止於區區也，執事何為欲強之乎？況五經自孟氏後無兼通之者。如施讎之《易》，大、小夏侯之《書》，轅固、韓嬰之《詩》，尹更始之《春秋》，慶普、鄭興之《禮》，各僅僅成家而已。濂視數子之間，曾不足負羈絏以從。執事采浮華而忘本實，但見耳目具者，輒聘以為師。執事倡之曰：「某可師也。」左右畏威，莫敢諫白，又從而和之曰：「某實可師也。」所以濫及於濂，濂縱不顧清議，曲徇執事意，而匍匐從之，衿佩森如立竹，執經問難，欲屏之邪，則所職何事？欲應之邪，則環視其中，枵然無所有，其於窘迫，實有不堪，執事何為欲強之乎？古之通經者，非思騰簸口舌，以聾瞽時俗，實欲學為忠孝。而孝者又百行之冠冕，苟於孝道有闕，則雖分析經義如蠶絲牛毛，徒召辱耳。陽城為學官時，謂諸生曰：「凡學者，學為忠與孝也。」諸生有不省親者乎？其有不省親者，即斥去之。此古人高抬貴手也。濂嚴父年垂八十，旦暮弄雛，親側以盡愛，日之誠猶懼不足，乃使棄之以臨諸生，諸生將何以取法乎？諸生尚不欲久去膝下，況為師者乃可爾乎？世豈無陽城，將何面目以見之也？執事何為欲強之乎？師嚴然後道尊，理勢然也。濂以輕浮淺躁之資，習懶成癖，近益之以疏頑，不耐修飭，亂髮被肩，累日不冠，時同二三友徒跣梅花之下，轟笑竟日，不然，則解衣偃臥，看雲出岩扉中，有類麋鹿，然見人至輒驚遁，欲危坐一刻亦不可得，自知獲罪名教，痛思懲艾，卒不可變，此執事素所知，非今日造此飾詞。如此之人，不棄絕則已，安可使儀刑後進，執事何為欲強之乎？

【今按】宋濂所謂「五經自孟氏後無兼通之者」是一個徹頭徹尾的偽命題，不符合經學史的實際情況。

315

又曰：世求聖人於人，求聖人之道於經，斯遠已。我可聖人也，我言可經也，弗之思耳。

【探源】見宋濂《文憲集》卷二七《蘿山雜言》，又見宋濂《宋景濂先生未刻集》。

316

戴良曰：仁、義、禮、智皆人所固有，聖人因人之所固有而為之教焉。喜怒哀樂之情，人之所固有也，以其固有之情而美刺之，於是乎有《詩》。詩者，人之情也。情雖易放，而辭讓之心則其所固有也。以其固有之心而為之節文，於是乎有《禮》。禮者，敬也。敬則自處卑矣，以其自卑之勢而又有《書》。書者，上所以通乎下之言也。上下既通，然後以其吉凶悔吝之機而作《易》焉。《易》作而《春秋》繼之。蓋至於春秋，則人之固有者舉亡之矣，然亦以其是是非非而為之斷焉，聖人為教之備如此。

【探源】元戴良《九靈山房集》卷二八《全有堂記》：人之有是身也，必有是心。有是心也，必有是理。若仁、義、禮、智四者之為性，蓋皆人所固有，而非由外至也。然或不能知其性之所有而全之者，則以梏於氣，動於欲，亂於意，有所陷溺而然耳。是以聖人因人之所固有而為之教焉。喜怒哀樂之情，人之所固有也。以其固有之情而美刺之，於是乎有《詩》。詩者，人之情也。情雖易放，而辭讓之心則其所固有也。以其固有之心而為之節文，於是乎有《禮》。禮者，敬也。敬則自處卑矣，以其自卑之勢而又有《書》。書者，上所以通乎下之言也。上下既通，然後以其吉凶悔吝之機而作《易》焉。《易》作而《春秋》繼之。蓋至於春秋，則人之固有者舉亡之矣，然亦以其是是非非而為之斷焉。聖人為教之備如此。而其大要，則務使人開其梏，制其動，治其亂，皆知是性之所有而全之也。然所以使人知其性之所有而全之者，其文雖存乎《易》《詩》《書》《禮》《春秋》之籍，而其實則行乎君臣、父子、兄弟、夫婦、朋友之間也。《孟子》所謂「父子有親，君臣有義，夫婦有別，長幼有序，朋友有信」是也。由是而觀，則上之所以教，下之所以學，其亦可知也已。夫自世變俗衰，聖人教人之法盡壞，而士之為學，不過釣聲名，干利祿，靡然從事乎其外，幸而或知是理之在我而有意乎內求者，又往往收視反聽，一以取足諸心為事，其弊卒墮異說而不知。噫！此後之學者所以不及於古也。不及於古者，由不能全乎其所有也。欲全其有，寧有道乎？曰知

與行而已。知益窮乎《易》《詩》《書》《禮》《春秋》之理，而行則盡夫君臣、父子、兄弟、夫婦、朋友之事也。知以有之行以全之，此學之所以幾於古也。《詩》曰：「天生烝民，有物有則。民之秉彝，好是懿德。」是蓋為學之大端也。學者舍是而欲求入於聖賢之域者，不亦難矣哉！余友黃君元輔有志乎古學者也，故嘗以全有名堂，而屬余記之。余惟全有之云見之於朱子之書者，誠萬世學者之途轍。今元輔重取斯言，而用以名其室，則其於學也可謂得其要矣，是尚奚以余言為哉？余雖有言，亦豈能出於朱子所言之外哉？況若餘者方矻矻自保之不暇，又安能有及於朋友哉？然則是記也，非所以勉元輔，而惟將以自警焉爾。

【今按】朱彝尊於原文有所點竄。

【又按】戴良（1317～1383），字叔能，浦江建溪（今浙江諸暨）人。元亡，隱居四明山中。洪武十五年（1382），朱元璋召至京師，欲與之官，託病固辭。致忤逆太祖意入獄。待罪之日，作書告別親舊，仍以忠孝大節為語。次年（1383），卒於獄中。或說係自裁而逝。著有《春秋經傳考》《九靈山房集》等。《明史》有傳。

317

朱右曰：貫三才而一之者，文也。羲、軒之文見諸圖畫，唐、虞稽諸典謨，三代具諸《易》《書》《詩》《禮》《春秋》。故《易》以闡象，其文奧；《書》道政事，其文雅；《詩》發性情，其文婉；《禮》辨等威，其文理；《春秋》斷以義，其文嚴。然皆言近而指遠，辭約而義周，固千萬世之常經，不可尚已。

【探源】明朱右《白雲稿》卷三《文統》：文與三才並。<u>貫三才而一之者，文也</u>。日月星漢，天文也。川嶽草木，地文也。民彝典章，人文也。顯三才之道，文莫大焉。<u>羲、軒之文見諸圖畫，唐、虞稽諸典謨，三代具諸《易》《書》《詩》《禮》《春秋》</u>。遭秦燔滅，其幸存者猶章章可睹。故<u>《易》以闡象，其文奧；《書》道政事，其文雅；《詩》發性情，其文婉；《禮》辨等威，其文理；《春秋》斷以義，其文嚴。然皆言近而指遠，辭約而義周，固千萬世之常經，不可尚已</u>。孔思得其宗，言醇以至；孟軻識其大，言正以辯。若左氏多誇，莊周多誕，荀卿多雜，屈、宋多怨，其文猶近古，世稱作者。漢興，賈誼、董仲舒、劉向窺見圖經，冀闖其道，相如、揚雄大昌厥辭，然皆有志於斯文者。獨司馬遷父子頗采經傳、國史，集群哲之大成，紬一家言，載諸簡編，為史

氏宗,其文雄深多奇。班固繼作,頗就雅馴,以倡來學。二氏之文遂足為後
世之準程也。魏晉日流委靡,唐韓愈上窺姚姒,馳騁馬、班,本經參史,制
為文章,追配古作。宋歐陽修又起而繼之,文統於是乎有在其間。柳宗元、
王安石、曾鞏、蘇軾亦皆遠追秦漢,羽翼韓、歐,然未免互有優劣。嗚呼!
文豈易言哉!餘姚景德輝氏,明經稽史,有志於斯,嘗與予劇論文章家體裁
及諸子造詣淺深,且欲求其宗緒,作《文統》以復之,當有知言者正焉。

【今按】朱右(1314〜1376),字伯賢(一字序賢),自號鄒陽子,臨海章安(今屬浙
　　　　江台州)人。至正中,徙居上虞縣五夫鎮,任紹興、蕭山教授和蕭山主簿。
　　　　方國珍任江浙行省平章,升朱右為行省照磨,左右司都事,員外郎。明洪武
　　　　三年(1370),史館總裁薦朱右等纂修《元史》。六年,受聘編《大明日曆》
　　　　《洪武正韻》。書成,授翰林編修。洪武八年(1375),任晉王府右長史。著
　　　　有《白雲稿》《春秋類編》《秦漢文衡》《元史補遺》《性理本源》。

【又按】朱右將唐代韓愈、柳宗元,宋代歐陽修、曾鞏、王安石和「三蘇」的優秀散
　　　　文編為《六先生文集》16卷。明中葉,唐、宋派學者毛坤承朱右之說,增編
　　　　文章,將「三蘇」分開,重編《八先生文集》和《唐、宋八大家文鈔》144卷,
　　　　作為學習古文的範例。「唐、宋八大家」的「文統」在中國文學史上從此確立。

318

　　胡翰曰:六藝之文,《易》也,《書》也,《詩》也,《春秋》也,《禮》《樂》
也。《樂》亡而《禮》僅存其三,曰《儀禮》也,《周禮》也,《禮記》也。漢
儒概而言之,以為六藝。史遷曰:「六藝經傳以千萬數,窮年不能究其說,累
世不能通其學。」聖人之言豈越□□(四庫薈要本作「高遠」)若是哉!火於
秦,汨於漢,加之傳注日以滋蔓,故習於訓詁者溺於專門,流於術數者拘於
災異,否則辭章而已。學者誠以身體之,以心會之,則聖人之道不在於書而
在吾身、吾心矣。

【探源】明胡翰《胡仲子集》卷六《芳潤齋記》:烏傷劉剛養浩受業於潛溪宋先生,
　　　　業成,充賦吏部,留京師,益磨切其學於四方之賢士,四方來者莫不爭先願
　　　　與之交。公卿大夫言於朝,將用其所長。養浩固卑讓,引而東歸,闢室以為
　　　　讀書之所,扁曰芳潤,以求其歸宿於六經,乞文為記。余請訪諸其師,以為
　　　　潛溪當世儒宗,方以文顯,子之文又酷似之,何以余言為哉?養浩曰:「先
　　　　生非西河之人,奈何以此語我?先生,吾師之友,即吾師也,願以告我。」

余聞之，不能奪其志，乃為之言曰：天下之物，莫不有聲色臭味之可好而載
籍之。在天下未有聲色臭味如物之可好，而惟儒者好之。其曰芳潤者，自晉
陸機有是言，人傳誦之。六藝之文，曰《易》也，《書》也，《詩》也，《春
秋》也，《禮》《樂》也。《樂》亡而《禮》僅存其三，曰《儀禮》也，《周禮》
也，《禮記》也。漢儒概而言之，以為六藝。史遷曰：六藝經傳以千萬數，
窮年不能究其說，累世不能通其學。聖人之言豈越（闕）若是哉！火於秦，
汨於漢，加之傳注日以滋蔓，故習於訓詁者溺於專門，流於術數者拘於災異，
否則詞章而已。爭事口耳，非有得也。《易》通於幽明之故，《書》紀夫政事
之實，何取於芳潤也？《詩》以道性情之正，《春秋》以示法戒之嚴，何取
於芳潤也？《禮》以正行，《樂》以和心，又皆民生動作威儀之則，風氣流
行合同之化，非徒誦說其於芳潤，又何有也，無亦以其辭焉已乎？苟以其辭，
則有卦畫以來，列聖繼作，渾渾灝灝，代有不同，至周而噩噩矣，鬱鬱矣。
及周之衰，失其本真。吾夫子從而繫之，刪之，正而修之，聖謨猶洋洋然，
望之若邁，測之而愈奧，江河不足以為深廣，泰華不足以為高岩，草木之英
不足以為粹，雨露之甘不足以為美，大羹、玄酒不足以為淳，猩唇、貘炙不
足以為腴。味乎此者，心融意適（闕）淳也，腴也，粹而美也，深廣而高嚴
也（闕）天下之物而中無有厭飫也，此其為芳潤，沾漑天下亦已多矣。春秋
以來，若屈原、荀況之在戰國，賈誼、董仲舒、司馬遷、劉向、揚雄之在漢，
韓愈、柳宗元、李翱之在唐，歐陽修、蘇軾、曾鞏、王安石之在宋，皆得其
膏馥，涵揉揮灑，爭雄擅長於作者之場機也，固其靡者耳。由吳入洛，雖少
年才藻秀發，而氣不揚，德不勝，僅得乎其濡沫，與弟雲吹煦以冠一時方之
作者，曾不足以希建安七子之後，欲以議乎秦漢之上，相去益以遠矣，烏睹
道之大全哉？文者，載道之器也，德修則道凝，道凝則言立有本者，如是舍
本而求末，得其言，不得其所以言，雖兩漢、唐、宋魁人傑士，才驅氣駕，
悉其平生之力未能極其淵源之所如。往昔者聖人建極，以身為法，於天下患
無以周天下之眾及後世之遠，於是著之為經學。古者生乎聖人之後，誦其詩，
讀其書，亦將以身體之，以心會之，則聖人之道不在於書而在吾身、吾心矣。
聖人不能有加於吾之性，天地萬物之理皆吾性所固有也。吾於是而得之，亦
不能有加於吾之性，其得於天者固如是，特因聖人有以啟沃之，而得吾之本
然者耳。世儒習而不察，聖學不明。及宋二程子出於濂溪之門，始闡揚之，
以承墜緒。晦庵朱子益加討論，以一眾說，然後聖經賢傳，訛者正，疑者缺，

晦者明，如日中天，士得而讀之，如出三代之前，宜其坦然由之而無疑。世之篤於自信者何其鮮也，能任重者又益未之見焉。

【今按】胡翰推尊程朱之學，篤於自信，志在恢復原始經學。

【又按】胡翰（1307～1381），字仲申，一字仲子，浙江金華人。官衢州府教授。洪武乙酉纂修《元史》書成，賜白金文綺，辭歸卜居長山之陽，學者稱曰長山先生。事蹟具《金華先民傳》。

319

劉迪簡曰：漢儒多分章句，有破碎五經之患；宋儒詳衍義說，有傅會五經之患。

【探源】此則選自王文祿《中庸古本·前引》。（此條參考陳開林《〈經義考·通說〉引文續考》）

【今按】劉迪簡，宜春人，明初征授尚賓副使。

320

劉三吾曰：六經，載道之書也。《四書》，明理之書也。《易》以道陰陽，《書》以道政事，《詩》以詠性情，《春秋》以正名分，《禮》以謹節文，《樂》以宣功德，道無乎不在也。《大學》其入道之戶庭乎？《中庸》其造道之閫奧乎？《論語》無非教人操存涵養之要，《孟子》無非教人體驗擴充之功。故求道必自六經始，求六經必自《四書》始。

【探源】此則出自劉三吾《番陽令任勉讀書齋記》（《湖南文徵》卷十七）。《經義考》引述時有刪節、改竄。「《樂》以宣功德」，原文無，乃朱彝尊所補。

【今按】劉三吾《坦齋文集》卷上《好古齋說》：「六經之理具於人心，六經之文具於方冊。學聖賢之學，而欲好古先聖賢之學，捨是六經，未見其可也……《易》以道陰陽，《書》以道政事，《詩》以理性情，《禮》以謹節文，《春秋》以寓王法、正名分……」〔註4〕

【又按】《明史》卷一三七：「劉三吾，茶陵人，初名如孫，以字行。累遷翰林學士。時天下初平，典章闕略，帝銳意制作，宿儒凋謝，得三吾晚悅之，一切禮制及三場取士法多所刊定。三吾博學善屬文，帝制大誥及洪范注成，皆命為序。敕修《省躬錄》《書傳會選》《寰宇通志》《禮制集要》諸書，皆總其事。」

〔註4〕《四庫全書存目叢書》集部第 25 冊第 123 頁。

【又按】「六經載道之書」之論出自宋人。宋黃仲元《四如講稿》卷五云：「經者，載道之書，亦論世之書。讀經者不論其世，可乎？」宋王雱《南華真經新傳》卷七：「有為者必有跡，故莊子至此而寓言，老聃誚孔子治人而以陳跡也，然六經載道之書。書者，為道之粗，由粗可以至於精，精則無所為而已。」此論點為明清學者所接受。如明王立道《具茨文集》卷一《擬宋王堯臣謝賜禮記中庸篇表》：「六經皆載道之書。」清儒黃宗羲序《學禮質疑》亦曰：「六經皆載道之書，而禮其節目也。」徐乾學《進呈御選古文淵鑒表》：「紛綸六藝，實為載道之書。流衍百家，彌廣立言之旨。」

關於明理之書，宋歐陽守道《巽齋文集》卷一一《贈宋義甫序》云：「夫前所謂明理之書曾不知讀，而寧從事於鄙俚繆妄之書，何哉？鄙俚繆妄之書，其徒易於傳習，又便於田家市人之聽，其取信常眾，得利常速。而明理之書，探山川融結之情，引經援史，遠及四方郡邑之大勢，可與識者道，難與俗人言也。」

「道無乎不在」的觀點也出自宋人。如宋朱子《論語精義》卷三上引范曰：「道無乎不在，無往而不可也。」宋張栻《孟子說》卷六：「蓋道無乎不在，貴於求而自得之而已。辭意反覆抑揚，學者所宜深味也。」明葉子奇《草木子》卷二：「莊子曰，道在秕稗，在瓦礫，在尿溺，每況愈下。蓋以道無乎不在也。」

「《大學》其入道之戶庭，《中庸》其造道之閫奧」是朱熹的觀點。宋黃榦《勉齋集》卷三九《祭晦庵朱先生文》：「既有自然之權度，則窮經考古，莫不炳然如日星。謂《中庸》為造道之閫奧，謂《大學》為入道之門庭。究本義以言《易》，而深得卜筮之旨。黜小序以正《詩》，而力辨雅鄭之聲。探《語》《孟》之編，而如對鄒魯之問答。述周、程之書，而一新濂洛之典型。至於星曆、地志、曲藝、小數不可以悉究，騷人墨客窮年卒歲，僅見其可稱。莫不折之以理，而各造其極。蓋亦得之於天命，而非學可能。信本深而形巨，故末茂而聲宏。」朱熹《論孟集義序》云：「《論》《孟》之書，學者所以求道之至要。古今為之說者，蓋已百有餘家。然自秦漢以來，儒者類皆不足以與聞斯道之傳。宋興百年，有二程先生者出，然後斯道之傳有繼，其於孔氏、孟氏之心，蓋異世而同符也，故其所以發明二書之說，言雖近而索之無窮，指雖遠而操之有要，所以興起斯文，開悟後學，可謂至矣。間嘗搜輯條疏，以附本章之次。既又取夫學之有同於先生者，與其有得於先生者，若橫渠張

氏、范氏、二呂氏、謝氏、游氏、楊氏、侯氏、尹氏凡九家之說以附益之，名曰《論孟精義》。抑嘗論之：《論語》之言，無所不包，而其所以示人者，莫非操存涵養之要。七篇之指，無所不究，而其所以示人者，類多體驗充擴之端。夫聖賢之分其不同固如此，然而體用一源也，顯微無間也，是則非夫先生之學之至，其孰能知之？嗚呼！茲其所以奮乎百世絕學之後，而獨得夫千載不傳之緒也。與若張公之於先生，論其所至，竊意其猶伯夷、伊尹之於孔子。而一時及門之士，考其言行，則又未知其孰可以為孔氏之顏、曾也。今錄其言，非敢以為無少異於先生，而悉合乎聖賢之意，亦曰大者既同，則其淺深疏密毫釐之間，正學者所宜盡心耳。至於近歲以來，學於先生之門人者，又或出其書焉，則意其源遠未分，醇醨異味，而不敢載矣。或曰：然則凡說之行於世而不列於此者，皆無取已乎？曰：不然也。漢魏諸儒正音讀，通訓詁，考制度，辯名物，其功博矣。學者苟不先涉其流，則亦何以用力於此？而近世二三名家，與夫所謂學於先生之門人者，其考證推說，亦或時有補於文義之間。學者有得於此，而後觀焉，則亦何適而無得哉？特所以求夫聖賢之意者，則在此而不在彼爾。若夫外自託於程氏，而竊其近似之言以文異端之說者，則誠不可以入於學者之心，然以其荒幻浮誇足以欺世也，而流俗頗已鄉之矣，其為害豈淺淺哉？顧其語言氣象之間，則實有不難辯者。學者誠用力於此書，而有得焉，則於其言雖欲讀之亦且有所不暇矣。然則是書之作，其率爾之誚，雖不敢辭，至於明聖傳之統，成眾說之長，折流俗之謬，則竊亦妄意其庶幾焉。乾道壬辰月正元日，新安朱熹謹書。」宋熊節撰、熊剛大注《性理群書句解》卷六：「此篇專言《論語》之書，無非示人以操存涵養之要。《孟子》之書，無非訓人以體驗充擴之端。」

關於「求道必自六經始」，明顧璘《息園存稿》文卷七《讀書圖說》：遼陽王生持杜堇氏所繪孔子讀書圖請於予，曰：「古者聖人立言以成書，書自聖人有也，然則孔子之所讀何書邪？」予對曰：「六經是已。」孔子曰：「我非生而知之者，好古敏以求之者也。」伯魚過庭，教之學《詩》，學《禮》，晚年讀《易》，至韋編三絕，斯舊聞所記昭昭矣。蓋《易》《書》《詩》《禮》《樂》之文，伏羲、堯、舜、禹、湯、文、武、周公所傳也，是天地之藏也，民物之則也。孔子雖至聖，安得不師之邪？中古無百家雜說之言，師舍是無以教弟子，舍是無以學，故業專而道明，天下之治定，獨慨夫今之學者與古異矣。始丱角為童儒，未燭大義，負其高明，馳意於荒忽詭誕之技，取莊騷

楊雄氏之言，而影響刻畫，艱文奇字，讀者不能句，朋徒相譽，號之曰才，舉六經之文以教之，則曰是學究所習，非所以為文。然往往上第進身，為時所華，後生相師，不悟其非，而伏羲、堯、舜、禹、湯、文、武、周公之道日晦。故予嘗為之說曰：「六經重，則聖人之道尊，而天下昌。六經輕，則聖人之道喪，而天下亂。」惡師之不正也。……如欲學聖人之道，為孔子徒，則不可不自六經始。

關於「自《四書》始」，元柳貫《待制集》卷二十《故宋迪功郎史館編校仁山先生金公行狀》：「初見，請問為學之方，文憲曰：立志昔先儒胡文定有云：『居敬以持其志，立志以定其本。志立乎事物之表，敬行乎事物之內。』又問讀書之目，曰：『自《四書》始。』」明王禕《王忠文集》卷一四《元儒林傳》亦云：金履祥，字吉父，婺之蘭溪人。屏舉子業不事，取《尚書》熟讀而精究之。年十九，知向濂洛之學，於是鄉先生何文定公基、王文憲公柏，其學得朱熹氏之傳，乃介其友王相登文憲之門受業焉。初見，請問為學之方，文憲曰：「居敬以持其志，立志以定其本。」又問讀書之目，曰：「自《四書》始。」

321

季應期曰：窮經以致其用，反躬以踐其實。不如是，讀書奚益？

【探源】「窮經以致其用，反躬以踐其實」為理學家的基本理念，此語一再出現於宋明理學家的著作中。朱彝尊長於辭章、考據，而不熟悉理學話語，故誤以此為季應期之創發。

【今按】《宋史》卷四二九：「（朱）熹之學，既博求之經傳，復遍交當世有識之士。延平李侗老矣，嘗學於羅從彥。熹歸自同安，不遠數百里，徒步往從之。其為學，大抵<u>窮理以致其知</u>，<u>反躬以踐其實</u>，而以居敬為主。嘗謂聖賢道統之傳，散在方冊，聖經之旨不明，而道統之傳始晦，於是竭其精力，以研窮聖賢之經訓。」此亦元人抄襲宋人之一例。

【又按】此則並見明凌迪知《萬姓統譜》卷九三、明王朝佐《東嘉錄》卷二十。惟《萬姓統譜》其名作「季應祈」、《東嘉錄》其名作「季應祁」。另清代孫詒讓《溫州經籍志》卷博考載籍，言其名或作「祁」、「期」、「旗」，並定「祁」為是。《萬姓統譜》作「季應祈」亦可補《溫州經籍志》。季應祁（1314～1396），字君壽，號恥庵，別號困翁，為季氏瑞安始遷祖季復初（字月泉）的嫡孫。

初居蓮池（即今瑞安老城區小東門兩面湖）。幼從金遠遊，長從高明（則誠）學，博覽群書，尤精《春秋》和《周易》。同時接受南宋永嘉學派思想，提出「窮經以致其用，反躬以踐其實」的觀點。

【又按】四庫本《浙江通志》卷一百七十七：季應期，《東甌集傳》：字均饒，號恥庵，又號菌翁，瑞安人。《萬曆溫州府志》：少穎悟，受《春秋》於高則誠，既而得《關閩全書》讀之，於天道性命之微、古今事物之理靡不究，嘗曰：「窮經以致其用，反躬以踐其實。不如是，讀書奚益？」洪武中，以明經薦，未幾告老歸，年八十三卒。

322

王紳〔註5〕曰：聖人垂訓方來，於六經尤著。六經非聖人之所作，因舊文而刪定者也。《易》因伏羲、文王之著而述之《大傳》，所以明陰陽變化之理；《書》因典謨訓誥之文而定之，所以紀帝王治亂之跡；《春秋》因魯史之舊而修之，所以明外霸內王之分；《詩》因列國歌謠風雅之什而刪之，所以陳風俗之得失；《禮》所以著上下之宜；《樂》所以導天地之和，皆切於日用，當於事情，而為萬世之準則也。其於取捨用意之際，似寬而實嚴，若疏而極密，故學者舍六經無以為也。

【探源】王紳《詩辯》：聖人垂訓於方來也。其見諸言行之間者，既周且詳，而盡心焉者，於六經尤著焉。六經非聖人之所作，因舊文而刪定者也。《易》因伏羲、文王之著而述之《大傳》，所以明陰陽變化之理，《書》因典謨訓誥之文而定之，所以紀帝王治亂之跡，《春秋》因魯史之舊而修之，所以明外伯內王之分，《詩》因列國歌謠風雅之什而刪之，所以陳風俗之得失，《禮》所以著上下之宜，樂所以導天地之和，皆切於日用，當於事情，而為萬世之準則也。其於取捨用意之際，似寬而實嚴，若疏而極密。故學者舍六經無以為也。奈何秦焰之烈，燔滅殆盡。至漢嘗尊而用之，而莫得其真。或傳於老生之所記誦，或出於屋壁之所秘藏，記誦者則失於舛謬，秘藏者未免於脫略。先儒因其舛謬脫略復從而訂定之，務足其數，而以己見加之，其闕者，或偽為以補之，或取其已刪者而足之，其受禍之源雖同，而《詩》為尤甚。夫《詩》本三千篇，聖人刪之，十去其九，則其存者必合聖人之度，皆吟詠情性，涵

〔註5〕王紳，唐順之《稗編》卷九作「王直」，程敏政《明文衡》卷一四作「王紳」，黃宗羲《明文海》卷一一〇作「王綃」。

暢道德者也。故聖人之言曰:「興於《詩》。」教其子則曰:「不學《詩》,無以言。」與門弟子語曰:「《詩》可以興,可以觀,可以群,可以怨。」至於平居雅言,亦未嘗忘之。《詩》之為用,蒙聱之人習而誦之,詠之閨門,被之管絃,薦之郊廟,享之賓客,何所往而非《詩》邪?後世置之博士,以謹其傳,為用固亦大矣。則其溫厚和平之氣皆能感發人之善心者可知焉。今之存者,乃以鄭衛淫奔之詩混之,以足三百十一篇之數,遂謂聖人之所刪,至如《桑中》《溱洧》之言,皆牧豎賤隸之所羞道,聖人何所取而存邪?玩其辭者何所興?言之復何加邪?學之何益於德?誦之閨門,烏使其非禮勿聽邪?被之管絃,薦之郊廟,鬼神饗之,賓客意何在邪?是未可知也。且聖人有曰:「《詩》三百,一言以蔽之曰,思無邪。」然思且無邪,見於言者,又何螫邪?假使聖人實存之,則其所刪者又必甚於是邪?或曰:聖人存之者,蓋欲後世誦而知恥,所以懲創人之逸志,亦垂戒之意也。是故《春秋》據事直書,臣弒其君,子弒其父,皆明言之而不隱,及其成也,皆知畏懼。《詩》之為意豈外是哉?嗟乎!舉善之是尚惡者,固自知其非。且《春秋》者,國史也,備列國之事,必欲見其葬弔、會盟、聘享、征伐、嫁娶之節,闕之則後世無所傳,無所傳則後世無所信,故備書之,而用意之深,則在明褒貶於片言之間也。然《詩》既為民間歌謠之什,遺其善固不可失其惡,又烏害於道乎?由是論之,則淫奔之詩在聖人之所刪蓋必矣。且張載、子厚嘗論衛人輕浮怠惰,故其聲音亦淫靡,聞其樂,使人有邪僻之心,而鄭為尤甚矣。夫聖人教人以孝悌忠信,恨不挽手提耳以囑之,何乃以淫靡之樂而使人起邪僻之心乎?故其論為邦亦曰放鄭聲,然則揆之於理,據之於經,考之於聖人之言,意雖有儀秦之辯,吾知其叛於理,而失聖人垂訓之意矣。〔註6〕

【今按】朱彝尊於原文有所點竄。

【又按】王紳(1361～1400),字仲縉,號繼志,金華府義烏人。王褘之次子,宋濂弟子,有志於學,官國子博士。與方孝孺為同學,互為知交,相與友善。預修《太祖實錄》,獻大明鐃歌鼓吹曲十二章。著有《繼志齋文集》,《千頃堂書目》著錄二十卷,現存十二卷,四庫本僅有九卷。事蹟具《明史》。

【又按】「揆之於理,據之於經,考之於聖人之言」,這是具有普遍意義的經學解釋學方法論。

〔註6〕程敏政《明文衡》卷一四、黃宗羲《明文海》卷一一〇均收入此文。

323

又曰：聖人因自然之道，著為自然之文。故因其變化之理而成《易》，因其訓誥之體而成《書》，因其治化之跡而成《詩》，因其褒貶之法而成《春秋》，因其□□〔註7〕之□〔註8〕而成《禮》，因其和暢之用而成《樂》。此六經之文，所以終天地、亙古今而不易者，以其出於自然也。

【探源】王紳《峴泉集序》：天地間至精至微者，道也。至明至著者，文也。道非文不明，文非道不立。析而言之，雖為二，要而歸，其實一也。乾坤之所以覆載，陰陽之所以變化，寒暑之所以代謝，日月之所以往來，山川之所以流峙，草木之所以榮悴，無非道也，無非文也，其可離而二哉？又可以強而合哉？故聖人者作，因其自然之道，著為自然之文，未嘗以一毫己意加之也。是故因其變化之理而成《易》，因其訓詁之體而成《書》，因其治化之跡而成《詩》，因其褒貶之法而成《春秋》，因其節文之實而成《禮》，因其和暢之用而成《樂》。此六經之文所以終天地，亙古今而不易者，以其出於自然也。後之言文者，舍是何適焉？自周之衰，王道熄，而百家興，競以私意臆說，騁辭立辨以相高，求弗戾於道者百不一二焉。於是有若老子者，其言以清靜無為為道，著書五千餘言，後世嘗有以之為治而治者矣，其庶幾於道者乎？嗣教真人張公無為，自其家世宗老子之教，至公凡四十三傳。公天資穎敏，器識卓邁，於琅函藥笈金科玉訣之文既無不博覽而該貫，益於六經子史百氏之書大肆其窮索，至於辭章翰墨各極其精妙，是以歷職天朝，皆以問學之懿深蒙眷寧，凡殊褒前席之榮，歲賚有加，而王公貴卿縉紳之士亦莫不禮貌焉。蓋江右文宗，多吳文正公、虞文靖公之遺緒，而公能充軼之也。其所造詣，豈苟然哉？間出其詩文若干卷，屬序焉。其詩之衝邃而幽遠，文之敷腴而典雅，讀之使人健羨不暇，視世之占畢訓詁、拘拘以才藝自足者為何如哉？矧公領宗門之重任，專以化人誘善輔國翊祚為心，其見於此者，特其緒餘耳。雖然，予嘗考公德業，既本於無為，是能遊心太初，與道為一，而且沉酣於六藝之文，搜獵於百氏之說，於是發為文辭，理與意會，有不期工而自工者矣。其有補於老、莊之道者，又豈神誕之誇者比哉？公以紳，有世契相，與極論斯事，必撫掌劇談而後已。故為序其曰：峴泉者，因精舍之稱云。

〔註7〕原注「闕」，四庫薈要本作「節文」，而文津閣四庫本作「揖讓」。
〔註8〕原注「闕」，四庫薈要本作「實」，而文津閣四庫本作「儀」。

【今按】朱彝尊於原文有所點竄。

【又按】所謂「聖人未嘗以一毫己意加之」的說法也經不起解釋學的推敲。

324

方孝孺曰：五經者，天地之心、三才之紀、道德之本也。善學者學諸《易》，以通陰陽之故、性命之理；學諸《詩》，以求事物之情、倫理之懿；學諸《禮》，以識中和之極、節文之變；學諸《書》，以達治亂之由、政事之序；學諸《春秋》，以參天人之際、君臣內外之分，而學之大統得矣。然不可驟而進也，蓋有漸焉。先之《大學》，以正其本；次之《孟子》之書，以振其氣；則之《論語》，以觀其中；約之《中庸》，以逢其原。然後六經有所措矣。

【探源】明方孝孺《遜志齋集》卷六《學辨》：人莫不為學，孰知所以為學也，所以食者為饑也，所以衣者為寒也，至於學而不知所以，其可乎哉？夫人之有生也，則有是心；有心則有仁義禮智之性。是性也，惟聖人不假乎學，能生而盡之。非聖人之資也，苟不學，安能盡其理而無過哉？故凡學者所以學盡其性而已。不能盡其性，而人之倫斁矣。此人之所以不可無學也。而學必有要焉。何謂要？五經者，天地之心也、三才之紀也、道德之本也。人誰不誦說五經也？而知之者寡矣。苟不足以知其意，雖日誦諸口而不忘，謂之學則可矣，而烏足為善學哉？夫所謂善學者，學諸《易》，以通陰陽之故、性命之理；學之《詩》，以求事物之情、倫理之懿；學之《禮》，以識中和之極、節文之變；學之《書》，以達治亂之由、政事之序；學之《春秋》，以參天人之際，君臣華夷之分，而學之大統得矣。然不可驟而進也，蓋有漸焉。先之《大學》，以正其本；次之孟軻之書，以振其氣；則之《論語》，以觀其中；約之《中庸》，以逢其原。然後六經有所措矣。博之諸子，以睹其辨，索之《史記》，以責其效，歸之伊、洛、關、閩之說，以定其是非。既不謬矣，參天下之理以明之，察生民之利害以凝之，踐之於身，欲其實也，措之於家，欲其當也，內燭之於性，欲其無不知也，外困辱而勞挫之，欲其著而不懈，畜而愈堅也。夫如是，學之要庶幾乎得矣。發之乎文辭，以察其淺深，核之乎事，為以考其可否。驗之乎鄉邦，以勉其未至。日量而歲較，晝省而夜思之功既加矣，德既修矣，出而任國家之重位，則澤被乎四表，聲施乎百世矣。處則折衷聖賢之道，稽纘古今之法，傳之於人，著之於書，以淑來者，豈不巍巍然善學君子哉？今之學經者，吾疑焉。童而誦之，剿其虛辭以質利祿，

有金庾之入，以食其家，則棄去而不省。問其名，則曰「治經也」，問以經之道，則曰「吾未之聞也」。或者談治亂，講性命於平居之時，及登乎大位，則惟法律權謀是行。問其故，則曰「經不足用也」。於乎是可以為學經者乎？經而無用，亦可以為經乎？然非經之過也，學之者之愚也。非學者之愚，教之者無其術也。雖學，猶不學也。吾故曰：人莫不學而知所以為學者寡矣，為其近利也。浦陽山中有倪君正，年四十餘，而為學不輟。予慕其好學，而異乎世之所云者，辨為學之道以贈焉。

【今按】方孝孺（1357～1402），字希直，一字希古，號遜志，因其故里舊屬緱城裏，故稱緱城先生，又因在漢中府任教授時，蜀獻王賜名其讀書處為正學，亦稱正學先生，台州府寧海人。洪武三十一年（1398），明太祖死，惠帝即位，即遵照太祖遺訓，召方孝孺入京委以重任，出任翰林侍講及翰林學士。燕王朱棣誓師，揮軍南下京師。惠帝亦派兵北伐，當時討伐燕王的詔書檄文都出自方孝孺之手。建文四年（1402）五月，燕王進京後，文武百官多見風轉舵，投降燕王。方孝孺拒不投降，後因拒絕為朱棣草擬即位詔書，被滅十族。著有《遜志齋集》《方正學先生集》。

325

又曰：三五之道，具六經乎？六經委棄，曷作程乎？《易》辨治亂，政之禎乎？《書》著訓謨，道之英乎？《禮》以範俗，《樂》和以成乎？《詩》以蕩邪，善之萌乎？《春秋》賞罰，人倫之城乎？措之孔易，施之孔明乎？

【探源】明方孝孺《遜志齋集》卷六《雜問》：<u>三五之道，具六經乎？六經委棄，曷作程乎？《易》辨治亂，政之禎乎？《書》著訓謨，道之英乎？《禮》以範俗，《樂》和以成乎？《詩》以蕩邪，善之萌乎？《春秋》賞罰，人倫之城乎？措之孔易，施之孔明乎？</u>革澆糾慝，化虛為盈乎？萬匯咸育，刑息讓興乎？神人昭格，天地以寧乎？安如泰華，百世其貞乎？智力不煩，神恬以清乎？舍經舍經，勞而不逞乎？

326

又曰：聖人嘗言：「誦《詩》三百，不達於政，雖多，亦奚以為？」是學《詩》可以為政也。豈惟《詩》為然？《傳》稱「《書》以道政事」，漢儒《春秋》斷大政，則《書》與《春秋》亦政事所自出也。《易》以冒天下之道，舉而措之民，謂之事業則可，為政者莫大乎《易》。記《禮》者，謂班朝、治軍、

蒞官、行法、教訓、正俗、分爭、辨訟，非《禮》皆不可，則《禮》又政之本
也。

【探源】明方孝孺《遜志齋集》卷六《策問十二首》：問：昔者聖人嘗言：「誦《詩》
　　　三百，而不達於政，雖多亦奚以為？」是學《詩》可以為政也。豈特《詩》
　　　為然？傳稱「《書》以道政事」，漢儒多引《春秋》斷大政，則《書》與《春
　　　秋》亦政事之所自出也。非特二經也。《易》所以冒天下之道，舉而措之民，
　　　謂之事業則可。為政者莫大於《易》。記禮者謂，班朝、治軍、蒞官、行法、
　　　教訓、正俗、分爭、辨訟，非《禮》皆不可，則《禮》又政之本也。今之學
　　　者莫不專一經而兼習五經，果能以經術達於政否乎？夫使一人而兼言五經之
　　　治，道固有所不及，其各推所聞，可以輔世淑民，措於政事者，詳擇而明言
　　　之，將以觀窮經致用之學。

【今按】朱彝尊於原文有所點竄。

327

又曰：聖人之言不可及，上足以發天地之心，次足以道性命之原，陳治
亂之理，而可法於天下後世，垂之愈久而無弊，是故謂之經。

【探源】明方孝孺《遜志齋集》卷十一《與郭士淵論文》：吾郡之文闕有間矣，僕行
　　　四方，每見郡人詞令可觀者即喜，況能文者乎？是以自見吾兄，心洋洋如有
　　　所得，寢為加安，而食為加旨，非勉強而然也。樂善之誠，天性然也。繼而
　　　又承寄以林君公輔之文，且教僕曰試評其可否焉。僕昔聞吾兄言，固知林君
　　　之賢，及展而讀之，默而味之，其思淵以長，其辭辯以達，不覺叩几三歎，
　　　反覆玩繹，遂至夜深，乖離旅寓之思為之頓消，而沉伏鬱抑之氣勃然奮起，
　　　信乎斯文之可以悅人，而吾郡之秀不可及也。僕不才，自居金華太史公之門，
　　　當世士大夫多獲見之矣，凡能文有名者皆得而觀之矣，至誦其文，而使僕喜
　　　愜無所遺恨者不數人，豈僕識見鄙劣使然哉，亦作者鮮臻其極故也。太史公
　　　嘗與僕言，而以為嗟歎。蓋斯文之在人，如造化之於物，歲異而日新，多態
　　　而善變，使人觀之而不厭，用之而無窮，不失榮悴消長之常理，乃足為文，
　　　而世之人多不能與此。樂蹇澀者以艱言短語為奇，好平易者以腐熟冗長為美，
　　　或採摭異書怪說以為多聞，或蹈襲庸談俚論以為易曉，而不知文之美初不在
　　　是也。古之名世者具可見矣。以僕言之，秦、漢以下大率多記載講論之文耳，
　　　求如古之立言者未之多有也。聖人之言不可及，上足以發天地之心，次足以

道性命之源，陳治亂之理，而可法於天下後世，垂之愈久而無弊，是故謂之經。立言者必如經而後可，而秦、漢以下無有焉。然而猶足以名世者，其道雖未至，而其言文。人好其文，故傳其言。雖不文，而於道有明焉。人以其明道，故亦傳。二者俱至者，其傳無疑也。二者俱不至者，其不傳亦無疑也。以僕觀於今之人，求其成文而可誦者且不易得，況望其明道乎？僕所以見吾兄與林君之文而喜者良以此也。自古國家之興，功崇而績偉，政舉而教行，天恐其或失墜也，必生博特英達之士執筆而書之，所望於將來者非兄與公輔輩而誰乎？此非僕私於同郡而言，雖太史公亦深望焉。更為謝林君加意問學，以法六經為務，倘有所得，即以見教，僕之幾當不一叩而已也。

【今按】「而可法於天下後世，垂之愈久而無弊」，《經義考新校》誤斷為「而可法於天下，後世垂之，愈久而無弊」。「法於天下後世」為古文常見表達方式，例證不勝枚舉。

【又按】「上足以發天地之心，次足以道性命之源，陳治亂之理，」經學之用大矣哉！

328

又曰：堯、舜、禹、湯、文、武、周公、孔子，八聖人之言行文章具在六經，故後之學聖人者，舍六經無以為也。

【探源】明方孝孺《遜志齋集》卷十一《答俞子嚴二首》：蓋聖人之大者，上莫過於堯、舜、禹、湯、文、武，下莫加於周公、孔子，而此八聖人之言行文章具在六經。故後之學聖人者，舍六經無以為也。世之學者莫不學六經，然不知所以為學。夫醫士之讀《素問》《難經》，將取以治病也。苟不達其意，雖日誦之何益？六經者，亦學者之《素問》《難經》，所以修身治人之書也。今人誦之而不解其旨，與不誦何異哉？故多誦而不思，不如少誦而思之為愈也。思而不行，不如不思而行之為愈也。人苟能發明六經者，大之於天下國家，小之於善一己直易易耳，況文詞乎？吾兄謂於心無所得而為文，未能盡所欲言，經不熟之過也。苟熟乎六經，則於道無所疑，道明則於天下之事無難言者，何憂學之不成乎？然僕觀乎世之人皆不能無憂，而所憂止乎服不得華食，不得豐祿，位不得崇，至於以學不逮古為憂，如吾兄者誠不多見也。

【今按】朱彝尊於原文有所點竄。

【又按】「苟熟乎六經，則於道無所疑」，善哉此言！苟不熟乎六經，則於道無從入門。

329

又曰：經者，治天下之具也，豈直文辭云爾哉！

【探源】明方孝孺《遜志齋集》卷十六《傳經齋記》：世之稱治者，二帝三王而已，其詳不可得而知，宏綱大法所以相傳而不泯者，惟群經之存是賴。然安在其不泯也？經者，治天下之具也，豈直文辭云爾哉！自秦火之餘，老儒碩生，補緝扶衛，專門殊軌，授諸其徒，所從事者，止乎訓解辨義，至於補世善俗之道，蔑如也。由是世之君臣指經為浮言，而英才雄辨之士顧棄去不業，而一攻乎文辭之學。帝王之道頹然墜地，而生民亦大困矣。嗚呼！聖人之經豈固如是乎？如是者，非經之失也，傳之者無其師，受道者非其人也。某少則嗜學，竊有志於斯道。自從先公學經，匪聖人之言不敢存於心，匪生民之利害無所用其情，恨未及卒業而中丁憂患，近年始就太史公學於浦陽，然後知經之道為大，而唐、虞之治不難致也。知古今之無二法，而世之言學者果不足以為學也。蓋太史公受諸經於聞人君夢吉吳萊先生、黃文獻公溍，出而侍從帷幄，輔導儲後，雖未嘗得佐治之位，以盡其設施，然所陳說皆二帝三王之道，其功德陰被乎生民者厚矣。及致其事而居於家，以開淑來者為志。雖某之鄙陋，亦得與聞斯道。微之於性命之理，明之於禮樂刑政之要，苟有得者無不以言。某雖非其人，不足以承其緒，然安敢忘所自哉？經之無用於世者二千餘年矣，某竊嘗痛焉。苟知之而不得用於世者，天也；身尊顯而不以行者，不仁也；謂時君不能行者，不忠也；謂斯民不可以道化者，至愚也；謂諸經為不足法者，不知為學者也。某既幸知之矣，倘或有得乎天而見於世，自茲以往，皆公之賜也。其敢忘乎？其敢多讓乎？於是名受業之齋曰傳經，以志其所始。

330

又曰：齊桓公欲取魯，仲孫湫曰：「魯猶秉周禮，未可伐也。」則古者以治經與否觀國之興廢也。周原伯魯不悅學，閔子馬曰：「學猶殖也，不學將落，原氏其亡乎？」則以學經與否觀家之存亡也。經之於人，其重也如此。

【探源】明方孝孺《遜志齋集》卷十六《石鏡精舍記》：邑士童君伯禮，既以禮葬其父於舍南之石鏡山，與三弟謀合貲產，共釜鬵以食取古禮之宜，於士庶人者以次行之，復恐後之人未能盡知其意，而守之弗變，乃即石鏡之陽，為精舍，聚六經群書數百千卷，俾子侄講習其中，求治心修身之道，以保其家，以事其先而不怠，且屬予記其說以告來者。予謂童君於是乎知本矣。人有五常之

性，天命也。發為君臣、父子、兄弟、夫婦、長幼、朋友之道，天倫也。天倫之常，天命之本，孰從而明之？《易》《詩》《書》《春秋》《禮記》，聖人之經也。聖人之經，非聖人之私言也，天之理也。天不言而聖人發之，則猶天之言也。三代以上，循天之理以治天下國家，故天命立，天倫正，而治功成，風俗淳。由周之衰，不知聖人之經為可行，而各以其意之所便、時之所習為學，百家眾說馳騁錯亂，皆足以叛經而害理，間有知經之不可廢者，則又徒取其末而不求其本，以為設於人，而不察其出於天，人心不正，天理不明，而三綱、九疇因以不振，經之用舍其所係，豈微哉？<u>齊桓公欲取魯，仲孫湫曰：「魯猶秉周禮，未可伐也。」則古者以治經與否觀國之興廢也。周原伯魯不悅學，閔子馬曰：「學猶殖也，不學將落。原氏其亡乎？」則以學經與否觀家之存亡也。經之於人，其重也如此。</u>世久不之察，而童君獨知其可以善身保家，首以教其子侄，而不敢忽，非誠知所本其能然乎？自斯民之生封君世家富貴盛隆者亦眾矣，其意莫不欲傳於無窮，而卒不能者奢泰滿盈而不能節之以禮，私意蜂起而未嘗正之以義也。使稍得聖人之言而守之，於以治心修身，致其道德於眾人之表，優於天下可也，於家乎何有？童君之家，雖未足與富貴盛隆者比，而以禮自飭，以義自正，以經學望於後人，其所以守之者有其具矣。凡學乎斯者，擴乎天命之微以盡性，篤乎天倫之序以盡道，明乎經之大用以誠其身，以及乎人，則為善學而不辱其先矣。此童君之望，而亦聖人之旨也。苟徒取其末而遺其本，誦其言而無益於身與家，豈聖人作經之意哉？亦豈童君之所望也哉？

【今按】「擴乎天命之微以盡性，篤乎天倫之序以盡道，明乎經之大用以誠其身」，善哉斯言！

331

又曰：明乎《春秋》者得其斷，明乎《易》衍者得其中，明乎《詩》《書》者得其正，明乎《禮》《樂》者得其文。

【探源】明方孝孺《遜志齋集》卷十七《學孔齋記》：孔子之道亦然。知者不得之，則不能成其知；勇者不得之，則不能成其勇。賜之辨，求之藝，偓與商之文學，苟非有得焉，則不能成其名。而凡遊乎聖人之門者，皆有聞乎其一二，而聖人之道固自若也，豈惟當世為然。千載之後，得其全者為大賢，得其正者為君子，得其偏者猶不失為善人。<u>明乎《春秋》者得其斷，明乎《易》衍</u>

者得其中,明乎《詩》《書》者得其正,明乎《禮》《樂》者得其文。無得焉者,過焉而為莊周,卑焉而為申、韓,悖焉而為小人,具視聽而備人之形者,孰能舍斯道而自立哉!

332

又曰:法時乎《易》,取政乎《書》,主敬乎《禮》,體和於《樂》,雅言以《詩》,制事以《春秋》。

【探源】明方孝孺《遜志齋集》卷二一《先府君行狀》:先君之道,蓋法時乎《易》,取政乎《書》,主敬乎《禮》,體和乎《樂》,雅言以《詩》,制事以《春秋》。其深高博大者,雖不可測,而知然而家焉而有善俗之化,官焉而致富庶之治,發之乎政事,著之乎文辭,比於古之賢人循吏,未之或加也。

【今按】方孝孺以六經「聖賢之道」狀「先君之道」,妄矣!

333

練子寧曰:經所以載道。士之欲明聖賢之道者,必急於治經。經既治,則天下之理有不足明,而天下之事有不足識者矣。

【探源】明練子寧《中丞集》卷上《送廖兼善入大學序》:經所以載道。故士之欲明夫聖賢之道者,必急於治經。經既治,則天下之理有不足明,而天下之事有不足識者矣。後之治經則不然,言理者或不足於事為,施政者或不本於道德,而甚者附會穿鑿,取先儒之糟粕,而笙簧之,以求合有司之尺度,幸有得焉則出而號於人曰:「我知聖賢之道,如是而已矣。」正心誠意之實,漠然不與其身心也。嗚呼!經之設,豈端使然與?抑淳厚之俗替而浮薄之習勝與?無乃弊陋之相承,而魁偉有志之士偶未之思與?何其習俗之難易也。余嘗怪而疑之,邑人廖兼善治經,而有志於道者也,於其別書以問之。

【今按】練子寧(1350~1402),名安,臨江府三洲 (今江西峽江)人。洪武十八年(1385)以貢士廷試對策,力言強國富民之道,擢為一甲第二名。初授翰林修撰,後任工部侍郎。建文年間改任吏部侍郎,以舉賢薦能為己任,政聲斐然。建文四年(1402),燕王攻破南京,即帝位,改年號永樂,稱成祖。遂將練子寧綁縛上朝。練子寧大義凜然,痛斥燕王篡權謀位,大逆不道。燕王惱羞成怒,命人將練子寧的舌頭割去。燕王說:「我欲效周公輔成王。」子寧聞言,用手伸進口裏蘸著舌血,在殿磚上大書:「成王安在?」燕王大怒,

命磔屍，並誅殺練氏族人 151 人，被放戍邊的親屬 371 人，練子寧的家鄉四百八十戶人家慘遭橫禍。

334

王達曰：古者作為六經以教後世。《易》以通幽明，開物成務；《書》以紀政事，著道統之傳；《詩》以道性情，俾人知感創；《春秋》示法戒，嚴內外之辨；《禮》以正行，《樂》以和心。總而計之，不過數十卷，簡易精切，莫逾於茲。君子誠欲求道，捨此而他求，可乎？

【探源】此語選自王達《芸窗讀書圖記》。其文曰：「古者作於六經以教後世。《易》以通幽明，開物成務；《書》以記政事，著道統之傳；《詩》以道性情，俾人知感創；《春秋》示法戒，嚴謹華夷之辨；《禮》以正行，《樂》以和心。《綱目》體《春秋》以著世代之變。道理之精微，古今之得失，總而計之，不過數卷，簡易精切，莫逾於茲。君子誠欲求道，捨此而他求，可乎？」

【今按】《御纂朱子全書》卷六《建寧府建陽縣學藏書記》：古之聖人作為六經以教後世。《易》以通幽明之故，《書》以紀政事之實，《詩》以導情性之正，《春秋》以示法戒之嚴，《禮》以正行，《樂》以和心，其於義理之精微，古今之得失，所以該貫發揮，究竟窮極，可謂盛矣。而總其書不過數十卷，蓋其簡易精約又如此。自漢以來，儒者相與尊守而誦習之，轉相受授，各有家法，然後訓傳之書始出。至於有國家者，歷年行事之跡，又皆各有史官之記，於是文字之傳益廣，若乃世之賢人君子，學經以探聖人之心，考史以驗時事之變，以至見聞感觸，有接於外而動乎中，則又或頗論著其說以成一家之言，而簡冊所載，篋櫝所藏，始不勝其多矣。然學者不欲求道則已，誠欲求之是，豈可以捨此而不觀也哉！而近世以來，乃有所謂科舉之業者，以奪其志，士子相從於學校庠塾之間，無一日不讀書，然問其所讀，則舉非向之所謂者。嗚呼！讀聖賢之言，而不通於心，不有於身，猶不免為書肆，況其所讀又非聖賢之書哉！

【又按】王達抄襲朱熹之語，而朱彝尊未能辨別。朱氏不熟悉理學文獻，此又一顯例也。

335

胡儼曰：經者，常行之典，所以載道也，堯、舜、禹、湯、文、武、周公、孔子之法言大訓存焉。曰《易》《詩》《書》《禮》《樂》，此五經之見於《白虎通》者。曰《易》《書》《禮》《詩》《春秋》，此五經之見於《法言》者。曰

《詩》《書》《禮》《樂》《春秋》，此五經之見於《藝文志》者。其見於《經解》者，曰《詩》《書》《樂》《易》《禮》《春秋》為六經。曰七經者，於《易》《書》《詩》《春秋》而益以《三禮》。曰九經者，於七經而益以《孝經》《論語》。至於十經，則又於五經而加以五緯也。夫經之名與數雖不一，所以載道則一耳。君子窮理以達道，力學以致用，必以讀書為本。讀書者，必以經為之本。

【探源】胡儼《重修尊經閣記》：贛之興國重修尊經閣，教諭鄭永義寅書告曰：王明厚者，縣之藍田西人也，嘗為學諸生，今居田裏，慨念其志之不就，而獲教育於學宮者有年，懸欲報之，心無以致其力，乃捐己貲，即禮殿之後，講堂之前，因舊址重建尊經閣三間。閣之左右，又為屋二間，以輔翼之，高廣稱焉。加以雕琢，飾以藻繪，下俯清溪，前列遠岫，巋然聳一邑之壯觀。匠石之功，以日計者七百有餘。興作於宣德壬子冬十月，落成於甲寅三月，願公記之，以表斯人之志，以風勵世俗，垂範於無窮也。<u>夫經者，常行之典，所以載道也，堯、舜、禹、湯、文、武、周、孔之法言大訓存焉。曰《易》《書》《詩》《禮》《樂》，此五經之見於《白虎通》者。曰《易》《書》《詩》《禮》《春秋》，此五經之見於《藝文志》者。其見於經解者，曰《易》《書》《詩》《禮》《樂》《春秋》為六經。曰七經者，於《易》《書》《詩》《春秋》，而益以《孝經》《論語》。至於十三經，則於七經而加以六緯也。經之名與數雖不一，所以載道則一也。君子窮理以達道，力學以致知，以讀書為本，讀書者於經史子集以及乎百家之言，無不討論而覽觀焉，亦以經之為本閣之藏書，以待學者。經史子集，百家之書，無不在也，而必曰尊經者，所以示崇重，而使學者之務本焉</u>。此永義之用心，誠有望於諸君子，而斯閣之建，豈獨謂溪山之觀美也哉？且明厚志，不忘乎舊學，惟斯閣之是崇。其與世之徼福於異端者可同年而語哉？其志可嘉矣，是皆可書也，故為之記。〔註9〕

【今按】《御定孝經衍義》卷首下引邢昺正義曰：「孝者，事親之名。經者，常行之典。」蔣伯潛《十三經概論》引之，而今人不明原始出處。

【又按】胡儼（1360～1443），字若思，南昌人。明成祖朱棣成帝後，以翰林檢討直文淵閣，遷侍講。永樂二年（1404）累拜國子監祭酒。重修《明太祖實錄》《永樂大典》《天下圖志》，皆充總裁官。洪熙時進太子賓客，仍兼祭酒。著有《頤庵文選》《胡氏雜說》。

〔註9〕明董天錫《嘉靖贛州府志》卷十一。此條參考陳開林《〈經義考・通說〉引文續考》。

336

林文曰：自夫子之刪述，顏、曾、思、孟之授受，六經之道煥然大明，如日中天。有志於學者，誦其經而究其心，則聖人之道不可勝用矣。

【探源】林文《淡軒先生文集》卷五《紅泉講道序》曰：「道原於天，而具於聖人之經。……自吾夫子之刪述，顏、曾、思、孟之授受，六經之道，煥然大明，如日中天，凡有目者皆得而睹焉。有志於學者，誦其經而究其心，則聖人之道不可勝用矣。」〔註10〕

【今按】林文（1390～1476），字恒簡，號澹軒。福建莆田人。宣德五年（1430）庚戌科一甲第三名進士，授翰林院編修。正統初年，預修《宣宗實錄》成，轉翰林院修撰。景泰三年，升春坊諭德，兼翰林侍講。正統年間，升庶吉子兼侍講。天順元年，改尚書司卿。差祀名山大川於河南。既歸，轉為翰林院學士。憲宗即位，升太常寺少卿，兼翰林侍讀學士。成化十二年卒，諡襄敏，贈禮部左侍郎，遣官諭祭營葬。著有《澹軒文稿》。

337

葉儀曰：聖賢言行盡於六經四書，其微辭奧義，則近世先儒之說備矣。由其言以求其心，涵泳從容，久自得之，不可先立己意而妄有是非也。

【探源】《明史》卷二八二：葉儀，字景翰，金華人。受業於許謙，謙誨之曰：「學者必以五性人倫為本，以開明心術，變化氣質為先。」儀朝夕惕厲，研究奧旨，已而授徒，講學士爭趨之。其語學者曰：「聖賢言行盡於六經四書，其微詞奧義，則近代先儒之說備矣。由其言以求其心，涵泳從容，久自得之，不可先立己意而妄有是非也。」太祖克婺州，召見，授為諮議，以老病辭，已而知府王宗顯聘儀及宋濂為五經師。非久，亦辭歸，隱居養親。所著有《南陽雜稿》。吳沈稱其理明識精，一介不苟，安貧樂道，守死不變。

【今按】葉儀，字景翰，號南陽。明金華（今浙江金華）人。從白雲先生許謙學，研深探奧，卓有成就。許謙令二子從之學。開門授徒，東南之士多歸之。學者稱南陽先生。著有《周易集解》《南陽雜稿》。《明史》有傳。

338

薛瑄曰：六經四書，皆聖賢之言也。由其言以得其心，則在人焉爾。

〔註10〕《四庫全書存目叢書》集部第33冊第224頁。

【探源】明薛瑄《讀書錄》卷一：「<u>五經四書，皆聖賢之言也。由其言以得其心，則</u>
<u>在人焉耳。</u>」

【今按】「六經」原作「五經」，朱彝尊於原文有所點竄。

【又按】言為心聲，故能由其言以得其心，由其詞以通其道。

339

又曰：聖賢之書，其中必有體要，如「明德」為《大學》之體要，「誠」
為《中庸》之體要，「仁」為《論語》之體要，「性善」為《孟子》之體要，以
至五經各有體要。體要者何？一理而足以該萬殊也。荀、揚諸子之書，辭亦
奇矣，論亦博矣，其中果有體要如聖賢之書乎？

【探源】語見薛瑄《讀書錄》卷五。

340

又曰：舍五經四書與周、程、張、朱之書不讀而讀他書，是猶惡睹泰山
而喜丘垤也。

【探源】見薛瑄《讀書錄》卷九。

341

彭勖曰：堯、舜、禹、湯、文、武、周公之道，非孔子刪述六經，垂憲萬
世，則其道無傳，所謂集群聖之大成也。濂、洛、關、閩之學，非朱子裒集諸
子之言，而注釋六經，則其學不明，所謂集群賢之大成也。

【探源】明倪謙《倪文僖集》卷二九《進階亞中大夫山東按察司副使致仕眘庵先生彭
公壽藏銘》：先生名勖，字祖期，姓彭氏，別號眘庵。出唐定安王吉州刺史
玕實，宋御史中丞思永十二世孫也。居廬陵山口，至六世祖司農少卿少英從
信國文公起兵勤王，始遷永豐之潭西，故今為永豐人……在建寧前此尸教者
多以貪酷被黜學規久弛。先生至，一新教條，率之以正，士氣勃興，嘗奏褒
崇先賢朱子，其詞謂：「<u>孔子刪述六經，垂憲萬世，集群聖之大成。朱子注</u>
<u>釋六經，裒集諸子，集群賢之大成。</u>」

　　元史伯璿《管窺外篇》卷下：「蓋夫子刪定六籍，本皆述而不作，所謂
集群聖之大成而折衷之者也。」明薛瑄《讀書續錄》卷二：「孔子得堯、舜
三代之事實、文章，乃可以致刪述。朱子得濂、洛、關中師弟子之議論、著
述，乃可以成傳注。故孔子集群聖之大成，朱子集群賢之大成，其揆一也。」

明鄭真《滎陽外史集》卷四五《宋故光祿大夫建安郡開國朱公神道碑銘》亦云：「惟道之大原出於天，而係於人。先聖孔子集群聖之大成，先師文公集群賢之大成。」

【今按】「孔子集群聖之大成」，宋、元以來已為公論。「朱子集群賢之大成」，明儒始倡此論。

【又按】彭勖，字祖期，永豐人。永樂十三年進士。正統元年任御史。土木堡之變後，致仕。事蹟具《明史》本傳。

342

曹端曰：六經四子書，天下萬世言行之繩墨也，不可不使之先入於心。

【探源】明曹端《曹月川集》附錄《年譜》：十六歲，嘗曰：「六經四書，天下萬世言行之繩墨也，不可不使之先入其心。」至是又取諸書盡讀之，上自三代，下及近世諸儒文集無不徧觀盡識，曰：「六經四書之外，諸子百家之言，不讀其書，無以考覽得失，而定其賢否，豈增飾文墨而已？雖周公孔子之聖，猶且朝讀百篇，韋編三絕，況常人乎？」十七歲，構室以陳經籍，書其戶曰：「勤勤勤勤，不勤難為人上人；苦苦苦苦，不苦如何通今古。」父命扁曰勤苦齋。

【今按】清沈佳《明儒言行錄》卷二曹端條亦云：至十五，盡讀四子五經，能通其義，曰：「六經四書，天下萬世言行之繩墨也，不可不使之先入於心。然後遍讀《通鑑綱目》、諸子史百氏之書，以考覽得失，而定其賢否。雖周公、孔子之聖，猶且朝讀百篇，韋編三絕，況常人乎？」因建勤苦齋，以陳經籍。

【又按】曹端（1376～1434），字正夫，號月川，河南澠池人。明初著名理學家。其學以躬行實踐為務，而以存養性理為大端，對理學重要命題多有修正、發揮，被論者推為明初理學之冠。著有《〈太極圖說〉述解》《〈通書〉述解》《〈西銘〉述解》《四書詳說》《性理文集》《夜行燭》《拙巢集》《存疑錄》《〈孝經〉述解》《訓蒙要纂》《家規輯略》《錄粹》《尤文語錄》《儒學宗統譜》《月川圖詩》《月川詩文集》等。清代張璟又集曹端遺文八種，合刊為《曹月川先生遺集》。

343

劉定之曰：群經皆仲尼刪述垂訓，然《詩》《書》《禮》尤切實，故雅言之觀夫。《孝經》每章之末以詩語結焉，《論語》全篇之終以書事證焉，上而至於一拱手之尚左尚右，下而至於一動足之踖如躩如既，切切執其禮，又孜孜言

其故，信乎雅言之在《詩》《書》《禮》也。後之學者，苟非心維其義，口誦其文，用功無間，其何以得溫柔敦厚之仁於國風、雅、頌之辭，廣疏通知遠之智於虞、夏、殷、周之載，成恭儉莊敬之禮於制度、品節之間，內以淑身，外以用世哉！

【探源】待考。

【今按】劉定之（1409～1469），字主靜，號呆齋，江西永新人。正統元年（1436）進士，官至禮部侍郎兼翰林院學士，諡文安。事蹟具《明史》本傳。其《呆齋集》四十五卷已收入《四庫全書存目叢書》。

344

楊守陳曰：古者卜筮也而有《易》，歌詠也而有《詩》，紀載也而有《書》，有《春秋》，行有《禮》，奏有《樂》，皆烝民日用之常、皇帝王治世之典，而天下之道自一而萬無弗載於是矣。

【探源】明楊守陳《楊文懿公文集》卷二十二《尊經閣記》：六經成於東周，而明於南宋，蓋天以是防蠱亂之極，而開太平之先也。<u>古者卜筮也而有《易》，歌詠也而有《詩》，記載也而有《書》，有《春秋》，行有《禮》，奏有《樂》，皆烝民日用之常、皇帝王治世之典，而天下之道自一而萬無弗載於是矣</u>。方是時，或任性而由道，或因教而遵道，或懼法而不敢叛道，夫孰知何者為經，而《易》以下六者亦整亂粹駁不齊，未可皆謂之經。聖王闕而不作，大道闕而不章，天下寖亂，周既東矣，孔子生其時，窮弗能行，其道既其老也，慮道之不章，而天下後世，上無以教，下無以學，相率以陷於狂愚，而禍亂之無已也。乃取六經刪定贊修之，畢整而粹。《詩》道志，《書》道事，《禮》道行，《樂》道和，《易》道陰陽，《春秋》道名，分合而言之，皆以章道也。道章而教行，故《詩》溫柔敦厚，《樂》廣博易良，《易》潔淨精微，《書》疏通知遠，《禮》恭儉莊敬，《春秋》屬辭比事，兼而有焉，則聖賢之盛德，而帝王之大業也，是皆可為萬世教學之法，世尊之為六經。戰國之際，先王遺教蕩然盡矣，徒以六經具在，而七十二子散，而師相諸侯友教天下士，得其傳者，若孟軻，聞其概者，若荀卿、魯仲連、田子方、王蠋之倫，各以道德、言論、風節表於俗，天下猶有所賴。秦雖焚書坑儒，然六經之說已深入於人心，不可泯，故陳涉猶知少長之序，以秦二世不當立而起兵；楚懷王老將議遣長者扶義而西新城三老說；漢王行仁義而不以勇力，天下遂有所歸。

故雖大亂，而不至盡淪於夷狄禽獸焉。漢之興也，高祖制禮儀，太宗求遺書，武帝罷黜百家，表章六經，延文儒以百數。世祖愛經術，采闕文，天下學士繼踵而集。顯宗臨雍講經，自期門羽林之士悉令通《孝經》章句。匈奴亦遣子入學，故前後皆乂安萬方，歷載四百。然則六經之成也，蓋天以是防戰國、暴秦之亂，而開有漢之泰平也。漢世傳注雖眾，經義猶晦。唐、宋之盛，未能明之。五胡分晉，金源侵宋，暴虐之酷，自古所未有也。宋既南矣，而朱子出，顧經晦不明，莫能揚其說，以覺於世，至綱淪法斁，而夷狄得以肆其酷也，乃集注《論》《孟》，章句《學》《庸》，而於《詩》作《集傳》，於《易》作《本義》，於《禮》作《通解》，於《書》命蔡氏傳之，而於《春秋》取胡傳，於《樂》取蔡書，其他撰述論辯以釋經者尤夥。故凡經之宏綱奧旨，夫人皆得而聞之。元起沙漠，實五胡金源之輩倫耳，然以朱子之說方播於朔南，故耶律楚材進說周、孔之教，姚樞得趙復之傳，而許衡繼出，皆能匡主訓俗，若制毒龍猛獸而擾之，雖滅宋而統夏，然其暴視五胡、金源有間矣。我太祖徵儒稽經，盡滌胡俗，舉中國之綱常禮樂而復之。文皇集《性理大全》，四書五經畢備，殆今逾百年。上惟經是教，下惟經是學，殆欲匹休三代，垂億萬載而無疆。然則六經之明也，蓋天以是防胡元之亂而開國朝之泰平也。故世亂而非六經則亂靡有定，世治而非六經則治曷能久，經之用大矣！然漢治非其至者，苟求其道，以治其心，以盡其性，而德配天地，治贊造化，若唐、虞之盛，斯其至矣。成化六年春，江西僉憲、南海陳君騏按節於廣信之上饒，謁孔子廟，退訓諸生於學顧明倫堂，後有地數十仞，欲建閣其上，以儲載籍。於是太守徐侯文偉、貳守高侯璿相與經營之。始自是年春，至明年夏而畢工。陳君為名之曰尊經閣，而寓書俾高侯來請記。夫建閣尊經，非以為觀美也，蓋欲諸生窮經得道以用世耳。世非道不治，道非窮經不易得。經窮矣，真知乎是道而實踐之，由朱造孔，以躋世於唐、虞，不於諸生疇望哉！（此條參考陳開林《〈經義考·通說〉引文續考》）

【今按】六經為治世之典，具有經世的強大功能：「世亂而非六經則亂靡有定，世治而非六經則治曷能久，經之用大矣！」

【又按】楊守陳（1425～1489），字維新，號鏡川，一作晉庵，浙江鄞縣人。景泰二年（1451）進士，授編修，成化八年（1472）歷侍講、侍講學士，編《文華大訓》，改變不錄涉及宦官諸事之成例，備列善惡得失，弘治元年（1488）擢吏部右侍郎，修《憲宗實錄》充副總裁。卒贈禮部尚書，諡文懿。

345

張寧曰：六經四書，其言皆弘妙而淵懿，周密而精純，渾渾焉，噩噩焉，而相為備具，未始致意於文字也。

【探源】明張寧《方洲集》卷十四《梅溪書屋序》：《書》所以載道也，其至者有<u>六經四書之文，其言皆弘妙而淵懿，周密而精純，渾渾焉，噩噩焉，而相為備具，未始致意於文字也</u>。後世不深於其道而務學為其文，且求與並傳也。爰始立異為高，袪陳為新，稱矛盾，執柄鑿，於門戶之外者日且數人，非不知是之難能也。其心以為不若是，則無以成一家言，而置喙於作者之列，是以尚虛無者其說誕，言功利者其說競，名道術者其說僭，專藝文者其說浮，務記誦者其說冗，其有不違於道者，非六經之羽翼，則《四書》之藩籬也。嗟夫！非適道者，其能不惑於多岐也難矣！故後世之知道者亦鮮矣。餘姚有盧生者，讀書好古，著為文詞，自少其所學，將求便地以事藏修，所居梅溪之上，清流茂樹，延佇森列，平生所得六經、百氏之書悉貯其中，可謂有志於學者矣。予方昧於所從，不知生之所務進者，其於前所云何如也。或者則曰不能，無所不讀，未有能為大儒者。予以為於無所不讀之中而知其有所不當讀，斯可謂善讀書者也。矧此尤為通儒碩士之所宜言，非始學之的而何以為生之勸哉？生歸，取六經四書讀而明之，徐考百氏之所著，當知予言之不誣，而君之所成亦不止於文字間矣。

【今按】朱彝尊於原文有所點竄。

【又按】張寧批評當時的學者「立異為高，袪陳為新，稱矛盾，執柄鑿」，「尚虛無者其說誕，言功利者其說競，名道術者其說僭，專藝文者其說浮，務記誦者其說冗」，這些毛病可以移贈當今形形色色之所謂學者（不排除「長江」、「長城」、「黃山」、「黃河」之類的學者）。

【又按】張寧（1426～1496），字靖之，號方洲，一作芳洲，浙江海鹽人。明朝中期大臣。景泰五年進士，授禮科給事中。丰采甚著，與岳正齊名。成化中出知汀州，先教後刑，境內利病悉罷行之。後為大臣所忌，棄官歸，公卿交薦，不起。著有《方洲集》等。

346

何喬新曰：經以載道，道本於心。夫子祖述憲章，垂六經以詔萬世。《易》作而吉凶禍福之驗該矣，《書》作而治亂存亡之戒明矣，《詩》作而吟詠性情

之美極矣，動盪天地之中和而為禮樂，斧袞二百四十年之善惡而為春秋，由是二帝三王之道益明於天下。然六經，心學也，是故說天莫辨於《易》，由吾心即太極也；說事莫辨乎《書》，由吾心政之府也；說志莫辨乎《詩》，由吾心統性情也；說理莫辨乎《春秋》，由吾心分善惡也；說體莫辨乎《禮》，由吾心有天序也；導民莫過乎《樂》，由吾心備人和也。聖人因其心之所有，而以六經教之。秦、漢以來，心學不傳，京房溺於名數，世豈復有《易》？孔、鄭專於訓詁，世豈復有《書》《詩》？董仲舒流於災異，世豈復有《春秋》？《樂》固亡矣，至於大、小戴氏之所記亦多未純，世豈復有全《禮》哉？經既不明，心則不正，國家安得而善治，鄉閭安得有善俗乎？

【探源】明何喬新《椒邱文集》卷一《策府十科摘要・經科・六經》：六經未作，而聖人之道蘊於一心。六經既作，而聖人之道昭乎萬世。蓋經以載道，道本於心。苟非聖人作經以明斯道，又何以為天地立心、為生民立命、為萬世開太平也哉？昔者，吾夫子祖述憲章，刪定係作，垂六經以詔萬世。《易》作而吉凶禍福之驗該矣，《書》作而治亂存亡之戒明矣，《詩》作而吟詠性情之美極矣，動盪天地之中和而為《禮》《樂》，斧袞二百四十年之善惡而為《春秋》，由是二帝三王之道益明於天下矣。然六經，心學也，是故說天莫辨乎《易》，由吾心即太極也；說事莫辨乎《書》，由吾心政之府也；說志莫辨乎《詩》，由吾心統性情也；說理莫辨乎《春秋》，由吾心分善惡也；說體莫辨乎《禮》，由吾心有天序也；導民莫過乎《樂》，由吾心備太和也。是惟聖人一心皆理也，眾人理雖本具，而欲則害之，故聖人即本其心之所有，而以六經教之。其人之溫柔敦厚則有得於《詩》之教焉，疏通知遠則有得於《書》之教焉，廣博易良則有得於《樂》之教焉，潔靜精微則有得於《易》之教焉，恭儉莊敬則有得於《禮》之教焉，屬辭比事則有得於《春秋》之教焉。秦、漢以來，心學不傳，不知六經實本於吾之一心，所以高者涉於空虛而不返，卑者安於淺陋而不辭。京房溺於名數，世豈復有《易》？孔、鄭專於訓詁，世豈復有《書》《詩》？董仲舒流於災異，世豈復有《春秋》？《樂》固亡矣，至於大、小戴氏之所記亦多未純，世豈復有全《禮》哉？經既不明，則不正；經既不正，則國家安得而善治？鄉閭安得有善俗乎？

【今按】論證「六經即心學」：吾心即太極也，吾心即政府也，吾心統性情也，吾心分善惡也，吾心有天序也，吾心備太和也，一一歸於六經，又得出「經以載道，道本於心」的總結論。

【又按】何喬新（1427～1502），字廷秀，號椒丘，又號天苗。江西廣昌人。景泰五
　　　年（1454）中進士，後拜刑部侍郎。孝宗嗣位，萬安、劉吉等忌喬新剛正，
　　　出為南京刑部尚書。未幾，復代杜銘為刑部尚書。弘治元年（1488）正月，
　　　吏部尚書王恕舉薦為刑部尚書，弘治四年八月（1491）辭官歸里，杜門著述。
　　　追贈太子太保，次年追諡文肅。著有《椒邱文集》。事蹟具《明史》本傳。

347

　　又曰：漢宣帝詔諸儒講經於石渠，章帝會諸儒講五經於白虎觀，如蕭望
之之經術，劉向之精忠，則講論於石渠者也；如丁鴻之至行，賈逵之博學，則
講論於白虎觀者也。宋之經筵尤重擇人，文彥博以三朝元老而與經筵，程伊
川以一代大儒而為講官，他如賈昌朝、范祖禹，無非端人正士，其所以發聖
人之經，窮典籍之奧者，班班可考。以水喻政，得之《小旻》，烹鮮喻治，得
之《匪風》，此學《詩》也；薄刑緩徵，荒政講之，修德承天，祝禠論之，此
學《禮》也；上承下施，蓋取諸《鼎》，亂極生治，蓋取諸《萃》，《易》學明
也；《說命》三篇，特誦三句，《五子之歌》，再誦六句，《書》學深也；論魯封
疆，講鄭鑄刑，此明《春秋》而知之；《大學》修身，《中庸》入德，此講《禮
記》而知之。得人如此，其有裨於君德，豈淺也哉？

【探源】語見明何喬新《椒邱文集》卷二《帝王科·經筵》。

348

　　程敏政曰：道原於天，性於人，具於聖人之六經。經也者，聖人修道之
教，而人所以為窮理、盡性、明善、誠身之學者也。自性學既微，六經常為空
言於天下，凡師之所以授徒上之所以取士者，亦徒曰明經，而經反晦者千餘
年。至宋，兩程夫子始得聖學於遺經，紫陽夫子實嗣其傳，其說經以詔來學，
於《易》於《詩》皆手筆也，於《書》於《禮》於《樂》則指授其及門之士，
而《學》《庸》《論》《孟》四書所以為治經之階梯者，又皆煥乎炳如，無復遺
憾。夫然後天下後世之人，知明經將以復性，而足致夫體用，一原隱微無間
之極功。嗟夫！六經明晦，世道之污隆繫焉。必窮理明善以求經之明，盡性
誠身以求經之所以明，則有功於世教，豈不盛哉！

【探源】明程敏政《篁墩文集》卷十五《婺源胡氏明經書院重修記》：嗚呼！道原於
　　　天，性於人，具於聖人之六經。經也者，聖人修道之教，而人所以為窮理、

盡性、明善、誠身之學者也。自性學既微，六經常為空言於天下，凡師之所以授徒上之所以取士者，亦徒曰明經，而經反晦者千餘年。至宋，兩程夫子始得聖學於遺經，紫陽夫子實嗣其傳，其說經以詔來學，於《易》於《春秋》於《詩》皆手筆也，於《書》於《禮》於《樂》則指授其及門之士，而《學》《庸》《語》《孟》四書所以為治經之階梯者，又皆煥乎炳如，無復遺憾。夫然後天下後世之人，知明經將以復性，而足致夫體用，一原隱微無間之極功。回視夫託空言以矜口耳，釣聲利於一時者，其侮聖叛經亦云甚矣。嗟夫！六經明晦，而世道之隆污繫焉。洪惟我朝一以明經用人養士，而不雜以他道。永樂中，又表彰六經及程朱之書，嘉惠學者，列聖惓惓思得真儒以佐化理，經之明固有日乎？惟程朱之先皆出新安，而朱子又婺產也。雲峰先生近私淑之，其家學淵源既有所從來，而書院又昉於此乎？後之為師為弟子者，其勿墮於俗學之陋，為應世之資，必窮理明善以求經之明，盡性誠身以求經之所以明，將見真儒復出於程朱之鄉，淑其身以及人，躋斯世於唐、虞三代，為天下先，則明經書院之立為大有功於世教也，豈不盛哉！

【今按】原文為明經書院而發，朱彝尊將它泛化，提升經學的意義與作用。「必窮理明善以求經之明，盡性誠身以求經之所以明」，這不是原始儒家的舊轍，而是宋明儒家的新徑。

【又按】程敏政（1446～1499），字克勤，號篁墩、篁墩居士、篁墩老人、留暖道人，徽州府休寧人。後居歙縣篁墩（今屬黃山市），故時人又稱之為程篁墩。成化二年（1466）中一甲二名進士，歷官左諭德，直講東宮，學識淵博，為一時之冠。孝宗嗣位，擢少詹事，直經筵，官終禮部右侍郎。後涉徐經、唐寅科場案被誣鬻題而下獄。出獄後，憤恚發癰而卒，贈禮部尚書。著有《篁墩文集》。

【又按】「道原於天」的命題屢見於宋至明清文獻，例如：

宋黃榦《勉齋集・陳師復仰止堂記》：仰止堂者，丞相正獻陳公舊第之東偏，晦庵文公朱先生嘗館焉。……道原於天，聖賢體天立道而示諸人，若喬嶽焉可望而登也，人皆仰之。

宋黃榦《勉齋集・徽州朱文公祠堂記》：道原於天，具於人心，著於事物，載於方防，明而行之，存乎其人。聖賢迭興，體道經世，三綱既正，九疇既敘，則安且治。聖賢不作，道術分裂，邪說誣民，充塞仁義，則危且亂。世之有聖賢，其所關係者甚大。生而榮，死而哀，秉彝好德之良心所不能自

己也。堯、舜、禹、湯、文、武、周公生而道始行，孔子、孟子生而道始明，孔、孟之道周、程、張子繼之，周、程、張子之道文公朱先生又繼之，此道統之傳，歷萬世而可考也。

宋黃震《黃氏日鈔》：道原於天，闡於伏羲，傳於堯、舜、禹、湯、文、武、周公，而集大成於孔子。苟有異於孔子者，皆非吾之所謂道矣。戰國時，楊、墨嘗害此道，孟子闢之，而道以明。漢、魏以降，佛、老嘗亂此道，韓文公闢之，而道又明。唐中世以後，佛氏始改說心學，以蕩此道，濂、洛諸儒講性理之學以闢之，而道益明。伊川既沒，講濂洛理之學者，反又浸淫於佛氏心學之說，晦庵復出而返之中正，歸之平實，而道益大明。其說雖根柢於無極太極，實則歸宿於仁義中正，雖探原於陰陽性命，實則體驗於躬行踐履，雖亦未嘗不主於心，實則欲正此心以達之天下國家之用。非其他，所謂即心是道，絕物而立於獨，棄實而流於虛也。

明周廣《尊經閣記》：嘉靖天子龍飛，安陸修道立教，以化成天下。乃歲庚寅冬，詔學校毀孔子塑像，去王號，減佾數，以易木主，觀聽一新，祀典聿正。先是我牧伯陳君佩之留心首務，則就闢廟宇，疏泮池，以仰契德意。又登州之士於堂告之曰：大哉聖人之道乎！秩秩乎洵帝者之制乎！道載之經，經以定制。……尊經斯為尊孔子，尊斯道以自尊。道原於天，具於吾人，由孔子而上堯、舜、禹、湯、文、武、周公之治。政教流行，宰物經世，由孔子而下，七十子喪而微言絕，大義乖，六經之道棄如瓦礫，而漢而唐而宋，得周、程、張、朱，相與講求其義，不啻如日中天，江河沛地也，以迄于今爾。諸士當知所從事夫六經之道，同歸而散見則異，《易》曰時，《書》曰中，《詩》曰正，《春秋》曰權，《禮》曰敬，《樂》曰和，皆統於心，此固孔子修明以紹往開來者，患未有能真知而力行之以自尊耳。今之士，其高亢者隨於虛寂，次則溺於功利詞章，其能約於中正和敬以趨於時而達之權者實寡也。蓋經也者，常也，萬世不易之常道也。道率於性，性命於天，知性知天，六經其筌蹄乎？道之斯行，茲將有待與？矧天子躬行於上，予承流宣化爾。(明錢穀《吳都文粹續集》卷七)

明張寧《方洲集‧尋賢問道卷跋》：道原於天，具於人，見於事，載於書。其高至於無極太極，而其實則見於日用常行之間。

明夏時正《蘇州府長洲縣重建儒學記》：學在郡城之艮隅，創於前元至正中，乃成化壬辰五月，……始工於是年八月，訖工於明年五月，左廟右

學……道原於天，而委重於聖人。聖人身備斯道，而繼天立極，君焉而堯、舜、禹、湯、文、武，斯道行於天下，臣焉有皋、契、伊、傅、周、召，斯道行於其君，運際亨嘉，治隆熙洽，不可尚矣。吾夫子生於周末，適丁衰否，道可堯、舜、禹、湯、文、武，而天不君之，德可皋、契、伊、傅、周、召，而君不臣之。然吾夫子之心未嘗一日忘天下也，聘歷諸國，轍環天下，卒老而歸，繫定刪述，傳諸弟子，以詔方來。天之道以明，地之理以察，人之極以立，兩儀奠位，萬物化成，以功云賢於堯、舜，恩云同乎罔極，學以宗之，萬世無違，廟以祀之。（明錢穀《吳都文粹續集》卷五）

明孫承恩《文簡集》卷二十九《壽太宰甘翁湛先生序》：吾師甘泉先生崛起南服，以道學為學者師，乃嘉靖丙申，先生壽躋七十有一，陽月十三日，其初度也。大賢之生不偶也。道原於天，而明晦繫乎人。其明也惟賢，是賴賢也者豈非天之所生以寄斯道哉？夫道之不明，由學之不明也。學之不明，一偏之說害之也。惟先生之學，合內外，兼本末，具體用，徹上下，該動靜，一天人，是故有合一之說。合一也者，合其不一以歸於一。道固無二，學亦無二也，故合一之說，君子謂於是得道之大全焉。

明邱濬《丘文莊公集》卷五《茅山復古堂記》：夫道家之說始於老聃氏，老聃氏之言備於所謂《道德經》者。道家之有《道德經》，猶儒之有魯論也。學道之流顧乃專力乎行禱祈之事，而孜孜焉於其所謂度人延生之說，而於五千言道德之宗一切置而不問，是欲入海者不涉江河而游泳於溝洫之間，而能有所至者未也，何者？道原於天，具於陰陽，凡有形有氣者莫不有此道也。老聃氏出，乃即所見而明之，以為一家之言。

明倪謙《倪文僖集·錢昱起東字說》：孔子觀川流之不捨晝夜而歎之曰：「逝者如斯。」噫！逝者果何物哉？所以明道體之本也。然道無形而難知，故狀於水之易見。夫豈特水為然，日亦猶是也。觀於日之有常，與夫水之不息，而道之體為可識矣。有志於道者可不致力於斯乎？……夫道原於天，而具於人心，所謂秉彝恒性是也。大焉君臣父子之倫，是道無不寓，小焉起居食息之故，是道無不存。

《大宗文皇帝實錄》卷一百九十二：永樂十五年八月丁卯，修孔子廟訖工，上親製碑文刻石，其詞曰：道原於天，而具於聖人。聖人者，繼天立極而統斯道者也。若伏羲、神農、黃帝、堯、舜、禹、湯、文、武、周公聖聖相傳一道而已。周公歿又五百餘年，而生孔子，所以繼往聖、開來學，其功

賢於堯、舜，故曰自生民以來未有盛於孔子者也。夫四時流行，化生萬物，而高下散殊，咸遂其性者，天之道也。孔子參天地，贊化育，明王道，正彝倫，使君君、臣臣、父父、子子、夫夫、婦婦各得以盡其，分與天誠無間焉，故其徒曰：「夫子之不可及，猶天之不可階而升也。」

《明英宗睿皇帝實錄》卷之八十五：正統六年十一月，丁酉，兗國復聖公廟成御製碑，文曰：朕惟聖賢之生，皆天以為世道生民計，非偶然也。雖天處之有不同，而聖賢求所以仰副天之意者則一心也。孔子之道原於天，而承於堯、舜、禹、湯、文、武、周公、孔子不得位則惓惓於推明斯道，立教垂世，以副天之意。蓋周公而後必有孔子，而後皇帝王之道明，君臣父子之位正，尊卑內外貴賤之辨著。雖斯理在人心，皆固有之，然非得孔子之教，則不能以皆明。明之有淺深，則其行之之效亦因之有淺深，世道所以盛衰不齊也。向微孔子之教，斯世斯人幾何其不淪於夷狄禽獸，此孔子之道所以為天下國家者不可一日以無也。

清汪宏《望診遵經》卷下《望舌診法提綱》：蓋聞道原於天，而具於心。心者，生之本，形之君，至虛至靈，具眾理而應萬事者也。其竅開於舌，其經通於舌。舌者，心之外候也，是以望舌而可測其臟腑經絡寒熱虛實也。

清孔毓圻編《幸魯盛典》卷一《至聖先師孔子廟碑》：朕惟道原於天，弘之者聖。自庖犧氏觀圖畫像，闡乾坤之秘，堯、舜理析危微，厥中允執，禹親受其傳，湯與文、武、周公遞承其統，靡不奉若天道，建極綏猷，敻乎尚矣。孔子生周之季，韋布以老，非若伏羲、堯、舜之聖焉而帝，禹、湯、文、武之聖焉而王，周公之聖焉而相也，巋然以師道作則，與及門賢喆紹明絕業，教思所及，陶成萬世，是伏羲、堯、舜、禹、湯、文、武、周公之統惟孔子繼續而光大之矣。間嘗誦習詩書之所刪述，大易之所演繫，春秋之所筆削，禮樂之所修明，本末一貫，根柢萬有，殆與覆載合其德，日月並其明，四時寒暑協其序焉，故曰，仲尼之道一天道也。

清胡煦《周易函書約存》卷首上《原圖約・總義・周易》：道原於天，開於聖，創之者伏羲，繼之者文、周、孔子，始之者河圖洛書也。蓋圖書為天地自然之《易》，則圖畫卦之理具其中，而天人妙契之精防、歷聖相傳之心法遂無不悉具其中矣。聖人之道盡在《易象》《春秋》。《易象》其大本也，《春秋》其大用也。《易象》所闡乃天人合一之防，《春秋》所著乃天人感應之機，故言聖道者未有不體用流通而無間，天人合一而不分，而可謂一以貫之者也。

349

又曰：宋末元盛之時，學者於六經四書纂訂編綴，曰集義，曰附錄，曰纂疏，曰集成，曰講義，曰通考，曰發明，曰紀聞，曰管窺，曰輯釋，曰章圖，曰音考，曰口義，曰通旨，芬起蝟興，不可數計，六經注腳抑又倍之。

【探源】明程敏政《篁墩文集》卷五五《答汪僉憲書》：大抵尊德性、道問學只是一事！如尊德性者制外養中，而道問學則求其制外養中之詳；尊德性者由中應外，而道問學則求其由中應外之節，即《大學》所謂求至其極者，實非兩種也。日用之間，每有所學，即體之於身，驗之於心，而無性外之學、事外之理，是乃朱子繼往開來之業，而後學有罔極之恩者也。其為門人改道問學齋為尊德性，而左右以為警學者支離，豈不亦有見於是乎？孟子曰：「學問之道無他焉，求其放心而已矣。」聖賢立言垂教，無非欲學者於身心用功，而學朱子之學者漸失其本意，乃謂朱子得之道問學為多。蓋非惟不知所謂尊德性，亦並不知為何云道問學，而道問學者何用也。其在<u>宋末元盛之時，學者於六經四書纂訂編綴，曰集義，曰附錄，曰纂疏，曰集成，曰講義，曰通考，曰發明，曰紀聞，曰管窺，曰輯釋，曰章圖，曰音考，曰口義，曰通旨，芬起蝟興，不可數計，六經注腳抑又倍之</u>。東山趙氏謂：近來前輩著述殆類夫借僕鋪面張君錦繡者，如欲以是而為朱子之的傳，咎陸氏於既往，不亦過乎？說者謂朱子之學有傳，陸氏之學無傳，以其學之似禪也。夫此道自孟子而後幾千五百年曷嘗有傳之者？顧以此為優劣，既非所以服人，而宋元諸儒如前所云者謂其能得朱子道問學之的傳，可不可乎？

【今按】「大抵尊德性、道問學只是一事！如尊德性者制外養中，而道問學則求其制外養中之詳；尊德性者由中應外，而道問學則求其由中應外之節，即《大學》所謂求至其極者，實非兩種也。日用之間，每有所學，即體之於身，驗之於心，而無性外之學、事外之理，是乃朱子繼往開來之業，而後學有罔極之恩者也。其為門人改道問學齋為尊德性，而左右以為警學者支離，豈不亦有見於是乎？」此段議論極佳，亦是經學話語無法迴避的重要議題，不知朱彝尊何以捨此取彼？美籍華人余英時區分尊德性與道問學為二，何曾知道此中之真意？

350

　　章懋曰：聖賢之道載諸經，具之吾心，而著於日用、事物、人倫之間。若《大學》之敬，《中庸》之誠，《論語》之操存涵養，《孟子》之體驗擴充，一一反之身心，實踐而力行之，求之吾心而無慊，斯考之聖賢而不謬，驗之內外而無怨矣。

【探源】明章懋《楓山集》卷四《送進士還鄉序》：<u>夫聖賢之道載諸經，具之吾心，而著於日用事物人倫之間</u>，不可須臾離者。君歸，尚當讀所未讀之書，窮所未窮之理，而以其平日講明之得諸經者，<u>若《大學》之敬，《中庸》之誠，《論語》之操存涵養，《孟子》之體驗充擴，一一反之身心，實踐而力行之</u>，盡落其華，以就其實用，試厥政於一家，則內而父子兄弟夫婦，外而宗族鄉黨州里，凡其事親事長，處己待人，應酬交際之間，舉無或背於道，<u>求之吾心而無慊，考之聖賢而不謬，驗之內外而無怨</u>，則身修而家齊，所以治國平天下者不外是矣。他日立乎朝廷之上，推其所學，見諸實用，功名事業直欲追蹤古人，不為漢、唐以下人物，夫然後上不負天子，中不玷科目，下不誤蒼生，而於道其庶幾乎？苟徒充經笥，茂文苑，一舉及第，便謂終身事業在是，則草廬先生所謂鄙人而已，何取哉？

【今按】「讀所未讀之書，窮所未窮之理」，至今仍然可以作為座右銘。科舉時代的文人學士有三重標準：「上不負天子，中不玷科目，下不誤蒼生。」今日無天子、科目，無所謂「不負」「不玷」，至於「下不誤蒼生」，舉世有幾人哉？

【又按】章懋（1437～1522），字德懋，號闇然翁，晚年又號瀫濱遺老，浙江蘭溪人。成化二年（1466）會試第一成進士，選庶吉士，授翰林院修撰。因直言進諫而仕途坎坷，卒贈太子太保，諡文懿。著有《楓山語錄》《楓山集》等。

351

　　黃諫曰：書之可信者，經焉耳矣。經之外，未足盡信也。

【探源】待考。

【今按】黃諫，字廷臣，蘭州人。……正統壬戌進士及第第三人，授翰林院編修，為經筵講官。景帝改冊東宮，諫以侍講擢春坊庶子。天順初，以尚寶卿出使安南……還朝，遷翰林院學士。嘗作《金泉》《黃河》二賦及《大明鐃歌鼓吹》，詞藻溢發，李賢、劉定之等皆稱美之。後以石亨同鄉謫廣州通判……所著有《蘭坡集》。（《粵大記》卷十三《宦跡類》）

【又按】清閻若璩《尚書古文疏證》卷六上:「蓋天下最可信者經,而邵子數之可信,
則以其與經相表裏。天祚宋代,絕學有繼。程子出而理明。凡六經中言心、
言性、言仁、言義等無不析之極其精,仍可融之會於一。邵子出而數明……」

352

　　桑悅曰:《易》始於皇,《書》始於帝,《詩》始於王,《春秋》始於伯,
《禮》之與《樂》所以經緯皇帝王伯者也。由伯而下,棄禮絕樂,有不可勝言
者矣。聖人因作《春秋》以閱世變,明王道,抑霸功,以達《易》《書》《詩》
《禮》《樂》之事業。是故存乎《易》以全《春秋》之變,存乎《書》以全《春
秋》之恒,存乎《詩》以全《春秋》之蘊,存乎《禮》以全《春秋》之序,存
乎《樂》以全《春秋》之和,而《易》《書》《詩》《禮》《樂》又所以存乎《春
秋》者也。六經各一其體用,論其大分,五經者,《春秋》之體;《春秋》者,
五經之用。

【探源】桑悅《思玄集》卷五《春秋集傳序》:「孔子刪《詩》《書》,定《禮》《樂》,
贊《周易》,修《春秋》。《春秋》之作,聖人之所不得已也。《易》始於皇,
《書》始於帝,《詩》始於王,《春秋》始於伯,《禮》之與《樂》所以經緯
皇帝王伯者也。……由伯而下,棄禮絕樂,有不可勝言者矣。聖人因作《春
秋》以閱世變,明王道,抑伯功,以達《易》《書》《詩》《禮》《樂》之事業。
是故存乎《易》以全《春秋》之變,存乎《書》以全《春秋》之恒,存乎《詩》
以全《春秋》之蘊,存乎《禮》以全《春秋》之序,存乎《樂》以全《春秋》
之和,而《易》《書》《詩》《禮》《樂》又所以存乎《春秋》者也。六經各一
其體用,論其大分,五經者,《春秋》之體;《春秋》者,五經之用。」〔註
11〕

【今按】桑悅(1447～1513),字民懌,號思亥,學者稱思玄先生,蘇州府常熟人。
成化元年(1465)舉人,會試得副榜,官至柳州府通判。為人怪妄,好為大
言,以孟子自況,謂文章舉天下惟悅,次則祝允明。工於辭賦,所著《南都
賦》《北都賦》頗為有名。《明史·文苑傳》附載徐禎卿傳中。其《思玄集》
列入《四庫全書存目叢書》集部第 39 冊。

〔註11〕《四庫全書存目叢書》集部第 39 冊第 52 頁。

353

又曰：孔、孟既沒，六經、七篇之傳所以續其亡以施教也。苟讀孔、孟之書，而不潛心其為人，不為徒讀也邪？

【探源】桑悅《思玄集》卷五《儆庵稿序》：「文者，道之英……孔子之六經，孟子之七篇，皆世不我用，暮景乃成，故遊孔子之門者不求孔子於六經，遊孟子之門者不求孟子於七篇。孔、孟既沒，六經、七篇之傳所以續其亡以施教也。苟讀孔、孟之書，而不潛心其為人，不為徒讀也邪？」〔註12〕

354

王鏊曰：世謂六經無文法，不知萬古義理、萬古文字皆從經出也。即如《七月》一篇敘農桑稼穡，《內則》敘家人寢興烹飪之細，《禹貢》敘山川脈絡原委如在目前，《論語》記夫子在鄉在朝使儐等容，宛然畫出一個聖人，孰謂六經無文法？

【探源】明王鏊《震澤長語》卷下《文章》：世謂六經無文法，不知萬古義理、萬古文字皆從經出也。其高者遠者未敢遽論，即如《七月》一篇敘農桑稼穡，《內則》敘家人寢興烹飪之細，《禹貢》敘山水脈絡原委如在目前，後世有此文字乎？《論語》記夫子在鄉在朝使擯等容，宛然畫出一個聖人，非文能之乎？昌黎序如《書》，銘如《詩》，學《書》與《詩》也，其他文多從《孟子》，遂為世文章家冠，孰謂六經無文法？

【今按】王鏊（1450～1524），字濟之，號守溪，晚號拙叟，學者稱為震澤先生，吳縣人。八歲能讀經史，十二歲能作詩。成化十一年（1475）進士，授翰林院編修。官拜文淵閣大學士、武英殿大學士。卒贈太傅，諡文恪。著有《震澤編》《震澤集》《震澤長語》等。

355

又曰：漢初，六經皆出秦火煨燼之末、孔壁剝蝕之餘，然去古未遠，尚遺孔門之舊，諸儒掇拾補葺，專門名家，各守其師之說，其後鄭玄之徒箋注訓釋，不遺餘力，雖未盡得聖經微旨，而其功不可誣也。宋儒性理之學行，漢儒之說盡廢，然其間有不可得而廢者，好古者不可不考也。

〔註12〕《四庫全書存目叢書》集部第 39 冊第 50 頁。

【探源】明王鏊《震澤長語》卷上《經傳》：漢初，六經皆出秦火煨燼之末、孔壁剜
蝕之餘，然去古未遠，尚遺孔門之舊。公羊、穀梁蓋傳子夏氏之學。《儀禮》
有子夏傳，《易》有子夏傳，而亡之。《詩序》相傳亦云子夏作，《易》傳於
商瞿，《書》傳於伏生之口，孔安國又得於孔壁所藏。劉向《別錄》云：「虞
卿作，抄撮九卷，授荀卿，卿授張蒼。」然則蒼師荀卿者也。《左傳》出蒼
家，蒼亦有功於斯文矣。浮丘伯亦荀卿門人。申公事之，是為《魯詩》。根
牟子傳荀卿子，荀卿子傳大毛公，是為《毛詩》。是時諸儒掇拾補葺，專門
名家，各守其師之說。其後鄭玄之徒箋注訓釋，不遺餘力，雖未盡得聖經微
旨，而其功不可誣也。宋儒性理之學行，漢儒之說盡廢，然其間有不可得而
廢者，今猶見於《十三經注疏》，幸閩中尚有其板，好古者不可不考也。使
閩板或亡，則漢儒之學幾乎熄矣。

356

　　張吉曰：學者不讀五經，遇事便覺窒礙。今士子業一經，豈聖人之言亦
有當去取者耶？

【探源】明楊廉《貴州布政使司左布政使張公吉□□□（神道碑）》：正德戊寅九月
甲寅，貴州左布政使張公卒於里節，其子僎以是年冬十二月乙酉既奉襄大
事復自狀並以書抵南京，屬廉揭諸神道之碑。竊謂此學自宋儒大明之後浸
至於今，中間或顯或晦，然顯之日恒少，而晦之日恒多。有志於斯道者可
勝歎耶？近年如吾克修，潛心篤志，惟日孳孳，以至於老，斯人豈易得哉？
公生有美質，四五歲聞父母之命，即不敢違訓之故事，輒記不忘，比長恥
同流俗，信吉好義，以名節自砥礪。初從鄉先生學，見諸生簡擇經傳，以
資捷經，意謂：「士當兼治五經，今業一經，而所遺如此，豈聖人之言亦有
當去取者耶？」遂歸而屏絕人事，力購諸經及宋儒諸書讀之，既見大意，
喟然歎曰：「道在是矣。」於是益自奮厲，以窮理致知務體之於身，驗之於
心，朝斯夕斯，略無懈惰。在庠序，異己者所嫉，惟教諭鄭重光之延譽提
學夏止軒，寅常舉以勵諸生。成化丁酉魁鄉薦，辛丑登進士。明年除工部
營繕司主事，搜訪宿弊，滌而新之，時左道李孜省致位禮部侍郎，妖僧繼
曉以符水進。乙巳元旦，星隕有聲，詔求□言，公上疏勸親賢圖治，修德
遠邪，以謝天變，顯劾二人之罪，疏入，其黨攟摭公過，不可得，踰月諷
吏部尚書尹公旻遠貶景東通判，時追逮甚急，故舊無送者，所攜圖書數卷、

僮僕數人而已。景東處西南極邊，其民鄙戾，土官陶氏世握郡章，一仍其俗。公至，下令率先以孝悌忠信禮義廉恥，民以事至，庭諄諄曉諭使歸，相告語有不法者亦必薄示其罰，約無再犯，陶始見公空囊，且無室家，謀置妾，不聽，以銀器數事餽，一無所受，已而遣子棨來學。棨聞教，即能善事其父，遇母忌日，或強以酒肉，即走避之，夷民由是信服，漸知中州之化，地僻乏書，手錄諸經，葺齋舍，討論其中，取聖賢教人修身己之要，慎獨窮理，改過求仁，作四箴置座右自勵。……己巳轉廣西左布政使，二月發濟南舟中，讀象山語錄，作《陸學訂疑》。會召馳驛還京，將處以重任，竟逆瑾所沮。先是，瑾作威福，惡公不屈節求賂，復不與，常以語人，希瑾意者嗾布政使車某誣以非罪，又權瑠修禁鸞鈔之怨，鐫兩官除兩浙鹽運使，瑾大誅，會吏部尚書楊公一清初柄用，欲收人望，轉公河南參政，復更廣西，壬申轉湖廣按察使，癸酉轉貴州左布政使，未赴輿，疾歸第丏休，楊公終不捨，公覆奏病，痊起用，而公竟不出矣。公深沉不露，天下之人不能盡知，其有知之，信之必篤。……戒諸子一以節儉，訓之書，先小學四書，而後諸經，謂：「<u>學者不讀五經，遇事便覺窒礙</u>。」……生於景泰辛未正月壬子，至是享年六十有八矣。所著述有《古城集》。（載焦竑《國朝獻徵錄》卷一〇三）

【今按】黃宗羲《明儒學案》卷四六「布政張古城先生吉」條亦云：張吉，字克修，別號古城，江西餘干人。成化辛丑進士，授工部主事，以劾左道李孜省妖僧繼曉謫判景東。以詩書變其俗，土官陶氏遣子從學……初從鄉先生學，見諸生簡擇經傳以資捷徑，謂：「士當兼治五經，今業一經，<u>而所遺如此，豈聖人之言亦當有去取耶</u>？」遂屏絕人事，窮諸經及宋儒之書，久之見其大意，歎曰：「道在是矣。」語學者曰：「<u>不讀五經，遇事便覺窒礙</u>。」先生在嶺外，訪白沙，問學，白沙以詩示之：「滄溟幾萬里，山泉未盈尺。到海觀會同，乾坤誰眼碧。」先生不契也，終以象山為禪，作《陸學訂疑》，蓋《居業錄》之餘論也。

【又按】張吉（1451～1518），字克修，號翼齋、默庵、古城，江西饒州府餘干人。成化十七年（1481）進士，除工部主事。官至貴州右布政使。著有《陸學訂疑》《古城文集》。

357

石珤曰：聖人之道載在六經，王者用之以定四海，其臣用之以弼其治，其民用之以親親、長長、幼幼，養生送死而無憾，何莫非六經之功哉？

【探源】此則選自石珤《重修廟學記》。其文曰：「嗚呼！聖人之道載在六經，垂之萬世，不啻如日月之行於天、江河之流於地也。王者用之以定四海，其臣用之以弼其治，其民用之以親親、長長、幼幼，養生送死而無憾，何莫非六經之功哉？」（此條參考陳開林《〈經義考·通說〉引文續考》）

【今按】石珤（1464～1528），字邦彥，號熊峰，槁城人。成化丁未進士，官至文淵閣大學士，諡文隱，改諡文介。以剛正不阿聞名朝野，為人尤重忠孝。事蹟具《明史》本傳。其《熊峰集》十卷已抄入四庫。

【又按】「道載在六經」的觀念在明代比較流行，如：

> 明耿裕《盧氏縣儒學碑記》：當為者何？三綱五常之道是也。是道載在六經，昭如日星，學者當防觀體驗，以明諸心，以見於行，推而至於威儀文辭，舉無愆忒，則材成矣。

> 《明實錄世宗實錄》大卷三百七十八：夫孔子，周人也，師法文王，而以斯文自任，其發明彝倫之道，載在六經。為其徒者，所當萬世卒循者也。顧後世教學未明，人心弗淑，彝倫或幾乎斁矣。彝倫斁則治化何由而成？今諸士居業於斯，誦法孔子之言，學孔子之道，其可不思盡夫彝倫之實，為子盡孝，為臣盡忠，以輔我國家無疆之治，以無負作新斯學之意。（又見《大明世宗肅皇帝寶訓》）

358

王啟曰：自夫子刪述六經，而伏羲、堯、舜、禹、湯、文、武、周公之道寓於《易》《書》《詩》《春秋》《禮》《樂》，如天之不可階而升。夫子恐人好高而反失之也，故其為教，博文約禮之外，性與天道罕言，而《論語》一書，不出問答思辨之間。當時曾子傳其學，尚用心於內，其作《大學》則曰：「格物致知，猶吾夫子也。」曾子傳之子思，其作《中庸》則曰：「擇善思誠，猶吾曾子也。」子思傳之孟子。其作七篇則曰：「知言明善，猶吾子思也。」惜乎其書存，其人亡，異端之說始熾，猥以百家之言廁於其間，學者莫知所宗。幸而四子之澤未泯，漢董子思所以禁之，首請罷黜百家，以尊孔子。其後始置五經博士，四子得列講師，而百家不致與六經抗衡矣。

【探源】王啟《敘近思錄》曰：百家罷而四子出，四子出而六經尊。訓詁罷而《近思錄》出，《近思錄》出而四子尊。上下歷千餘歲，絕續更十餘傳，所言愈演而愈約，其旨愈近而愈遠矣。粵自夫子刪述六經，而伏羲、堯、舜、禹、湯、文、武、周公之道寓於《易》《詩》《書》《春秋》《禮》《樂》，如天之不可階而升，夫子恐人好高而反失之也，故其為教博文約禮之外，性與天道罕言，而《論語》一書不出問答思辨之間。當時曾子傳其學，端用心於內，其作《大學》，則曰格物致知，猶吾夫子也。曾子傳之子思，其作《中庸》，則曰擇善思誠，猶吾曾子也。子思傳之孟子，其作七篇，則曰知言明善，猶吾子思也。惜乎其書存，其人亡，其徒不能傳其道。異端之說始熾，猥以百家之言廁於其間，統紀不一，學者莫知所宗矣。幸而四子之澤未泯，漢董子思所以禁之，首請罷黜百家，以尊孔子，其後始置五經博士，四子得列講師，而百家不致與六經抗衡矣。然亦多訓詁之儒，而無究精微之實。積久生蠹，釋氏因得以近似之言亂之。雖唐韓子知尊孟氏以闢佛、老，其作為文章則見道未真，而由其生於訓詁之後，無自而知也。至宋周子倡明道學，作《太極圖》《通書》以授程子，其書始教人尋仲尼顏子樂處，四子之蠹一去矣。程子受於周子，作經說諸書教人窮理觀物，其書始發明顏子好學處，四子之蠹又去矣。張子與程子共語道學之要，作《正蒙》等書，教人知禮成性，其書始發明《中庸》文字輩，四子之蠹盡去矣。其徒守其書，相傳既久，不能無失天欲，啟斯文之歸，於是朱子始出，紹其道而正其書，既掇於釋經，四書集注矣，復次輯為此編，蓋所以修宋之一經，大伊洛而宗四子，明其傳之有在也旨哉？編乎不由是書，不識其義，則千聖宗廟之美，百官之富，終無由而見矣。其義云何？《洪範》曰：思曰睿，睿作聖，愚嘗思之，人能收放心，則必將求道。將求道則必有所思，有所思則必有所通，有所通則必有不通，以所通者而推未通者，其相去也不亦近乎？其為知也不亦易乎？……若無所通，即強欲通。有所通不能類通皆蔽也。彼釋致知者曰推極，答近思者曰類推，其義何居乎？建安葉氏曾為集解。國朝文明之久，雖列學官，然窮鄉晚出猶寡。啟自守官以來，始得此書，讀之，每目擊心融處，輒手疏各條下，庶幾銖累寸積，幸異日無事卒業是書，頻年奪志，迄無所成，且是書以思為名，蓋欲人默識心通而得之也，故亦不敢為，姑書以竢來者。愚按此序，知東瀛識正而力勤矣。（此條參考陳開林《〈經義考・通說〉引文續考》）

【今按】王啟（1465～1534），字景昭，號學古、柏山，黃岩人。成化二十三年（1487）進士，官至刑部尚書。著有《周易傳疏》《周禮疏義》《元鑒年統》《撫滇翊華錄》《宋元綱目續修》《柏山文集》《東瀛遺稿》等。清張夏《雒閩源流錄》卷五有傳。

359

楊廉曰：先六經而後諸子百氏，此讀書之要也。

【探源】明楊廉《楊文恪公文集》卷三十二《壽州儒學重修記》：壽州學之修也，功巨而同於建也。起正德甲戌秋七月丙子，畢乙亥夏后四月癸酉。其為屋也，曰明倫堂，曰尊經閣，皆五間，齋曰進德，曰修業，曰育才，曰會文，曰味道，皆三間，兩長廊皆十間。……牌而扁者，若素王宮，若泮宮，若興賢，若育秀，若騰蛟起鳳，不一而足，所以備其制者宜無遺矣。……世之作興學校，與所以期望之者，果止於科名而已乎？國家長養人才，正欲圖惟治道耳。有天德乃可語王道。唐、虞三代之人才多聖，所以為唐、虞三代；漢、唐、宋之人才多賢，所以為漢、唐、宋。然宋之人才亦有大賢以上而幾於聖者，持以當時不能知而用之，此宋之所以止於宋耳。自今言之，經義策論無妨於義理，賢人、聖人何限於科名？惟在善教善學而已。況乎堂以明倫，三代之學也；齋以進德修業，聖學之工夫也。合以尊經，則<u>先六經而後諸子百氏，此讀書之要也</u>。教者，學者，相與共勉之，則今日學校之設為不負矣，而抑豈非林君修學之意哉？（此條參考陳開林《〈經義考·通說〉引文續考》）

【今按】楊廉（1452～1525），字方震，號月湖，一號畏軒，江西豐城人。成化二十三年（1487）進士，官至南京禮部尚書，諡文恪。楊廉與羅欽順相友善，為居敬窮理之學，文必要六經，自禮樂錢穀至星曆算數，具識本末。學者稱月湖先生。著有《伊洛淵源新增》《月湖集》。事蹟具《明史·儒林傳》。

【又按】楊廉又輯《皇明名臣言行錄》，其後徐咸有《名臣後錄》，鄭曉《吾學編》有《名臣紀》，沈應魁有《名臣新編》，迪知衷合諸本，排纂成書，稱《名世類苑》，凡四十六卷。

360

又曰：大學以格物為先，格物以讀書為先。所讀之書，五經四書其本領也。

【探源】楊廉《楊文恪公文集》卷三十五《泗州重修廟學記》：今制天下郡邑，莫不
　　　有學。學莫不有廟，聚凡民之俊秀，而教以窮理正心，修己治人之道，此學
　　　之所由以設也。專祀先聖，孔子巍然南面，而諸子以次在配享從祀之列，此
　　　廟之所由以設也。……竊謂窮理正心，修己治人，古者大學之教也。大學以
　　　格物為先，格物以讀書為先。今所讀之書，五經四書其本領也。然朱子補之
　　　以小學，採之以《近思錄》，朝而披，夕而誦，可不思吾之所當精專者乎？
　　　程子謂學者於道不知所向，孰知斯人之為功，或謂周、程、張、朱宜居四配
　　　之列，月旦望而謁，春秋上丁而釋奠，可不思吾之所當窮究者乎？要之，周、
　　　程、張、朱乃絕學之指南，其所著諸書實入道之捷徑。諸生果知乎此，則顏、
　　　曾、思、孟之域可馴至矣。若夫群居終日，苟惟希世以取寵，弄筆以徼利達，
　　　固非朝廷養士之至意，抑豈廉之所敢知哉？（此條參考陳開林《〈經義考‧
　　　通說〉引文續考》）

【今按】「周、程、張、朱乃絕學之指南，其所著諸書實入道之捷徑」，這是新儒學的
　　　入門途徑。

361

　　楊廷和曰：六經，自古聖賢正學之心法在焉，諸賢之所謂學者不出乎
是。

【探源】楊廷和《崇正書院記》：書院之制非古也，蓋宋初州縣之學未立，各路間有
　　　書院，皆一時賢士大夫倡為之，其名遂著。濂溪，楚產也，有先師之義法，
　　　當祀。程、朱、南軒四子，或生於黃陂，或宦學於湖湘，而橫渠則與諸賢通
　　　祀天下，禮難獨廢。記有之：「凡釋奠者必有合。」釋之者或以為與鄰國合，
　　　是亦有取於祀禮之義。其後又為寶經之堂。書院所藏，不止六經。而六經，
　　　自古聖賢正學之心法在焉，諸賢之所為學者不出乎是。揭而示之，亦學者之
　　　指南也，因名之曰崇正。夫天下之道二，有正有邪。學者之所以學，大要在
　　　審擇之耳。異端邪說，淫辭詖行，與吾道如陰陽黑白之相反。夫人皆知之，
　　　不必深辯。惟似是而非、近理亂真之說，則有非至明不能察，至健不能決者。
　　　大學之道，自格物、致知、誠意、正心、修身，以推之家國天下，其工夫次
　　　第具在六經，皆吾儒之所謂正學者。學者從事於斯，窮以之獨善其身，是為
　　　正大光明之學；達以之兼善天下，是為正大光明之業。如今日所祀之諸賢，
　　　其為學必本於人倫。明天人之際，達古今之義，制行皆反身而誠，無所矯飾，

形於著作，文深厚爾雅，明白平正，指遠而辭文，舉而措之，則又有猷有為，名實相稱，不違道以干譽，是之為正學。近世以來，此道不明，學者或好名立異以為行，或鉤章棘句以為文，或矯枉過直以為議論，是雖與淫辭詖行者殊科，然要之終與諸賢之所學者不同。致遠則泥，或反為正，蹈之榛蕪。諸生於是精察而明辯之，取六經之所載，反諸賢之言行，身體力行，不眩於流俗，不惑於異說，充於心，見於事業，務求至於正大光明之地而後已，庶不負朝廷敦崇正學之意。今日書院之建始事者，亦與有榮哉！〔註13〕

【今按】楊廷和（1459～1529），字介夫，四川成都府新都人。成化十四年（1478）進士，官至華蓋殿大學士，諡文忠。事蹟具《明史》本傳。著有《楊文忠公三錄》。

362

顧璘曰：六經者，禮義之統紀、文章之準繩也。學者不根六經，無以成學。

【探源】明顧璘《息園存稿文》卷一《會心編序》：客有雜坐談古今文者，其一曰：「邃古之道，修於仲尼，六經垂焉。六經者，禮義之統紀、文章之準繩也。以談道者探其精，以摛辭者軌其度，又奚取諸子之紛紛乎？」其一曰：「風隨世遷，簡繁成變，文由變生，古今成體，故才哲迭跡，而承學有由然矣。茲欲紀宴遊之跡，而上擬冠昏之義，不亦遠乎哉！文章異體，存乎世變，莫可廢也。」新昌令洪都塗子者從而平之曰：「旨哉！二客之言幾備已乎。文章之難，患之久矣。不根六經，無以成學；不參諸子，無以成體。諸子者，文之變也。」

【今按】「不根六經，無以成學；不參諸子，無以成體」，這是基於文的視角討論經子關係。

【又按】顧璘（1476～1545），字華玉，號東橋居士，長洲（今江蘇吳縣）人，寓居上元（今江蘇南京）。弘治間進士，授廣平知縣，累官至南京刑部尚書。少有才名，以詩著稱於時。著有《浮湘集》《山中集》《息園詩文稿》等。

〔註13〕明廖道南《楚紀》卷二十《崇道外紀後篇》。此條參考陳開林《〈經義考‧通說〉引文續考》。

363

又曰：孔、孟所引《詩》《書》多斷章取義，不拘拘於章句，蓋義理乃其精微，文辭特糟粕耳。至宋儒泥章句，立主意，雖於文字之際有所發明，卒使六經之旨拘牽執滯，而無曲暢旁通之趣，實訓詁之學為之害也。

【探源】明顧璘《息園存稿文》卷八《復許函谷通政》：讀公著述，復見古人讀書窮理之意，信心而不信耳，大要歸諸至當而已。《左傳》所載諸家卜筮、賦詩等事，各具一義，義理圓融，切於制用，不徒誦說而已。雖秦火之後不復聞聖賢說經之詳，今諸書散見，孔、孟所引《詩》《書》之言亦多斷章取義，不拘拘於章句，蓋義理乃其精微，文辭特糟粕耳。至宋儒始守師說，泥章旨，而立主意，雖於文字之際有所發明，卒使六經之旨拘牽執滯，而無曲暢旁通之趣，實訓詁之學為之害也。公獨得之見超脫群疑，尊仰何已。《詩考》多宗《小序》，古人固言之，《小序》雖未必作於子夏，大抵去孔氏不遠，必有源流授受之因，豈千載之下可逆探而輕改也。

364

又曰：六經之文，非仕與學者限於禁而不得為也，奈何排其戶不歷其奧乎？

【探源】明顧璘《息園存稿文》卷九《與魯南書》：聖賢君子之道，六經、諸子之文，亦非仕與學者限於禁而不得為者也，奈何排其戶不歷其奧乎？

【今按】朱彝尊刪去「聖賢君子之道」、「諸子」字樣，顯然與原意有別。

365

又曰：六經，道之綱也。苟舉其綱，萬目咸正。

【探源】明顧璘《息園存稿文》卷六《東園金先生傳》：先生名賢，字士希，江寧人。……論曰：六經，道之綱也。苟舉其綱，萬目咸正。今仕者治經用世，往往棼糾耗亂，而乏治理，以文不以道也。金先生學《易》與《春秋》，皆盡其微，斯身心與之化矣。故治民則惠，司言則直，豈非綱舉目正之效耶？夫然後知六經可貴，而聖人之道果濟於世用，不誣也。

【今按】經為道綱，綱舉目張。治經用世，明體達用。

366

何瑭曰：聖賢之道，昭在六籍，如日星，後學愧不能知而行之。自宋以來儒者之論太多，此吾之所深懼也。

【探源】明張鹵《南京右都御史何文定公瑭傳》：公諱瑭，字粹夫，世號柏齋先生。其先揚州如皋人。洪武初，有忠一者以總旗從天兵北定中原，歷河南懷慶衛編管，三傳至森，配劉氏，以成化甲午十月生公於武陟縣千秋鄉屯舍。公生而端凝，不事嬉戲，人以癡。七歲時入郡城，忽見彌勒佛塑像，乃抗言請去之，人皆大駭。□□讀書，十九郡庠生，必期以聖賢之學。學嘗曰許文正、薛文清二先生世未遠，而居又甚近，於此忘所師法，學其謂何，故於一言一行必求聞於父老，力索於遺書，有得則欣然忘寢食而從之。……有問一貫約禮之說者，曰：「儒者未得游、夏之十一，而議論即過顏、曾，以聖賢心法初學口耳，此道聽途說之最可惡者。」門人婁樞、王西星嘗請梓公文錄，公曰：「<u>聖賢之道，昭在六籍，如日星，後學愧不能知而行之，自宋以來儒者之論方苦太多，此吾之所深懼也。</u>」……有贊公者曰：先生可謂銖視軒冕，塵視金玉者。公曰：「此後世儒者輕世傲物之論也。金玉自是金玉，如何塵視得？軒冕自是軒冕，如何銖視得？」……家居十餘年，薦揚者二十餘疏。嘉靖二十二年九月夜半，有星隕於郡城西，流光如晝。是夜，公疾革，卒年七十。訃聞，詔賜葬祭。隆慶初，詔言官舉先朝應得恤典諸臣，鹵時叨諫恒，乃上章特公請給贈諡，上素重公名，乃特恩賜諡文定，贈禮部尚書，士林稱大快云。（載焦竑《國朝獻徵錄》卷六十四）

【今按】黃宗羲《明儒學案》卷四九《諸儒學案中·三文定何柏齋先生瑭》：「門人請梓文集，曰：『<u>聖賢之道，昭在六籍，如日星，後學愧不能知而行之。自宋以來儒者之論正苦太多，此吾之所深懼也。</u>』」沈佳《明儒言行錄》卷七、孫奇逢《中州人物考》卷一均載之。

【又按】何瑭（1474～1543），字粹夫，號柏齋，懷慶府（今河南武陟）人，祖籍如皋。弘治十五年（1502）進士及第，官至三品。嘉靖十年（1531），告老還鄉，成立景賢書院，設館講學，著書立說。著有《柏齋文集》《陰陽管見》《樂律管見》《儒學管見》《醫學管見》《兵論》等。

367

王廷相曰：六經者，道之所寓，故仲尼取以訓世。《八索》《九丘》《連山》《歸藏》非不古也，道不足以訓，仲尼則棄之，故後世無聞。

【探源】王廷相《雅述》上篇云：「六經者，道之所寓，故仲尼取以訓世。《八索》《九丘》《連山》《歸藏》非不古也，道不足以訓，仲尼則棄之，故後世無聞。」〔註14〕王廷相《慎言》卷十二《文王篇》亦云：「文王既沒，文不在茲乎？孔子何以文為？王子曰：夫文也者，道之器、實之華也。六經之所陳者，皆實行之著，無非道之所寓矣。故無文則不足以昭示來世，而聖蘊莫之睹。《尚書》，政也；《易》，神也；《詩》，性情也；《春秋》，法也；《禮》，教也。聖人之蘊不於斯可睹乎？」〔註15〕

【今按】王廷相（1474～1544），字子衡，號濬川，開封府儀封人。弘治十五年（1502）進士，官至兵部尚書。事蹟具《明史》本傳。著有《駁稿集》《公移集》。

【又按】孔子曰：「我欲載之空言，不如見諸行事之深切著明也。」宋陳耆卿《篔窗集》卷五《上樓內翰書》：「經者，道之所寓也。故經以載道，文以飾經，文近則經弗傳，經弗傳而道即不存也。」「經者道之所寓」的觀點實來自前人。

【又按】王廷相《慎言》卷五《見聞篇》云：「世之學者，所入之途二：穎敏者解悟，每暗合於道，故以性為宗，以學為資；篤厚者待資籍始會通於道，故以學為宗，以純為資。由所造異，故常相詆焉，皆非也。孔子曰：默而識之，學而不厭，何有於我？於己也不有焉？又何詆人歟？」〔註16〕

368

崔銑曰：先王之道存乎經，學者倦於行，於是乎深性命之談，亡其本矣。夫慕父母者，孝子之行也；履六經者，醇士之學也。是故經明而習同，習同而德立，德立而化行，化行而後天下國家可從而理矣。

【探源】明崔銑《洹詞》卷一《贈李典籍序》：高陵李先生守典籍，三年考績，得上考，將還南監，司諫呂道夫偕銑往餞之。李先生，吾友呂太史仲木之外舅也，吾友之賢，天下莫不聞，先生恬雅沉篤，見容者消其吝，接言者去其躁。昔孔子稱子賤謂魯有君子焉，夫君子者，立教則變。宋有石介者，直講也，太

〔註14〕《四庫全書存目叢書》子部第84冊第3頁。
〔註15〕《四庫全書存目叢書》子部第7冊第124頁。
〔註16〕《四庫全書存目叢書》子部第7冊第91頁。

學自介興，故道有可尊，不計乎其官，人有可師，不賴乎其勢。先生之職典籍也，自經而下咸在焉，凡數十萬卷矣。當年不能誦其辭，累世不能究其學，太史公已病之。夫先王之道存乎經耳，學者倦於行，於是乎深性命之談，亡其本。於是乎長鑿革之飾始也，以經進而中也，與經戾，是故習詞賦曰屈、曹而已矣，不曰風雅，習文章曰遷、固而已矣，不曰典誥，習訓詁曰王、鄭而已矣，不曰伋軻，習事功曰律例而已矣，不曰經術，習玄理曰虛靜而已矣，不曰孝悌，習通變曰謀術而已矣，不曰仁義，甚者剗古義而易其文，卑己就而高其論，代增人衍，假以名世學者皆眩迷而不知要。銑聞之，古詩三千篇，孔子刪為三百，而後始可誦法。夫慕父母者，孝子之行；履六經者，醇士之學。是故經行而習同，習同而德立，德立而化行，化行而後天下國家可從而理也。

【今按】朱彝尊於原文有所點竄。

【又按】崔銑（1478～1541），字子鍾，又字仲鳧，號後渠，又號洹野，世稱後渠先生，安陽人。弘治十八年（1505）進士，入翰林，任編修。官至南京禮部右侍郎。不久，因病乞歸。卒諡文敏。著有《洹詞》。

369

又曰：圖像繁而《易》荒矣，《小序》廢而《詩》蕪且淺矣，《左氏》輕而《春秋》虛矣。喜新變古，君子無樂乎斯焉爾。

【探源】語見明崔銑《洹詞》卷三《庸書》。

370

方鵬曰：五經四書一也，漢人讀之為訓詁之學，唐人讀之為辭章之學，今人讀之為科舉之學。蓋讀之者同，而用之者異也。

【探源】明方鵬《矯亭存稿》：「五經一也，漢人讀之為訓詁之學，唐、宋人讀之為辭章之學，今人讀之為科舉之學，濂、洛、關、閩諸儒讀之則為聖賢之學。蓋讀之者同，而用之者異也。」

【今按】朱彝尊於原文有所點竄，刪去「濂、洛、關、閩諸儒讀之則為聖賢之學」，使四學頓失最為重要的一種──聖賢之學！

【又按】方鵬將經學按照時代順序劃分為訓詁之學（漢）、辭章之學（唐）、聖賢之學（宋）、科舉之學（明）。

【又按】方鵬（1470～？），字子鳳，一字時舉，號矯亭，蘇州府崑山人。正德三年（1508）進士。初與弟鳳同以學行相砥礪，及議禮，鵬獨是張璁議。官至南京太常寺。著有《矯亭存稿》《矯亭續稿》。

371

邵銳曰：經也者，天地之心、聖賢之精蘊皆於是乎在。故經明則道明，道明則天極以立，地維以張，人紀以定，而天下之能事於是乎畢矣。

【探源】此則選自邵銳《同安儒學尊經閣記》。（此條參考陳開林《〈經義考・通說〉引文續考》）

【今按】天一閣藏《景泰二年會試錄序》云：「經之所載者，聖人之道也。經明則道明，道明則發諸文者，斯弗畔於道。」

【又按】邵銳（1480～1534），字思抑，號端峰，別號半溪，浙江仁和人。正德三年（1508）進士，仕至太僕寺卿，諡康僖。著有《端峰存稿》。萬斯同《儒林宗派》卷十六載其名。明王世貞《弇山堂別集》卷七十三「康僖」條稱太僕寺卿贈右副都御史邵銳「溫良好樂，小心畏忌」。沈佳《明儒言行錄續編》卷二有傳。

【又按】「天地之心」的說法最早見於《周易・象傳》：「復，其見天地之心乎？」這是「天地之心」在中國哲學中最經典的說法。《復卦》的卦象是冬至一陽來復，《象傳》的作者認為冬至一陽生，從這一點便可見天地之心。此以生生不息之動力之源說仁，仁乃生生不可遏止之內在傾向和根源，亦是創造之真幾。另一個古代的說法是《禮記》中的說法：「人者，天地之心也，五行之端也。」以人為天地之心，認為人是五行之氣的精華，是萬物之靈，是掌握善惡的主體，是實踐仁德、引導世界向善的主體。漢代儒學的特色之一，是把仁說建立為天道論，其中董仲舒把仁定位在「天心」的說法，最具意義：「春秋之道，大得之則以王，小得之則以霸。故曾子、子石盛美齊侯，安諸侯，尊天子，霸王之道，皆本於仁。仁，天心，故次之以天心。」（陳來：《宋明儒學的「天地之心」論及其意義》，《江海學刊》2015 年第 3 期）

372

王道曰：學者讀聖人之經於千載之下，求聖人之意於千載之前，必須虛懷觀理，以求至當歸一之*趣*，不可橫立偏見，而反牽引聖言以狥己意也。

【探源】待考。

【今按】王道（1487～1547），字純甫，號順渠，山東東昌府武城人。正德二年（1507）舉人，六年成進士，官至吏部右侍郎。著有《周易億》《春秋億》等。

【又按】元陳高《不繫舟漁集》卷一〇《易書二經通旨序》：「雖然，士之明經豈專為科舉計哉！聖人之道，非經不傳，學者讀聖人之經，則當求聖人之道。是故明吉凶消長之理，知進退存亡之幾，而動不違乎時，則深於《易》者也；觀二帝三王之心，考唐、虞三代之治，而以之修己治人，則深於《書》者也。若夫迷溺於文字之支離，而徒以是為進取之媒者，亦豈趙君之所望於後學也哉？」

【又按】「遇事虛懷觀一是，與人和氣察群言」，就是科學管用的調研方法。所謂虛懷，就是有容忍之心，不管是諍諍之言，還是反對意見，都能聽進去；所謂和氣，就是尊重下級、尊重官兵，讓人把話說完，聽到最真聲音，汲取群眾智慧，不憑主觀臆斷。（張德俊《遇事虛懷觀一是，與人和氣察群言》）

【又按】如何求聖人之意？這是一個經學解釋學的大問題。

373

　　薛蕙曰：《易》之言有不同乎《書》者矣，《書》之言有不同乎《詩》者矣。各經之言，或先或後，或彼或此，何必一一強同乎？直要其歸，觀其所以同可耳。

【探源】明薛蕙《考功集》卷九《答友人書》：前後承講學之疏，殆不可以固陋少之也。幸甚幸甚！至導僕以言，謂勿使迷遠而不復，每觀來指，見執事之適道正矣。雖使歧路之中又有歧焉，宜不能惑，奚有於迷而可復乎？今顧云云，固在導僕以言也。然以所聞測來指，不無一二異同，故言之欲卒教焉。前仆舉知言學欲博不欲雜，守欲約不欲陋之言，來教謂：孔、顏博文約禮之博，孟子守約施博之博，蓋禮者理也，吾心有條理處是也，其見於事則謂之文，若三千三百之屬皆心之所發也，事事而約之以禮，非禮勿視聽言動是也，《知言》云者，非聖賢所謂博約也。竊謂博文約禮，侯氏、胡氏之解不可易已，倘如來教，當曰約我以禮，博我以文，不當反以博文先之，又與循循善誘之言不相蒙矣。孟子所謂守約施博，其曰「修其身而天下平」者是也。大抵來教所稱，止可以言約禮，非可以言博文也。《知言》所謂學欲博、守欲約，正指夫聖賢之學，所謂不欲雜，不欲陋者，則辨別俗儒之學，異乎聖賢也，

殆不可以遽然非之。然五峰之言，意在夫溺心俗儒之學者惑於其似而無辨，而僕昔者之言意在夫從事聖賢之學者，又安於其偏而自足爾。……<u>《易》之言有不同乎《書》者矣，《書》之言有不同乎《詩》者矣。各經之言，或先或後，或彼或此，何必一一強同乎？直要其歸，觀其所以同耳。</u>若字量句較，往往固而不通矣。

【今按】薛蕙（1489～1541），正德九年進士，授刑部主事。諫武宗南巡，受杖奪俸。旋引疾歸。起故官，改吏部，歷考功郎中。正德十五年（1520）再次被起用，任吏部考功司郎中。嘉靖二年（1523），朝中發生「大禮」之爭，薛蕙撰寫《為人後解》《為人後辨》等萬言書上奏，反對皇上以生父為皇考，招致皇帝大怒，被捕押於鎮撫司後赦出。嘉靖二十年（1539）病死家中，被追封為太常少卿。著有《西原集》《考功集》《五經雜錄》等。

374

桂萼曰：讀《大學》，必如親見孔子、曾子；讀《中庸》，必如親見子思；讀《論語》，必如親問孔子於洙、泗之上；讀《孟子》，必如親事孟子於齊、梁之間。

【探源】桂萼《修明學政疏》：臣聞傅說之告高宗曰：「事不師古，以克永世，匪說攸聞。」孔子曰：「與其託諸空言，不如見諸行事之深切著明也。」昔先儒張載有志復古，而不遇其君，故其言曰：「縱不能施之天下，猶可驗之一方。」臣竊懷此志久矣，於治縣時已將平日所學節為事宜，見諸行事，頗覺士民信悅，真可見人心未嘗不古也……諸生業舉子，志在仕進，經書粗解章句，便擬題目作文字，競為浮華放誕之言，以便有司之口，遂至破裂經傳，不特買櫝還珠而已。若此之類，雖名曰仕人，其設心與壟斷之徒何異？故近代作為科舉活套，亦自稱絕江網，是甘以市井小人自居，恬不以為恥也。放心至此，尚可望其讀書窮理以求見聖賢之心法哉？合申戒天下諸生，一洗此習，先閉門靜坐，整齊嚴肅，使方寸常惺惺地，然後取諸儒讀書法、《近思錄》諸生體認一過，則<u>讀《大學》必如親見孔子、曾子，讀《中庸》必如親見子思，讀《論語》必如親問孔子於洙、泗之上，讀《孟子》必如親事孟子於齊、梁之間</u>。豈至既讀書後與未讀書前只是一樣人物。張橫渠云：「及讀書後，自家又見得別求。」今生徒知此言，有味者寡矣。近議者又紛紛以為讀書無益於學問，至以傳注為贅者，正緣其始未知讀之之法，後有所得而懲之太過耳。

不知此論一開，必將至於尚清談，滅禮教，聾瞽一世，使天下貿貿焉無所執持而後已。（下略）（此條參考陳開林《〈經義考‧通說〉引文續考》）

【今按】桂萼（？～1531），字子實，江西安仁人。正德六年（1511）進士，嘉靖初以議禮驟貴，官至吏部尚書、武英殿大學士，諡文襄。事蹟具《明史》本傳。著有《歷代地理指掌》《明輿地指掌圖》《桂文襄公奏議》等。

375

王守仁曰：經，常道也。以言陰陽消息之行則謂之《易》，以言紀綱政事之施則謂之《書》，以言歌詠性情之德則謂之《詩》，以言條理節文之著則謂之《禮》，以言欣喜和平之生則謂之《樂》，以言誠正邪偽之辨則謂之《春秋》。六經者，吾心之紀籍也。而六經之實，則具於吾心。

【探源】明王守仁《王文成全書》卷七《稽山書院尊經閣記》：經，常道也：其在於天謂之命，其賦於人謂之性，其主於身謂之心。心也，性也，命也，一也。通人物，達四海，塞天地，亙古今，無有乎弗具，無有乎弗同，無有乎或變者也。是常道也。其應乎感也，則為惻隱，為羞惡，為辭讓，為是非；其見於事也，則為父子之親，為君臣之義，為夫婦之別，為長幼之序，為朋友之信。是惻隱也，羞惡也，辭讓也，是非也，是親也，義也，序也，別也，信也，一也，皆所謂心也，性也，命也；通人物，達四海，塞天地，亙古今，無有乎弗具，無有乎弗同，無有乎或變者也。是常道也。<u>以言其陰陽消息之行焉則謂之《易》，以言其紀綱政事之施焉則謂之《書》，以言其歌詠性情之發焉則謂之《詩》，以言其條理節文之著焉則謂之《禮》，以言其欣喜和平之生焉則謂之《樂》，以言其誠偽邪正之辨焉則謂之《春秋》。</u>是陰陽消息之行也，以至於誠偽邪正之辨也，一也，皆所謂心也，性也，命也。通人物，達四海，塞天地，亙古今，無有乎弗具，無有乎弗同，無有乎或變者也。夫是之謂六經。六經者非他，吾心之常道也。故《易》也者，志吾心之陰陽消息者也；《書》也者，志吾心之紀綱政事者也；《詩》也者，志吾心之歌詠性情者也；《禮》也者，志吾心之條理節文者也；《樂》也者，志吾心之欣喜和平者也；《春秋》也者，志吾心之誠偽邪正者也。君子之於六經也，求之吾心之陰陽消息而時行焉，所以尊《易》也；求之吾心之紀綱政事而時施焉，所以尊《書》也；求之吾心之歌詠性情而時發焉，所以尊《詩》也；求之吾心之條理節文而時著焉，所以尊《禮》也；求之吾心之欣喜和平而時生焉，所

以尊《樂》也；求之吾心之誠偽邪正而時辨焉，所以尊《春秋》也。蓋昔者
聖人之扶人極，憂後世，而述六經也，猶之富家者之父祖，慮其產業庫藏之
積其子孫者，或至於遺忘散失，卒困窮而無以自全也，而記籍其家之所有以
貽之，使之世守其產業，庫藏之，積而享用焉，以免於困窮之患。故六經者，
吾心之記籍也。而六經之實，則具於吾心。猶之產業庫藏之實積，種種色色，
具存於其家，其記籍者，特名狀數目而已。而世之學者，不知求六經之實於
吾心，而徒考索於影響之間，牽制於文義之末，硜硜然以為是六經矣，是猶
富家之子孫不務守視享用其產業庫藏之實，積日遺忘散失，至於窶人丐夫，
而猶囂囂然指其記籍曰：「斯吾產業庫藏之積也，何以異於是？」嗚呼！六
經之學，其不明於世，非一朝一夕之故矣。尚功利，崇邪說，是謂亂經。習
訓詁，傳記誦，沒溺於淺聞小見，以塗天下之耳目，是謂侮經。侈淫辭，競
詭辯，飾奸心盜行，逐世壟斷，而猶自以為通經，是謂賊經。若是者，是並
其所謂記籍者而割裂棄毀之矣，寧復知所以為尊經也乎？越城舊有稽山書
院，在臥龍西岡，荒廢久矣。郡守渭南南君大吉，既敷政於民，則慨然悼末
學之支離，將進之以聖賢之道，於是使山陰令吳君瀛拓書院而一新之，又為
尊經之閣，於其後曰：經正則庶民興，庶民興斯無邪慝矣。閣成，請予一言，
以諗多士，予既不獲辭，則為記之若是。嗚呼！世之學者得吾說而求諸其心
焉，其亦庶乎知所以為尊經也矣。

【今按】本文一作《尊經閣記》，已被選入《古文觀止》。

<h1 style="text-align:center">376</h1>

　　許誥曰：六經所載，皆聖王治民之道。欲求道者，舍是無所用心矣。

【探源】待考。

【今按】許誥（1471～1534），字廷綸，號函谷山人，河南靈寶人。吏部尚書進之子，
　　　　文淵閣大學士贊之兄，兵部尚書論之弟。弘治十二年（1499）進士，官至南
　　　　京戶部尚書，贈太子太保，諡莊敏。事蹟附見《明史・許進傳》。其《通鑑
　　　　綱目前編》三卷已抄入四庫。

【又按】「六經所載皆聖人之道」的觀點常見於宋、元、明文獻，如宋呂祖謙《東萊
　　　　外集》卷二：「問：夫子祖述堯、舜，憲章文、武，萃百聖致治之法，而著
　　　　之六經，成而不試，付其責於後人，以俟其驗。至於今蓋千有餘年矣，世之
　　　　儒者亦嘗以六經之學而竊見之於用，如以《禹貢》行河，如以《春秋》斷獄，

如以三百五篇諫。噫！六經之用果止於是歟？六經之用果止於是，則儒者之責何其易塞也。六經所載者，堯、舜、禹、湯、文、武未備之法。用六經者，當有堯、舜、禹、湯、文、武未用之效。彼章句小生斐然狂簡者曾何足為六經輕重耶？是自夫子既成六經之後，尚為未試之書也。試六經之未試，使異端惡黨不敢指，夫子之述作為虛言，非儒者責耶？」元郝經《陵川集》卷十七《道論》：「聖人所教、六經所載者，多人事而罕天道，謂盡人之道則可以盡天地萬物之道，能盡天地萬物之道，則三才之蘊一貫於我矣。嗟夫！天地萬物具在聖人之六經，日星而昭昭也，而由之者鮮潰亂於嗜欲，撐裂於爭奪，誘瀆於富貴，浮靡於文章，沉溺於訓詁，破碎於決科，支離於穿鑿，蕩於高遠，惑於異端，窮於詐，昧於私，而塞於不行。悲夫！聖人之形器將遂壞也歟？」明陸深《儼山集》卷三十四《薛文清公從祀孔廟議》：「祭祀之義，本以報功，而孔廟祀典實為傳道。夫聖人之道大矣遠矣。今六經所載皆聖人之道也，有能以六經之道蘊之身心，是曰立德，發揮六經之理，見之政治，是曰立功，講明六經之文，形於著述，是曰立言。夫德以建極也，功以撫世也，言以垂訓也。凡有一於此，皆應法施於民之義，故祭則福焉，類則歆焉，靈則妥焉，神斯享矣，此孔廟祠祀之所緣起，非徒以彌文為也。」明張綸言《林泉隨筆》：「六經之中，精而性命道德之奧，粗而名物度數之詳，大而修齊治平之具，細而動定衣食之則，自天子以至於庶人，崇卑、上下、內外、本末，無一事之不該，無一理之不具也。今而曰觀其發明之旨，則<u>帝王之大經、大法無所不具，則是六經所載止是人君可得而用乎</u>？」明謝一夔《謝文莊公集》卷四《榆林儒學尊經閣記》：「夫閣之所藏，若傳，若史，諸子百家，不但乎經也，而合之曰尊經者，昭所重也。<u>蓋六經所載皆帝王致治之大綱大法</u>，與夫言行心術之微，本之修身而身修，本之齊家而家齊，本之治國而國治，本之平天下而天下平，固非若他書所紀，或制度文為之末，或古今事變之跡，縱索之博而考之詳，亦不過足以資多聞富識見者，故有益於身心家國天下，而為士君子尤所當先致力者，宜莫如六經。此閣之名所以有取也。然經之所以重記問云乎哉？在能身體而力行之也。國朝科目以經術取士，故士之有志進取者非不明經也，跡其所行，能不與經背馳者幾希。即兼通六經，亦不過口耳記誦之末耳，雖多亦奚為哉？」

377

陸深曰：書莫尚於經。經，聖人之書也。後有作焉，凡切於經者，咸得附矣。

【探源】明陸深《儼山外集》卷三一《附江東藏書目錄小序》：余家學時喜收書，然覯覯屑屑，不能舉群有也。壯遊兩都，多見載籍，然限於力，不能舉群聚也。間有殘本不售者，往往廉取之，故余之書多斷闕闕少者，或手自補綴多者，幸他日之偶完，而未可知也。正德戊辰夏六月寓安福里，宿痾新起，命僮出曝，既乃次第於寓樓，數年之積與一時長老朋舊所遺，歷歷在目，顧而樂焉。余四方人也，又慮放失，是故錄而存之，各繫所得，倘後益焉，將以類續入。是月六日，史官江東陸深識。夫書莫尚於經。經，聖人之書也。後有作焉，凡切於經，咸得附矣，故錄經第一。性理之書，倡於宋而盛之，然經之流亞也，故錄性理第二。語曰：「經載道，史載事。」故錄史第三。書作於經史間，而非經史可附者，概曰古書，故錄古書第四。聖轍既逝，諸子競馳，故錄諸子第五。質漸趨華，而文集興焉，故錄文集第六。四詩既刪，體裁益衍，按厥世代，考高下焉，故錄詩集第七。山包海匯，各適厥用，然妍媸錯焉，類書之謂也，故錄類書第八。紀見聞，次時事，而掌不在官，通謂之史可也，故錄雜史第九。山經地志，具險易，敘貢賦，寓王政矣，故錄諸志第十。聲音之道，與天地通，而禮樂所由出也，故錄韻書第十一。不幼教者不懋成，不早醫者不速起，其道一也，故錄小學醫藥第十二。方藝伎術，故有成書者，孔子曰：「雖小道，必有可觀者焉。」故錄雜流第十三。聖作物，睹一代彰矣。宣聖從周，遵一統故也，特為一錄，以次宸章令甲，示不敢瀆云，目曰制書。

【今按】陸深（1477〜1544），初名榮，字子淵，號儼山，南直隸松江府（今上海）人。弘治十八年進士，授編修，遭劉瑾忌改南京主事，劉瑾誅，復職，累官四川左布政使，官至詹事府詹事。卒贈禮部右侍郎，諡文裕。著有《儼山集》《儼山外集》。

378

湛若水曰：聖人之治本於一心，聖人之心見於六經。故學六經者，所以因聖言以感吾心而達於政治者也。

【探源】明湛若水《格物通》卷二九《進德業四》：伏觀我聖祖命有司求書籍藏之秘府，以資觀覽，而拳拳以聖賢之學為言，切至矣。夫聖人之治本於一心，聖

人之心見於六經。故學六經者，所以因聖言以感吾心而達於政治者也。後世之學，乃以經書資口耳言語之末，讓聖賢之道而不為，得非買櫝而還其珠之謂哉？法皇祖之訓，修聖賢之德業，以一洗士習之陋，誠在今日矣。

【今按】湛若水（1466～1560），字元明，號甘泉，廣東甘泉都（今廣州市增城區新塘）人。拜名儒陳獻章為師，為白沙學說的衣鉢傳人。弘治十八年（1505）參加會試，中進士第二名，先後被授為翰林院編修、侍讀。歷任南京禮部、吏部、兵部尚書。著有《二禮經傳測》《春秋正傳》《古樂經傳》《聖學格物通》《心性圖說》《白沙詩教解注》《甘泉集》。

379

祝允明曰：經業自漢儒迄於唐，或師弟子授受，或朋友講習，或閉戶窮討，敷布演繹，難疑訂訛，益久益著。宋人都掩廢之，或用為己說，或稍援他人，必當時黨類，吾不知先儒果無一義一理乎？亦可謂厚誣之甚矣。其謀深而力悍，能令學者盡棄其學，隨其步趨，迄數百年，不悟不疑而愈固。太祖皇帝令學者治經用古注疏，參以後說，而士不從也。嗚呼！試閱兩漢、魏晉、南北朝、隋唐之學，其義指、理致、度數、章程何等精密弘博，宋人不見何處及之？況並之？又況以為過之乎？此非空言可強辨解也。

【探源】明祝允明《懷星堂集》卷十《學壞於宋論》：祝子曰：凡學術盡變於宋，變輒壞之。經業自漢儒迄於唐，或師弟子授受，或朋友講習，或閉戶窮討，敷布演繹，難疑訂訛，益久益著。宋人都掩廢之，或用為己說，或稍援他人，皆當時黨類，吾不如果無先人一義一理乎？亦可謂厚誣之甚矣。其謀深而力悍，能令學者盡棄祖宗，隨其步趨，迄數百年，不寤不疑而愈固。我太祖皇帝洞燭千古，令學者治經用古注疏，參以後說，而士不從也。嗚呼！試一閱兩漢、魏晉、六代、隋唐遵聖之學，其義指、理致、度數、章程為何等精密弘博，宋人之勞不見何處及之？況並之？又況以為過之乎？此非空言可強辯解也。

【今按】朱彝尊於原文有所點竄，刪去「洞燭千古」猶可說也，竟然刪去標題「學壞於宋論」與觀點句「凡學術盡變於宋，變輒壞之」。祝枝山「學壞於宋論」與現代學者陳寅恪的觀點正好針鋒相對。

【又按】祝允明（1461～1527），字希哲，號枝山，長洲（今江蘇吳縣）人。弘治五年（1492）中舉，後七次參加會試不第。正德九年（1514），授為廣東興寧

縣知縣，嘉靖元年（1522），轉任為應天（今南京）府通判，不久稱病還鄉。擅詩文，尤工書法，名動海內。

380

黃焯曰：六經，文之至也，不可以擬而續也。後之為文者，舍六經奚以哉！

【探源】待考。

【今按】黃焯，字子昭，號龍津子，福建南平人。正德九年進士，嘉靖初知永州府，官至湖南參政。著有《浯溪詩文集》《遵美堂政錄》《修來篇》《論語中庸讀法》《貽光堂集》。

【又按】明林俊《見素集》卷六《小錄前序》：「夫史、子、百家皆文也。六經，文之至也。周、程、張、朱皆學也。孔、孟，學之至也。房、杜、張、宋、韓、范、富、歐皆事功也。皋、夔、稷、契、伊、傅、周、召，事功之至也。」

381

龐嵩曰：孔子集百王大成，非不可博取，然所刪述六經而已，所信用者《周禮》而已，所傳授者《論語》而已。

【探源】待考。

【今按】龐嵩，字振卿，南海（今屬廣東佛山）人。嘉靖十三年舉於鄉，講業羅浮山，從遊者雲集，學者稱弼唐先生。早遊王守仁門，淹通五經，集諸生新泉書院，相與講習。撰《原刑》《司刑》《祥刑》《明刑》四篇，曰《刑曹志》，時議稱之。遷雲南曲靖知府，亦有政聲。中察典以老罷，復從湛若水遊。享年七十七。應天、曲靖皆祀之，名宦葛仙鄉專祠祀之。事蹟具《明史》本傳。著有《弼唐遺言》《弼唐存稿》。

382

楊慎曰：宋儒說經，其失在廢漢儒而自用己見。夫六經作於孔子，漢世去孔子未遠，傳經之人雖劣，其說宜得其真；宋儒去孔子千五百年矣，雖其聰穎過人，安能一旦盡棄其舊而獨悟於心乎？然今之人安之不怪，則科舉之累，先入之說，膠固而不可解也。

【探源】明楊慎《升菴集》卷四二《日中星鳥》：或問楊子曰：「子於諸經多取漢儒，而不取宋儒，何哉？」答之曰：「宋儒言之精者，吾何嘗不取？顧宋儒之失，

在廢漢儒而自用己見耳。吾試問汝，<u>六經作於孔子，漢世去孔子未遠，傳之人雖劣，其說宜得其真。宋儒去孔子千五百年矣，雖其聰穎過人，安能一旦盡棄舊而獨悟於心邪？</u>六經之奧，譬之京師之富麗也，河南、山東之人得其十之六七，若雲南貴州之人得其十之一二而已。何也？遠近之異也。以宋儒而非漢儒，譬雲貴之人不出里閈，坐談京邑之制，而反非河南山東之人，其不為人之貽笑者幾希。<u>然今之人安之不怪，則科舉之累，先入之說，膠固而不可解也已。</u>噫！」

【今按】朱彝尊於原文有所點竄。

【又按】明楊慎《升菴詩話》卷十一「詩史」條：「宋人以杜子美能以韻語紀時事，謂之詩史，鄙哉！宋人之見不足以論詩也。夫六經各有體：《易》以道陰陽，《書》以道政事，《詩》以道性情，《春秋》以道名分。後世之所謂史者，左記言，右記事，古之《尚書》《春秋》也。若《詩》者，其體其旨，與《易》《書》《春秋》判然矣。三百篇皆約情合性，而歸之道德也，然未嘗有道德性情句也。二南者，修身齊家其旨也，然其言琴瑟、鍾鼓、荇菜、芣苢、夭桃、穠李、雀角、鼠牙，何嘗有修身齊家字耶？皆意在言外，使人自悟。至於變風變雅，尤其含蓄，言之者無罪，聞之者足以戒，如刺淫亂則曰『雝雝鳴雁，旭日始旦』，不必曰『慎莫近前丞相嗔』也，憫流民則曰『鴻雁于飛，哀鳴嗷嗷』，不必曰『千家今有百家存』也，傷暴斂則曰『維南有箕，載翕其舌』，不必曰『哀哀寡婦誅求盡』也，敘饑荒則曰『牂羊羵首，三星在罶』，不必曰『但有牙齒存，可堪皮骨幹』也，杜詩之含畜蘊籍者，蓋亦多矣。宋人不能學之，至於直陳時事，類於訕訐，乃其下乘，而宋人拾以為己寶。又撰出『詩史』二字，以誤後人，如詩可兼史，則《尚書》《春秋》可以並省，又如今俗《卦氣歌》《納甲歌》兼陰陽而道之，謂之『詩易』，可乎？」

383

又曰：六經，日用之五穀也。人豈有一日不食五穀者乎？

【探源】見楊慎《山海經補注序》。

384

楊天祥曰：五經備天地萬物之理，讀之每徹一卷，心曠神怡，視聽俱新，不出戶庭，十年遍之矣。雖不足以喻人，亦足以自喻也。

【探源】此文選自《楊進士讀書法》。其文曰：「<u>夫五經備天地萬物之理，比之五嶽孰大？加之子、史、百家，亦寰中洞天福地也。</u>每徹一書，心曠神怡，視聽俱新，顧不出戶庭，十餘年遍之矣。雖不足以喻人，亦足以自喻也。」（此條參考陳開林《〈經義考‧通說〉引文續考》）

【今按】朱彝尊於原文有所點竄。

【又按】《廣東通志》卷四七：楊天祥，字休徵，本博羅人，父順遷於歸善，生天祥，讀書白鶴峰，晝不逾閫，夜不沾席。其讀書之法，以心對書，以耳聽聲，不求上口，亦不強解，當其讀書，甚專壹，一切不聞見，為文操筆，千言悉有根據。正德丁卯，鄉薦至，甲戌下第，省父於膠州，誦書官廨，琅琅徹衢道，膠人傳之。丁卯成進士，遺友人書曰：「古人讀書破萬卷，予自弱冠，屬志讀書，至今十三年。一年之中，除令節家慶及疾病之日，不過六十日，其三百日皆誦讀，日不下三簡，一年不下九百簡，十有五年不下一萬五千簡，方之古人萬卷，僅十之一二。然以近世較之，予猶為多。而場屋之中所取甚約，何者？七篇之文如其黍度而止，五策之文如其條貫而止，論雖可肆，亦有步驟，不得大騁。至大廷之對，檢點敬慎，且晷刻有限，難以展盡。譬之珍羞錯陳，屬饜則止；巨木輪囷，就墨則削。其餘酬應，不能逾於人情物理，擬古則迂，反古則倍。讀書雖多，豈盡可用哉！古人云：『精兵三千，足敵嬴卒百萬。』蓋以此也。昔尚子平敕斷家事，遍遊五嶽，豈圖喻人哉，亦求自喻而已。然遊五嶽，則有跋涉之苦，離曠之憂，逾年閱歲，僅乃遍之。五經備天地萬物之理，此五嶽也；子史百家，亦洞天福地也。予遍歷之，豈直臥遊？雖不足喻人，亦足以自喻矣。」時人見其書，以為名言。

【又按】成年讀書，無論早年讀書打下的基礎如何，勤奮還是第一要務。如宋代王應麟《困學紀聞》中所言：「康節先生勸學曰：『二十歲之後，三十歲之前，朝經暮史，晝子夜集。』」此中康節先生即宋代邵雍，他說二十歲之後、三十歲之前，早晨讀經書，晚上讀史書；白天讀子書，夜晚讀集書。可見其對於讀書的理解與追求，已經大不同於早年的被動閱讀，而是一種自覺的、有計劃的行為。再如明代進士楊天祥的讀書故事……此中楊氏稱「自弱冠勵志讀書」，已經是二十歲的年齡。此後他堅持苦讀十五年，最終達到「讀書破萬卷」的境界；但他依然感歎，自己讀書的數量，還是不及古人十萬卷之一二。（參見俞曉群《晚讀與晚記》）

385

鄒守益曰：五經四書，聖人救世之藥方也。

【探源】明鄒守益《東廓鄒先生文集》卷四《伍氏先祠藏書記》曰：「嗚呼，聖道之
高遠也，悵然不知其門，而何以為二三子規？無已，則以所聞於父師者商榷
之。東鄰之叟，目不知書。或授之不龜手之方，冬月以洴澼纊無苦。大將出
南方，挾以水戰，三軍賴之。西家之少年，蓄《素問》《難經》及《和緩秘
反映》，諷誦不置，聞有奇方，重舍求抄之。與人辨，無攖其鋒者。而肺喘
咯咯，不能愈。或迎之醫疫，竟與病者枕藉而斃。今夫五經四書，聖人救世
之藥方也。能服食之，則得其一劑可以利三軍；不能服食之，雖破萬卷而不
足以活七尺之軀。二三子其安從乎？漢、唐諸儒不知葆天真，法陰陽之正脈，
而致詰於禽魚、草木、金石之間，為岐黃注腳。其駁者厭棄參芪，且以砒附
救急效矣。獨宋室諸君子鬱為醫道中興。其調節元氣，訂砭腫痹，勃勃有成
效。及其弊也，抄錄比對，哄如聚訟，精神日昏，而無以拯夭閼之患。試以
歷代之史而覆之，其病症藥物，粲然具在。法古方而用之，則安且生，違之
則危，棄之則死，無銖兩爽也。今三尺童子，掠先儒成語，以言證制方，聊
應科舉之程式，而未嘗一服食之。嗚呼，國家之取士也，亦曰試醫而使之。
蓋能言其脈之異候，針炳之異施，丸散湯飲之異劑，是亦足以藥吾民矣，而
豈知其身之尚未藥也！古聖垂訓，救世之仁。朝廷養才，化民之教，至是且
蕩矣！」

【今按】鄒守益（1491～1562），字謙之，號東廓，江西安福人。正德六年（1511）
進士，官至南京國子監祭酒。隆慶初追諡文莊。事蹟具《明史·儒林傳》。
《東廓集》十二捲入別集類存目。守益傳王守仁之學，把「致良知」學說作
為道德教育的根本，其詩文皆闡發心性之語。

386

徐公階曰：經也者，聖人以扶人極，以開來學，其道甚大，群籍不得並焉。

【探源】明徐階《世經堂集》卷十四《長洲縣學尊經閣記》：嘉靖壬寅春，巡按直隸
監察御史候官舒公汀改長洲之福寧寺以為學，遂葺其藏經之閣，合六經群籍
貯於其上，而扁之曰尊經。經也者，聖人以扶人極，以開來學，其道甚大，
群籍不得並焉，故獨曰尊經也。往年，紹興南守元吉作尊經閣於稽山，陽明
先生王公實為之記，其大意以為，六經之實具於人心，達四海，塞天地，互

古今，無有乎弗同，無有乎或變，而六經者特其記籍，學者能求六經之實於心，是則謂之尊經，而不當考索影響，牽制文義，顓顓焉守記籍以為足。階每誦而勘焉，然又竊念六經之實其在學者誠不可不知所求，而異端之說或得以為之迷溺，則夫辟邪放淫，以翼成一代尊經之教，在有位君子亦有不得辭其責者。三代以降，異端之說足以迷溺人心者眾矣，而近理亂真莫甚於佛。昔昌黎韓子嘗慾火其書，廬其居。而歐陽子作《本論》，頗非之。夫佛與聖人不容並立，此自然之勢也。今其為書方與《易》《詩》《書》《春秋》《禮》《樂》等而稱經，而世之所以嚴事之者，其輪奐丹碧又僭侈已甚，於此放闕不加，而徒曰吾將修其本以勝之，無乃異於孟氏承三聖之旨歟？國家崇重聖真，造士斂材，非六經不得施用，肆我皇上，踐履仁孝，發揮敬一，數詔有司，汰沙門，毀僧舍，所以樹尊經之教，蓋迥出千古，而時奉行之吏不能翼以成之，於是佛氏之書既未及火，而其居亦巋然固存，與學宮抗。迄今且十年，福寧藏經之閣，博士弟子始得以侍御公之命，虔奉六經以貯其上，而凡學者因益得去佛而歸儒，公真能以辟邪放淫為己責矣。夫佛氏之道息，則聖人之道著，亦自然之勢也。今而後登斯閣者知上之教，我若是其備也，而日致力於心學之求，則六經大明，而洙泗之傳將復紹於子游氏之裏，尊經有閣，庶其不虛矣乎！（此條參考陳開林《〈經義考‧通說〉引文續考》）

【今按】徐階（1503～1583），字子升，松江華亭（今上海）人。嘉靖二年進士第三人，授翰林院編修。為人短小白皙，善容止，性穎敏，有權略，而陰重不泄。讀書為古文辭，從王守仁門人遊，有聲士大夫間。官至大學士。卒贈太師，諡文貞。和嚴嵩一起在朝十多年，謹慎以待；又善於迎合帝意，故能久安於位。《明史》卷二一三有傳。著有《經世堂集》《少湖文集》。

【又按】《少湖先生文集》卷五《學則辨》以為尊德行與道問學可以合一。

387

鄭公曉曰：宋儒有功於吾道甚多，但開口便說漢儒駁雜，又譏訕訓詁，恐未足以服漢儒之心。宋儒所資於漢儒者十七八，只今諸經書傳注盡有不及漢儒者，宋儒議漢儒太過，近世又信宋儒太過。要之，古注疏終不可廢也。

【探源】鄭曉《古言》卷上：「宋儒有功於吾道甚多，但開口便說漢儒駁雜，又譏其訓詁，恐未足以服漢儒之心。宋儒所資於漢儒者十七八，只今諸經書傳注盡有不及漢儒者。宋儒議漢儒太過，近世又信宋儒太過，今之講學者又譏宋儒

太過。」鄭曉《今言》卷一:「洪武開科,詔五經皆主古注疏,及《易》兼程、朱,《書》:蔡,《詩》:朱,《春秋》:左、公羊、穀梁、程、胡、張,《禮記》:陳。乃後盡棄注疏,不知始何時,或曰始於頒五經大全時,以為諸家說憂者採入故耳。然古注疏終不可廢也。」(此條參考陳開林《〈經義考·通說〉引文續考》)

　　《四庫全書總目》卷五《周易大全》提要引鄭曉《今言》曰:「洪武開科,五經皆主古注疏及宋儒。《易》:程、朱;《書》:蔡;《詩》:朱;《春秋》:左、公羊、穀梁、程、胡、張;《禮記》:陳。後乃盡棄注疏,不知始何時。或曰始於頒《五經大全》時,以為諸家說憂者採入故耳,然古注疏終不可廢也。」提要又云:「是當明盛時,識者已憂其弊矣。」

【今按】鄭曉(1499～1566),字窒甫,浙江海鹽縣人。官至刑部尚書,贈太子少保。守禮執義,一德不懈,隆慶年諡端簡。《禹貢圖說》《禹貢說》《四書講意》《徵吾錄》《吾學編》《今言》等。其子履淳撰《鄭端簡年譜》七卷。

388

　　林雲同曰:天地聖人之蘊,盡於六經;六經垂憲之功,成於夫子。

【探源】待考。

【今按】林雲同(1491～1570),字汝雨,號退齋,福建莆田人。嘉靖五年(1526)進士。有屬縣李某昵嚴嵩子,以賄遷內臺。雲同疏摘其狀,聽勘得白,掛冠去。隆慶改元,起刑部左侍郎,升南工部尚書,以歲潦奏免江南十縣蘆洲課十之五,章五上,請老,乃允。萬曆時復召為南刑部尚書,尋予歸,卒贈太子少保。守禮執義,正直無邪,諡端簡。著有《讀書園詩集》等。《千頃堂書目》著錄《林端簡公存稿》三卷。

【又按】《周子抄釋·精蘊第三十》:「聖人之精,畫卦以示,聖人之蘊因卦以發。卦不畫,聖人之精不可得而見,微卦,聖人之蘊殆不可悉得而聞。《易》何止五經之源,其天地鬼神之奧乎?」

389

　　蘇祐曰:聖人垂教,六籍森列,立天人之極,達皇王之軌,究陰陽之變,溯聲化之原,謹名分之微,約性情之正,則皆心之用,而經之所由著也。雖有《易》《詩》《書》《春秋》《禮》《樂》之殊,弗外於心,苟善治焉,其於經不合者寡矣。

【探源】待考。

【今按】蘇祐（1493～1573），字允吉，一字舜澤，濮州人。嘉靖五年（1526）進士，官至兵部尚書。著有《孫子集解》《三關紀要》《法家剖集》《奏疏》《建姤哨官》《雲中紀要》《谷原詩文集》等。

390

孔天胤曰：六經者，聖人之心也。所謂天地之道，民物之彝，宇宙之極，而非言語文字云爾也。由是變通之而為《易》，經綸之而為《書》，歌詠之而為《詩》，節文之而為《禮》，和暢之而為《樂》，法制之而為《春秋》，皆自其心出之者也。

【探源】此則乃約引孔天胤《刻王端溪先生所著經義序》。其文曰：「<u>六經，聖人之心也。所謂天地之道，民物之彝，宇宙之極，而非言語文字云爾也。</u>繇是變通之而為字宙之極，而非言語文字云爾也。……<u>繇是變通之而為《易》，經綸之而為《書》，歌詠之而為《詩》，節文之而為《禮》，和暢之而為《樂》，法制之而為《春秋》，皆自其心出之者也</u>，而非言語文字云爾也。」孔天胤原文過長，《通說》節縮其文句，並刪除文中一段。（此處參考陳開林《〈經義考・通說〉引文考辨十則》）

【今按】孔天胤（1505～1581），字汝錫，號文穀子，又稱管涔山人，門人諡稱文靖先生，汾州人。孔子後裔。嘉靖壬辰（1532）一甲第二人。浙江右布政使。好讀書，詩文高古，晚年寄興山水園林間，與王明甫、呂仲和、裴庸甫諸人相倡和。所著《孔文谷集》十六卷、續集四卷、詩集二十四卷，均入四庫存目。

【又按】朱彝尊《詩話》：「管涔山人如新調鸚鵡，雖復多言，舌音終是木強。」孔天胤，或作「孔天允」，或作「孔天孕」。

【又按】「聖人之心」是一個重要命題，它與「天地之心」的關係如何？

391

王崇曰：聖人不可得見，所可見者聖人之書，《易》《書》《詩》《春秋》《禮》《樂》是也。《易》言乎其命也，《書》言乎其行也，《詩》言乎其思也，《春秋》言乎其識也，《禮》言乎其體分也，《樂》言乎其風氣也，皆聖人之所為文也。是故君子能遂義不惄於時，則庶乎《易》矣；遹德不詭於中，則庶乎《書》矣；慎動不離於正，則庶乎《詩》矣；鑒微不暗於公，則庶乎《春秋》矣；修己不欺於敬，則庶乎《禮》矣；軌物不失於和，則庶乎《樂》矣。

【探源】此則選自王崇《尊經閣說》。其文曰：「六經，聖人之書也。聖人不可得見，所可見者書也，《易》《書》《詩》《春秋》《禮》《樂》是也。尊而閣之者，尊聖人之書而奉之以高閣也，示隆重也。……《易》言乎其命也，《書》言乎其行也，《詩》言乎其思也，《春秋》言乎其識也，《禮》言乎其體分也，《樂》言乎其風氣也，皆聖人之所為文也。……君子弗文也，是故君子皆遂義也而不愆於時，則庶乎《易》矣；能遁德也而不詭於中，則庶乎《書》矣；能慎動也而不離於正，則庶乎《詩》矣；能鑒微也而不闇於公，則庶乎《春秋》矣；能修則也而不欺於敬，則庶乎《禮》矣；能軌物也而不戾於和，則庶乎《樂》矣。」（此條參考陳開林《〈經義考·通說〉引文續考》）

【今按】朱彝尊於原文有所點竄。

【又按】王崇（1496～1571），字仲德，號麓泉，晚年號西如山人。浙江永康人，嘉靖八年進士。今有輯本《王麓泉集》出版。

392

薛應旂曰：聖人作經，《易》以道化，《書》以道事，《詩》以達意，《禮》以節人，《樂》以發和，《春秋》以道義。先後聖哲，上下數千言，究其指歸，無非所以維持人心於不壞也。人乃任末棄本，各出意見，競為訓疏，支辭蔓說，炫博務奇，門戶爭高，相傾交毀，而彼此枘鑿，後先矛盾，遂使學者之耳目應接不暇，而本然之聰明反為所蔽焉，況乎不遵經而遵傳，今日之經已為世儒之經，非復古聖人之經矣。正猶讀方書而不知治病，反以庸醫之說而亂炎、黃之真也，其害可勝言哉！

【探源】明薛應旂《方山薛先生全集》卷三十四《原經》：聖人之於天下甚無樂乎？其有言也無樂乎？其有言而不能以無言，亦其不得已而然也。聖人非不知天下之人同此心也，同此理也，此心同，此理同，而猶曉曉然以鳴於天下，何其不憚煩也哉？蓋天下之人罔其生，而聖人慾與之並生於天下，其視斯世斯人真有不能一日安者，於是乎著之話言，書之簡冊，以訓天下，垂後世，冀其因是以反求諸身，而各得夫固有之良心，以復其生理焉爾也。譬諸辨藥制方，雖金石草木蟲魚之異品，酸辛鹹苦甘滑之異味，土產風氣時序之異宜，溫涼寒熱緩急之異用，攻熨宣補療節之異施，凡以驅其傷感，察其標本，以全其生質而已，非於生之外更有所加也。向使人人固其元氣，而疾疹不作，則方藥可無設也；人人存其本心，而形氣不擾，則六經可無作也。於乎是可

以知聖人之意也。《易》以道化,《書》以道事,《詩》以達意,《禮》以節人,《樂》以發和,《春秋》以道義。先後聖哲,上下數千言,究其指歸,無非所以維持人心於不壞也。夫何聖人作經以生人,而夫人則任末而棄本,各出意見,競為訓疏,支辭蔓說,炫博務奇,門戶爭高,相傾交毀,而彼此枘鑿,後先矛盾,遂使學者之耳目應接不暇,而本然之聰明反為所蔽,以經求經,而不以吾之心求經也。求經求經,而不求其理於吾心也。況乎不遵經而遵傳,今日之經已為世儒之經,非復古聖人之經矣。正猶讀方書而不知治病,反以庸醫之說而亂炎、黃之真也,其害可勝言哉!若夫假經術以文奸,而緣飾聖賢以自便其私,此則背逆方書,而自速其死亡者也,是又不必論也。〔註17〕

【今按】薛應旂(1500~1575),字仲常,號方山,江蘇武進人。嘉靖十四年(1535)進士,曾任慈谿知縣,官南京考工郎中。因對嚴嵩不滿,被貶為建昌通判、浙江提學副使。家富圖籍。歸居後,潛心研究理學,對東林學派有導源之功。一生思想凡三變,從早年宗奉王學,繼而回朱子學,罷官之後退居鄉里,思想再變,試圖融會朱陸。著有《宋元通鑑》《憲章錄》等。

393

又曰:漢之窮經者,《易》如田何以及施、孟、梁丘,《書》如伏生以及歐陽、大、小夏侯,《詩》如申公以及轅、韓、大、小毛公,《禮》如高堂生以及后蒼、大、小二戴,《春秋》如公羊、穀梁以及劉氏、嚴氏。其諸若馬融、劉歆、鄭玄、孔穎達諸人轉相授受,而注疏作焉。雖其人未必皆賢,所言未必皆當,然於秦火之後,而非此數人,則六經幾乎息矣。至宋鄭樵乃謂:「秦人焚書而書存,漢儒窮經而經絕。」信斯言也,則是漢儒之罪蓋又不止於秦火也。然自今觀之,漢去古未遠,而聖人之遺旨猶或有得於面承口授之餘,故宋儒釋經遂多因之,而闕文疑義一以注疏為正。如九六老變,孔穎達之說也;文質三統,馬融之說也;河洛表裏之符,宗廟昭穆之數,劉歆之說也;五音六律,還相為宮,鄭玄之說也。其擇言之廣,取善之公,要在明乎經而不失聖經之意耳,豈得盡如夾漈之論哉?蓋漢儒之學長於數,若儀文節度之煩,蟲魚草木之變,皆極其詳,其學也得聖人之博;宋儒之學長於理,若天地陰陽之奧,性命道德之微,皆究其極,其學也得聖人之約。合是二者,而虛心體認,則天機相為感觸,當自默會於燕閒靜一之中,超然悟於意言象數之表,而吾

〔註17〕《續修四庫全書》第1343冊第370頁。

心之全體大用可一以貫之，而不溺於先入之說，不蔽於淺陋之見矣，尚何有
眾言之淆亂哉？

【探源】明薛應旂《方山薛先生全集》卷三四《折衷》：漢之窮經者，《易》如田何
以及施、孟、梁丘，《書》如伏生以及歐陽、大、小夏侯，《詩》如申公以
及轅、韓、大、小毛公，《禮》如高堂生以及后蒼、大、小二戴，《春秋》
如公羊、穀梁以及劉氏、嚴氏。其諸若馬融、劉歆、鄭玄、孔穎達諸人轉
相授受，而注疏作焉。雖其人未必皆賢，所言未必皆當，然於秦火之後，
而非此數人，則六經幾乎熄矣。至宋鄭樵乃謂：「秦火焚書而書存，漢儒窮
經而經絕。」信斯言也，則是漢儒之罪蓋又不止於秦火也。然自今觀之，
漢去古未遠，而聖人之遺旨猶或有得於面承口授之餘，故宋儒釋經遂多因
之，而闕文疑義，一以漢疏為正。如九六老變，孔穎達之說也；文質三統，
馬融之說也；河洛表裏之符，宗廟昭穆之數，劉歆之說也；五音六律，還
相為宮，鄭玄之說也。其擇言之廣，取善之公，要在明乎經而不失聖賢之
意耳，豈得盡如夾漈之論哉？蓋漢儒之學長於數，若儀文節度之煩，蟲魚
草木之變，皆極其詳，其學也得聖人之博；宋儒之學長於理，若天地陰陽
之奧，性命道德之微，皆究其極，其學也得聖人之約。合是二者，而虛心
體認，則天機相為感觸，當自默會於燕閒靜一之中，超然悟於意言象數之
表，而吾心之全體大用可一以貫之，而不溺於先入之說，不蔽於淺陋之見
矣，尚何有眾言之淆亂哉？〔註18〕

【今按】明薛應旂《方山薛先生全集》卷四三《家塾私試》：「漢之窮經者類多專門名
家，其亦輔翼聖人之道矣。或又謂：『秦人焚書而書存，漢儒窮經而經絕。』
則是漢儒之罪蓋又浮於秦火也。然歟？否歟？」〔註19〕

【又按】宋鄭樵《通志》卷七一《校讎略第一‧秦不絕儒學論二篇》：「蕭何入咸陽，
收秦律令圖書，則秦亦未嘗無書籍也。其所焚者，一時間事耳。後世不明經
者皆歸之秦火，使學者不睹全書，未免乎疑以傳疑。然則《易》固為全書矣，
何嘗見後世有明全《易》之人哉？臣向謂秦人焚書而書存，諸儒窮經而經絕，
蓋為此發也。《詩》有六亡篇，乃六笙詩，本無辭。《書》有逸篇，仲尼之時
已無矣，皆不因秦火。自漢已來書籍至於今日，百不存一二，非秦人亡之也，
學者自亡之耳。」元劉壎《隱居通議》卷二六《經史三‧秦不絕儒學》：秦

〔註18〕《續修四庫全書》第 1343 冊第 371 頁。
〔註19〕《續修四庫全書》第 1343 冊第 452 頁。

始皇焚書坑儒，遺臭萬世，而莆陽鄭夾漈樵謂秦未嘗廢儒學，言有證驗，似亦可採，其說曰：「……」鄭、劉之論甚怪異。

394

王文祿曰：《大學》之道，問學之宏規；《論語》之言，踐履之實理；《孟子》七篇，擴充之全功；《中庸》一書，感化之大義。

【探源】黃宗羲《明儒學案》卷四五《諸儒學案上三》「僉憲黃南山先生潤玉」條云：「黃潤玉，字孟清，號南山，浙之鄞縣人。……<u>《大學》之道，問學之宏規；《論語》之言，踐履之實理；《孟子》七篇，擴充之全功；《中庸》一書，感化之大義</u>。《大學》一書，六經之名例也。《中庸》一書，六經之淵源也。」

【今按】黃潤玉為永樂庚子（1420）舉人，而王文祿為嘉靖辛卯（1531）舉人，相去一百餘年。朱彝尊未能搞清原始出處。

【又按】黃潤玉（1389～1477），字孟清，鄞縣人。永樂庚子（1420）舉人，授建昌府學訓導。宣德年間升交阯道監察御史。正統初，擢廣西僉事，提督學政。後任湖廣僉事。晚年建南山書院講學，人稱南山先生。學宗朱熹，為學以知行為兩輪，嘗曰：「明理務在讀書，制行要當慎獨。」（清雍正《浙江通志・儒林上》）。對明前期浙東學派有較大影響。著有《四明文獻》《經書補注》《含山縣圖志》《海涵萬象錄》等。王文祿（1503～1591），字世廉，號沂川，浙江海鹽人。《海鹽縣圖經》載：「少舉鄉薦，屢上春官不第，居身廉峻，未嘗以私干人，遇不平時，叱罵不避權貴，戶田三百，請編役如民，佐邑令成均田法。性嗜書，聞人有異書，傾囊購募，得必手校，縹緗萬軸，置之一樓，俄失火，大慟曰：但力救書者賞，他不必也。所著有《藝草》《邱陵學山》《邑文獻志》《衛志》。」

395

吳桂芳曰：惟精惟一者，聖人之心，而其經綸之跡，則今六經之所載者備焉。聖人非故以跡而示人也，蓋其仁天下之心無窮，故不忍以其有盡之身，而廢天下萬世可繼之治，是故六經作焉。六經者，道法兼備，聖人雖往，而循之者足以立政，明之者足以立教，此聖人為萬世至深且遠之計也。故其舉之於口，筆之於書，或刪或述，若《易》《詩》《書》《禮》《樂》《春秋》，其為言雖殊，然皆不離乎彝倫日用之常，此吾儒之學所以為萬世不易之道，而與天壤均無敝者也。

【探源】待考。

【今按】吳桂芳（1521～1578），字子實，江西新建人。嘉靖二十三年（1544）進士，任揚州知府，禦倭有功。官至工部尚書。著有《師暇哀言》。事蹟具《明史》本傳。其《師暇哀言》十二卷因為「以『內有違悖語句』，列入江西撫院郝碩奏繳一百十二種禁書內，乾隆四十四年四月初五日奏准禁燬」。其文平正通達，亦無警策，蓋猶沿臺閣舊體。詩力摹唐調，亦頗宏敞，而有學步太甚者。

【又按】宋朱熹《大學章句序》：「夫以學校之設，其廣如此，教之之術，其次第節目之詳又如此，而其所以為教，則又皆本之人君躬行心得之餘，不待求之民生日用彝倫之外，是以當世之人，無不學。」

396

　　林纁曰：聖人之道不明，諸儒晦之也。《易》《詩》《書》《春秋》《禮》《樂》，聖人所以垂訓也。自漢以來，傳經者無慮數百家，其書學者多有之，然聖人之旨愈鬱而不章，則諸儒之過也。夫六經之道，同條共貫，第諸儒言之有同有不同：《易》以道陰陽，而厄之於數，至作《太玄》《潛虛》以擬之，其失也拘而不通；《書》以道政事，《武成》之篇，孟子疑之，《金縢》之冊，周公或不為此也，必曲為之說，則其失也誣而難信；《詩》以道性情，而鄭、衛之風皆目為淫奔所自作，何以被之管絃？又欲盡廢《小序》，則其失也疏而起後世之疑；《春秋》以道名分，誅亂臣，討賊子，其大旨固也，滕侯以黨惡貶其後世，許止以不嘗藥被之弒君，故其失也鑿而多端；至於《禮》《樂》，則漢儒之附會為已甚矣。蓋傳注愈繁，則聖人之經愈晦，曰：「盡廢傳注可乎？」曰：「何可廢也！傳注所以明經也，與其過而廢之，孰若過而存之。」

【探源】此則選自林纁《林學士文集》卷七《六經論》。其文曰：「聖人之道不明，諸儒晦之也。《易》《詩》《書》《春秋》《禮》《樂》，聖人所以垂訓也。漢以來傳經者無慮數百家，其書學者多有之，縉紳先生類能言之。然聖人之旨愈鬱而不彰，諸儒過也。……故傳注愈繁，則聖人之經愈晦已。……六經之道，同條共貫，第諸儒言之有同有不同耳。今不暇毛舉其細，故掐摭一二見之。《易》以道陰陽，而泥之於數，至作《太玄》《潛虛》以擬之，其失也拘而不通；《書》以道政事，《武成》之篇，孟子疑之，《金縢》之冊，周公或不為此也，必曲為之說，則其失也誣而難信；《詩》以道性情，而鄭衛之風皆

為淫奔所自作，何以被之管絃？又欲盡廢《小序》，則其失也疏而起後世之疑；《春秋》以道名分，誅亂臣，討賊子，其大旨固也，滕侯以黨惡貶其後世，許止不以嘗藥被之弒君，故其失也鑿而多端；至於《禮》《樂》，則漢儒之附會為已甚，愚何以觀之矣。噫！六經之旨裂矣，得非諸儒之罪哉！……曰：『盡廢傳注可乎？』曰：『何可廢也。所以明經者也。與其過而廢，孰若過而存之。』」（此條參考陳開林《〈經義考・通說〉引文續考》）

【今按】林爛（1524～1580），字貞恒，號對山，福建閩縣人。嘉靖二十六年（1547）進士，官至南京禮部尚書，諡文恪。祖孫三代皆為祭酒。事蹟附見《明史・林瀚傳》。《文恪集》二十二捲入四庫存目。

【又按】關於是否「盡廢傳注」的問題，前人有所討論，例如：

明徐霈《東溪先生文集》卷六《贈王節推考績序》反對廢傳注：「文學之與政事一道也，而四科二之非夫子意也。五經四書，聖人格言大訓修以治人之道具矣，教者以是為教，學者以是為學。世之士子躭嗜曲蘗、棄其真味者謂之俗；刊落諸傳、妄意立說者謂之誕，皆非也。我翁訓士江陵，宏開講堂，揭六經四書之旨，俾睹其大全，去華摭實，玩心高明，未嘗廢傳注也。」

397

王維楨曰：經者，常也，言萬世可常用也。故天有常星，不見則為異；聖人有常言，不用則為乖。六經各一，體不相沿也。《易》布卦以經緯相錯，《書》序事以都俞造端，《詩》紀德以比興發義，《禮》《樂》陳器數以問答成章。六經之道，明哲所不能逾也。

【探源】明王維楨《槐野先生存笥稿》卷十五《文章根本六經論》：夫聖人之言稱曰經者，何也？釋義曰：<u>經者，常也，言萬世可常用也。故天有常星，不見則為異；聖人有常言，不用則為乖。</u>有六經者，何也？聖人迭出，咸各立詞，交明互發，故累為六也。夫天地之理不旋生，一聖生，一經作，所說何也？……故<u>六經各一，體不相沿也。</u>……故<u>《易》布卦，以經緯相錯，《書》序事，以都俞造端，《詩》紀德，以比興發義，</u>《春秋》明王伯，以褒貶屬詞，<u>《禮》《樂》陳器數，以問答成章。</u>人誦其言，則愛則慕，則悅則注，至不忘也。然則文章根本六經乎？文章根本六經，宋士說也。……<u>六經之道，才哲不能逾</u>……〔註20〕

〔註20〕《續修四庫全書》第1344冊第163～164頁。

【今按】王維楨（1507～1556），字允寧，號槐野，陝西西安華州（今華縣）人。嘉
　　　　靖十四年進士，官至南京國子監祭酒。死於關中大地震。《明史‧文苑傳》
　　　　附見李夢陽傳中。著有《槐野先生存笥稿》《李律七言頗解》《杜律七言頗解》
　　　　等。

【又按】顧炎武《日知錄》卷十六「科目」條：「王維楨欲於科舉之外仿漢、唐舊制，
　　　　更設數科，以收天下之奇士。不知進士偏重之弊積二三百年，非大破成格，
　　　　雖有他材，亦無由進用矣。」

398

　　皇甫汸曰：道散於天地而載於書謂之文，文以載道謂之經。六經作，而
天地之道闡矣，天地之文肇矣。

【探源】明皇甫汸《皇甫司勳集》卷四一《六子說經序》：<u>道散於天地而載於書謂之</u>
　　　　<u>文，文以載道謂之經。六經作，而天地之道闡矣，天下之文肇矣</u>。六經之外
　　　　非無書也，而曰諸子，諸子之說於道誣。宣聖之後非無文也，而曰百家，百
　　　　家之說於道荒。天下始無文已，無文斯無道已。老、莊、荀、列、揚、王，
　　　　世謂之六子，六子為諸子冠，而其書具存。世之談文者，下六經，舍百家，
　　　　則曰有六子。云六子者，惟其誕於道，故詭於文……噫！六子者不知吾道而
　　　　猶不能忘吾經，則其臆說雖鑿甚且叛焉，而其所以私附於聖人者意亦微矣。
　　　　揚與王，尤其擬聖而習經者，然則諸子支離，鮮不援經自飾，奚炳百家編之，
　　　　使綴文之士知文之不可忘經，顧不可忘道，匪直其辭而已也。宋儒曰循其言
　　　　皆可入道，則或偶幾焉，未敢質此為盡然也。

【今按】皇甫汸（1497～1582），字子循，號百泉、百泉子，齋名浩歌亭，長洲（今
　　　　江蘇蘇州）人。皇甫錄第三子。嘉靖八年（1529）進士，任國子監博士，升
　　　　為工部虞衡司郎中，因監運陵石遲緩，被貶為黃州推官，再升為南京吏部稽
　　　　勳司郎中。大計中有人中傷其兄皇甫涍，皇甫汸與之爭辯，被謫家居。御史
　　　　王言按巡吳地，態度專橫，懷疑民間流傳的謠言出自皇甫汸，打算殺掉他。
　　　　皇甫汸逃亡免難。後被起用為開州同知，量移處州同知，再升為雲南按察司
　　　　僉事，大計後被罷官。歸家後詩酒自娛，優游湖山，與地方名流宴飲遊樂。
　　　　著有《皇甫司勳集》《皇甫司勳慶曆稿》《解頤詩話》《百泉子緒論》。

399

周子義〔註21〕曰：聖人之作經也，因人心自然之理，而為之闡明開發，其言明白簡切，而可深思。故因人心之有陰陽也，而為之贊《易》，因人心之有政事性情也，而為之刪《詩》《書》，因人心之有名分節文也，而為之修《春秋》，定《禮》《樂》。理如是而至，聖人之言亦如是而止。

【探源】待考。

【今按】周子義（1529～1587），字以方，號儆庵，南直隸無錫人。嘉靖十四年（1565）進士。選庶吉士，授編修。屢遷南京國子監祭酒，擢吏部左侍郎兼掌詹事府。卒贈禮部尚書，諡文恪。育士有方，精研經術，邃於濂洛關閩之學。一生著述甚豐，曾校刊《史記》《梁書》《新五代史》，與子周炳謨皆以學行稱於世。著有《國朝故實》《交翠軒佚稿》。

400

田一俊曰：昔者聖人之作經也，樞紐造化，陶冶性情，綱紀政事，宣達中和，扶植名分，垂恒久之至教，泄神化之奧旨，莫非道也。經以載道，而後世之書多偽，則聖人之經紊矣。學以致道，而後世之儒多雜，則聖人之學病矣。經不可使紊也，是故惡夫偽也；學不可使病也，是故惡夫雜也。

【探源】待考。

【今按】田一俊（1540～1591），字德萬，號鐘臺，大田梅嶺人。隆慶二年會試第一。卒贈禮部尚書，諡文潔先生。事蹟具《明史》本傳。所著《鐘臺先生文集》已收入《四庫全書存目叢書》集部第150冊。另有《詩經心授》，已佚。

【又按】清李光地《榕村集》卷一《觀瀾錄・經》：「聖人之作經也有體，以《易》為談性命之書，以《春秋》為行王者之事，似矣而未明其體，體之失矣，義能無誤乎？然則何言順性命之理，天子之事也，曰性命之理，天子之事存乎其中也，所惡於鑿者，謂其卦爻，欲以性命之奧示人，夫子欲以南面之分自居焉耳。」

401

馮時可曰：六經無浮字。

【探源】明馮時可《雨航雜錄》卷上：六經無浮字，秦漢無浮句。唐以下靡靡爾，其詞蔚然，其義索然，譬則秋楊之華哉，去治象遠矣。九奏無細響，三江

〔註21〕周子義，一作周子儀。

無淺源，以謂文豈率爾哉！永叔侃然而文溫，穆子固介然而文典，則蘇長公達而文遒暢，次公恬而文澄蓄，介甫矯厲而文簡勁。文如其人哉，人如其文哉！

【今按】馮時可（1546～1619），字元敏，又字元成，號文所，松江華亭（今上海）人。隆慶五年（1571）進士，歷任廣東按察司僉事、雲南布政司參議、湖廣布政司參政、貴州布政司參政。不肯附和權勢，不受重用。淡泊名利，著述甚富，有《易說》《詩臆》《左氏討》《左氏釋》《左氏論》《周禮筆記》《春秋會異》《黔中程式》《眾仙妙方》《上池雜說》《雨航雜錄》《蓬窗續錄》《黔中語錄》《黔中續語錄》《滇行紀略》《寶善編》《西徵集》《南征稿》《武陵稿》《燕喜堂稿》《金閶稿》《嶽棲稿》《石湖稿》《馮文所詩稿》《超然樓集》《馮元成選集》等。

402

又曰：漢儒之於經，臺史之測天也。不能盡天，而觀象者莫能廢。

【探源】明馮時可《雨航雜錄》卷上：漢儒之於經，臺史之測天也。不能盡天，而觀象者莫能廢。宋儒之於學，規矩之畫地也。不能盡地，而經野者莫能違。

【今按】《雨航雜錄》二卷，明馮時可撰。時可有《左氏釋》，已著錄。是書上卷多論學、論文，下卷多記物產，而間涉雜事。隆萬之間，士大夫好為高論，故語錄、說部往往滉漾自恣，不軌於正。時可獨持論篤實，言多中理。如云：「漢人之於經，臺史之測天也，不能盡天，而觀象者不能廢。宋人之於學，規矩之畫地也，不能盡地，而經野者莫能違。」又曰：「子靜之求心，而其徒棄經典。紫陽之窮理，而其徒泥章句。非教者之過，學者之失也。」又曰：「宋儒之於文也，嗜易而樂淺。於論人也，喜核而務深。於奏事也，貴直而少諷。」皆平心靜氣之談。（四庫本卷首提要）

403

吳中行曰：秦人坑燔之後，經術熄矣，漢儒傳經之義，而六經賴以不亡。叔世汩溺之餘，理學晦矣。宋儒窮經之理，而六經因之益顯。

【探源】明吳中行萬曆十二年八月《議從祀疏》：竊惟諸儒從祀，既以表章先賢，亦以風示後學，最重典也。頃皇上因言官之請，特下禮部命儒臣集議。……臣聞之，聖人未生，道在天地；聖人既往，道在六經。是六經之傳與天地

並也。夫自古聖人多矣，獨崇祀孔氏，非謂其刪述之功，開群蒙以垂憲萬
世乎？……或謂我明興二百年來，右文之朝，久道之化，猗歟盛矣，止祀
一人，不妨多議。臣以為，無其人而取數之多者，濫也。有其人而責備之
過者，苛也。肇舉儀章，匪徒粉飾，丕視功載，自有權衡義。羽翼六經之
功有二焉，曰宗源，曰修踐。宗源者，道之體也。修踐者，學之方也。夫
道若大路然，知宗源而昧修踐，是識路而莫由者也；知修踐而昧宗源，是
冥行而不察者也。神化性命，直窺帝則，是為宗源。實體真精，無歉躬行，
是為修踐。斯二者，以言乎適道則均也。先秦坑燔之後，經術熄矣。漢儒
則傳經之義，而六經賴以不亡。叔世汩溺之餘，理學晦矣。宋儒則窮經之
理，而六經因之益顯。至於昭代，斯道如日中天。經術既備，理學亦明。
即有著述，微言不出漢宋餘緒。臣愚以為，今日議從祀者不宜專據著述，
但當夷考生平，或於踐修無媿，或於宗源有窺，皆可稱羽翼之功，而列俎
豆之間者也。夫道貫萬世而無敝者也。凡言學者，隨時所習，因性所近也；
凡言教者，救時之弊，拯性之偏也。尚宗源則其流或偏內，而敝也虛。尚
踐修則其流或偏外，而敝也腐。天生豪傑，起而振之，但有裨風教即有功
聖門。至其流遠枝分，或失之玄虛者，或失之迂腐者，未可沿流而咎其源，
因枝而疵其根也。今之儒有競虛華之談，而闊略行檢者矣。故若薛瑄，若
胡居仁，踐履篤實，足為後學之模，以修身為教，而有功於六經修踐者是
可祀也。今之儒有局支離之跡，而范昧本源者矣，故若王守仁，若陳獻章，
悟識通融，能發先聖之奧，以明心為教，而有功於六經，宗源者是可祀也。
斯二者誠不可偏舉而獨遺矣。況薛瑄之《讀書錄》、胡居仁之《居敬錄》固
未嘗無所發明，而守仁之功行卓越、獻章之孝義明彰亦未嘗有遺踐履。臣
以為茲四人者同功，一體所當並議從祀者也。臣又竊觀古之人心，善成人
之美而尚公。今之人心，善求人之過而多忌。惟公則取其大而常略其細，
惟忌則摘其短而並棄其長。富貴功利，淪骨薰心，忮嫉詆誹，索瘢求垢，
悖理傷教者藉口以夭其過，講德譚學者設詞而助之。攻操戈之徒，各有異
喙。盈庭之說，竟無折衷。即令孔、孟再生，程、朱復出，難乎免於今之
世矣，是誠何心哉？仰恃聖天子主張於上，賢輔弼贊襄於下，言路申請，
輿論大同，此千載之一時，而臣等蠡見管窺，敷陳淺陋，或亦千慮之一得
也。〔註22〕（此條參考陳開林《〈經義考・通說〉引文續考》）

〔註22〕明吳亮輯《萬曆疏抄》卷三十五崇儒類。

【今按】朱彝尊於原文有所點竄。

【又按】吳中行（1540～1594），字子道，號復庵，江蘇武進人。隆慶五年（1571）
進士，授編修。萬曆五年（1577）張居正遭父喪，舉朝乞留，中行獨憤然首
疏論之。自是趙用賢、艾穆、沉思孝、鄒元標相繼疏入，皆仗戍。中行受杖
時，陰雲蔽空，天鼓大震，氣絕復蘇。居正死，薦起，終為執政所抑，止侍
讀學士。贈禮部侍郎。著有《賜餘堂集》。

404

王敬臣曰：六經，文之本。為文者捨六經而效子、史，本之則無，如之
何？

【探源】馮時可《王少湖先生敬臣傳》：<u>六經，文之本也。今之為文者捨六經而效子、
史，本之則無，如之何？</u>諸生有專事靜坐者，有泛覽子、史者。先生曰：「靜
坐則繫心，博觀則奪志，豈所謂主一無適而通達萬變者哉？」〔註23〕

【今按】王敬臣（1513～1595），字以道，號少卿，長洲人。嘉靖四十三年（1564）
貢生。萬曆中受薦國子監博士，辭而不就。萬曆二十一年（1593），巡按御
史甘士介繼續推薦。吏部認為王敬臣已八十歲，不宜擔任官職，請以優禮相
待，得到皇上允許。其學以慎獨為先，開館講學，門生四百餘人。學者稱少
湖先生。著有《禮文疏節》、《家禮節》等，均已散失，僅存《俟後編》六卷。
《明史‧文苑傳》附見魏校傳中。

405

陳師曰：太昊畫八卦，則《易》之始也。又有網罟之歌，則《詩》之始
也。伏羲、神農、黃帝之書，謂之《三墳》，則書之始也。

【探源】宋高承《事物紀原》卷四「五經」條云：「六英始畫八卦，則《易》之始也。
又有網罟之歌，則《詩》之始也。伏犧、神農、黃帝之書，謂之《三墳》，
則《書》之始也。」

【今按】明人陳師抄襲宋人之說以為己有，而清儒朱彝尊未能辨別原始出處，還以為
是陳師之原創。

〔註23〕焦竑《國朝獻徵錄》卷一四〇《儒林》。

406

章潢曰：經，常道也。以言陰陽消息之行則謂之《易》，以言紀綱政事之施則謂之《書》，以言歌詠性情之發則謂之《詩》，以言條理節文之著則謂之《禮》，以言歡喜和平之生則謂之《樂》，以言誠偽邪正之辨則謂之《春秋》。故《易》也者，志吾心之陰陽消息者也；《書》也者，志吾心之紀綱政事者也；《詩》也者，志吾心之歌詠性情者也；《禮》也者，志吾心之條理節文者也；《樂》也者，志吾心之（歡）〔欣〕喜和平者也；《春秋》也者，志吾心之誠偽邪正者也。君子之於六經也，求之吾心之陰陽消息而時行焉，所以尊《易》也；求之吾心之紀綱政事而時施焉，所以尊《書》也；求之吾心之歌詠性情而時發焉，所以尊《詩》也；求之吾心之條理節文而時著焉，所以尊《禮》也；求之吾心之（歡）〔欣〕喜和平而時生焉，所以尊《樂》也；求之吾心之誠偽邪正而時辨焉，所以尊《春秋》也。

【探源】語見章潢《圖書編》卷九《五經總論》。

【今按】此段是王守仁《尊經閣記》中的文字，原文詳見前面部分。章潢將它抄入《圖書編》，而不注明作者，已構成侵權，此乃明人之惡習。朱彝尊不熟悉陸王心學文獻，居然將它列在章潢的名下，可謂真偽不分矣。

【又按】章潢（1527～1608），字本清，臨川人。萬曆乙巳，以薦授順天府學訓導，時年已七十九，不能赴官，詔用陳獻章例，官給月米，後至八十二歲，終於家。《明史・儒林傳》附載鄧元錫傳末。其《圖書編》頗得《四庫全書總目》之佳評：「引據古今，詳賅本末，雖儒生之見，持論或涉迂拘，然採摭繁富，條理分明，浩博之中取其精粹，於博物之資經世之用亦未嘗無百一之裨焉。」其實，有關《圖書編》的編纂需要做深入的個案研究——可以寫一部《〈圖書編〉編纂考》。

407

又曰：《易》以道人心之中正，《書》以道人心之祇敬，《詩》以道人心之和平，《禮》以道人心之品節，《春秋》以道人心之是非，則是人心為五經之本也。

【探源】明章潢《圖書編》卷九《總論》：聖學不明不行，豈有他哉？亂之於二氏虛寂之見者，其弊雖隱而易見，亂之於諸家支離之說者，其弊愈雜而難明。欲其大明而大行也，亦豈有他哉？聖門經典，當一以孔子為宗，而諸家之訓詁止存以備參考焉可也。彼孔子之上續列聖之緒，下啟諸賢之傳，其道萬世無

弊，王通謂其於夫子受罔極之恩者此也。今雖去孔子千數百載，而其道如中天之日，照耀今古，以六經四書尚為世所尊信。苟有志孔子之學者，以吾人之本心，質之經典，其中正之軌度為可循也，況刪《詩》《書》，定《禮》《樂》，贊《周易》，修《春秋》皆出自孔子手筆，或篇章稍紊於秦灰，而各經之可信者不如故哉！奈何自漢以來諸儒不知反諸身心，以求乎聖門一貫之真，乃各執意見，著為訓詁，且以斯文未喪於天者盡在茲也，故佛、老之徒得乘其弊，直指本心，以倡其虛寂之說，反訾聖門典籍為糟粕，亦自取之耳。然二氏之書，夫固各一其說，而未相淆也。宋儒宗五經，斥佛、老，其有功孔門也大矣，何今之學不溺於二氏之虛寂則雜於諸儒之支離？弊雖不同，同歸於聖道之榛蕪，人心之荊棘，其責將誰諉也？雖然，聖人之五經具在也。《易》以道人心之中正，《書》以道人心之祇敬，《詩》以道人心之和平，《禮》以道人心之品節，《春秋》以道人心之是非，則是人心為五經之本。而謂經為人心之注腳者，非謾語也。雖其中之所載，廣大精微，未可以一端盡，而大旨則各有攸存。觀聖人各取一篇以冠乎經之首，則首篇即一書之要也。《易》首乾坤，《書》首帝典，《詩》首《關睢》，《禮》首《曲禮》，《春秋》首「春王正月」，謂非一書之旨要，奚可哉？是故提其綱則目自舉，揭其緒則縷自清。惟乾坤明，而六十四卦中正之蘊可推矣；帝典明，而五十八篇祇敬之忱可推矣；《關睢》明，而三百篇和平之情可推矣；「春王正月」明，而二百四十五年是非之公可推矣。以至《論語》之「學習」、《大學》之「格物」、《中庸》之「未發」、《孟子》之「義利」，皆其提揭最要者也。惜乎諸家之留心經書也，非不竭精思，殫歲月，章分句析，極其繭絲牛毛之精，然而於各經首篇大要所關反支離沈晦，又何怪高明者甘心虛寂之說而自以為玄解也。然則捨五穀以求飽於百果之異品者，固昧乎飲食之正，而彼之執稊稗為稻粱者，恐亦以五十步笑百步耳。聖學不明不行，豈可專罪夫異端之徒哉？要之，各執己見以自售，不能一以孔子為之宗焉故也。志聖學者固宜就正於聖經，而志窮經者必於孔子首經之旨精義入神焉，其庶幾矣。

408

又曰：五經，聖賢述作不齊，要皆定之孔子，以垂教萬世。《易》以象教，《書》以身教，《詩》以聲教，《禮》以理教，《春秋》以名分教，若各一其義也，然道一也。

【探源】明章潢《圖書編》卷九《總論》：<u>五經肇自伏羲，以及周叔世，雖聖賢述作不齊，而一皆定之孔子，以垂教萬世者也。《易》以象教，《書》以身教，《詩》以聲教，《禮》以理教，《春秋》以名分教，若各一其義也，然道一也。</u>自天地言之為乾坤，自朝廷言之為君臣，自一家言之為夫婦，自一人言之為身心，自一時言之，一以天王為統紀，此五經之要領也。

【今按】朱彝尊於原文有所竄改。

409

何洛文曰：五經非他，聖人之心也。聖人之心即天地之心，古今人所同也。故《易》不過道吾心之時，《書》不過道吾心之中，《詩》不過道吾心之無邪，《春秋》不過道吾心之公，《禮》《樂》不過道吾心之序與和。使人人各得其心之自然，則天地常位，萬物常育，五經可以無作，而顧有不能者，是以聖人筆之於書，俾反求而自得之，蓋非有意於立言，而不得不作也。

【探源】此則見何洛文《刊五經白文序》。其文曰：「五經者非他，聖人之心也。聖人之心即天地之心，古今所同者也。故《易》不過道吾心之時，《禮》《樂》不過道吾心之序與和。使人人各得其心之自然，則天地常位，萬物常育，五經何以無作，而顧有不然者，是以聖人筆之於書，俾反求而自得之，蓋非有意於立言，而不得不作也。」（《增定國朝館課經世宏辭》卷八）與《通說》相較，《增定國朝館課經世宏辭》本中脫：「《書》不過道吾心之中，《詩》不過道吾心之無邪，《春秋》不過道吾心之公」三句。因文題為《刊五經白文序》，何洛文原文當有此數句，方合「五經」之義。此處遺失論《書》《詩》《春秋》之文字，當為王錫爵輯本有誤，或刊刻脫落。

【今按】何洛文，字啟圖，號震川，河南信陽人。何景明之孫。嘉靖四十四年（1565），官禮部侍郎。著有《何震川先生集》。諸書均言其生卒年不詳。稽考其傳記，明代過庭訓《本朝分省人物考》卷93較詳，其傳曰：「何洛文，字啟圖，信陽人。淵源家學，少著英稱，領嘉靖辛酉鄉薦第一，乙丑成進士，改庶吉士。……己巳授編修……辛巳以省親歸。會江陵事起，為言者所波及……庚子卒。」據此，可斷其卒年為庚子年，即萬曆28年（1600）。其祖何景明卒於正德十六年（1521），年39歲。同年，何景明門人樊鵬撰《行狀》、孟洋撰《墓誌銘》，均言及其妻氏、子女，未及孫輩。則二人作文之時，何洛文尚未出生。其後，門生喬寧撰《何先生傳》，言：「次子立，舉癸卯鄉試。立

子洛文復少俊，皆能世其家學。」癸卯乃嘉靖 23 年（1543），此文作於 1543 年之後，此時何洛文已出生，且當有數歲。據此，可推知何洛文生年在 1521～1543 年之間。今考明代萬民英《三命通會》卷六《五行俱足》載：「謂年月日時胎……李廷相尚書辛丑甲午丙申戌戌乙酉胎，何洛文翰林丙申辛丑壬子辛亥壬辰胎是也。」同書卷九亦載其命格為「丙申辛丑壬子辛亥」。李廷相（1481～1544），弘治壬戌（1502）進士；何洛文乃嘉靖乙丑（1565）進士；萬民英嘉靖庚戌（1550）進士。《三命通會》一書記歷代人物命格甚多，且多記時人，如張居正、李太后等。就姓名、官職、時代而言，《三命通會》所載何洛文與此實相符合，則其生年當為丙申年，即嘉靖十五年（1536）。以此計之，何洛文在喬寧撰《何先生傳》時已過 8 歲；「辛酉鄉薦第一」，時年 26 歲；「乙丑成進士」，時年 30 歲。故可定何洛文生卒年為 1536～1600 年。

【又按】此則中關於五經之闡釋，何洛文同時代的人物亦有相近似的觀點。茲舉兩例：

　　甘泉子曰：「是故六經皆注我心者也，故能以覺吾心。《易》以注吾心之時也，《書》以注吾心之中也，《詩》以注吾心之性情也，《春秋》以注吾心之是非也，《禮》《樂》以注吾心之和序也。」曰：「然則何以尊之？」曰：「其心乎！故學於《易》而心之時以覺，是能尊《易》矣，學於《書》而心之中以覺，是能尊《書》矣；學於《詩》而心之性情以覺，是能尊《詩》矣；學於《春秋》、禮、樂而心之是非和序以覺，是能尊《春秋》《禮》《樂》矣。（湛若水《廣德州儒學新建尊經閣記》）

　　《易》之陰陽，吾心之時也；《書》之政事，吾心之中也；《詩》之性情，吾心之敬也；《春秋》之名分，吾心之別也；《禮》之度數、《樂》之聲音，又非吾心之序與和乎？（亢思謙《六經論》）

　　湛若水（1466～1560）、亢思謙（1515～1580），生年較何洛文為早。三人評判五經，觀點大致相同。（此處參考陳開林《〈經義考·通說〉引文考辨十則》）

【又按】關於「聖人之心即天地之心」，宋王宗傳《童溪易傳》卷二十九云：「夫聖人之意何在乎？曰：上之人以至於用刑用戮者，此非我之本心也，皆自汝致之，吾不得已而應之云爾。此聖人之心即天地之心也，何疑焉？善不積不足以成名，惡不積不足以滅身，小人以小善為無益而弗為也，以小惡為無傷而弗去

也，故惡積而不可掩，罪大而不可解。」《性理大全書》卷九《皇極經世書三》邵伯溫解：「一動一靜者，天地之妙用也，一動一靜之間者，天地人之妙用也。陽闢而為動，陰闔而為靜，所謂一動一靜者也。不役乎動，不滯乎靜，非動非靜，而主乎動靜者，一動一靜之間者也。自靜而觀動，自動而觀靜，則有所謂動靜方靜而動，方動而靜，不拘於動靜，則非動非靜者也。《易》曰：『復其見天地之心乎？』天地之心，蓋於動靜之間有以見之。夫天地之心於此而見之，聖人之心即天地之心也，亦於此而見之。雖顛沛造次，未嘗離乎此也。《中庸》曰：『道不可須臾離也。』可離非道也，退藏於密，則以此洗心焉。吉凶與民同患，則以此齋戒焉。夫所謂密，所謂齋戒者，其在動靜之間乎？此天地之至妙。至妙者也，聖人作《易》蓋本於此，世儒昧於《易》，本不見天地之心，見其一陽初復，遂以動為天地之心，乃謂天地以生物為心。噫！天地之心何止於動而生物哉？見其五陰在上，遂以靜為天地之心，乃謂動復則靜，行復則止。噫！天地之心何止於靜而止哉？」明薛瑄《讀書錄》卷二亦云：「天地之所以大，日月之所以明，四時之所以運，鬼神之所以靈，是皆理之自然也。聖人體道無二，與天地合其德矣，知周萬物，與日月合其明矣，動靜以時，則與四時合其序矣，屈伸以正，則與鬼神合其吉凶矣。天地也，日月也，四時也，鬼神也，聖人也，形雖有異，而道則無間，是皆自然一致，夫豈有一毫強合之私哉？惟其自然一致，是以聖人之心即天地之心，聖人意之所為，與天無毫忽之差爽，所謂先天而天弗違也。天理所在，聖人率而循之，無一息之差繆，所謂後天而奉天時也。天且不違，則人與鬼神之不違者從可知矣。此聖人之所以為聖人也歟？」

410

沈堯中曰：道統之在天下，由伏羲而堯、舜，而禹、湯，而文、武、周公、孔子，上下數千百年，若斷若續，迄今猶可尋繹者，經是已。伏羲，吾得之《易》；堯、舜、禹、湯、文、武，吾得之《詩》《書》；周公，得之《禮》；孔子，得之《春秋》。合五經而序之，乃知數聖人之統系存焉。

【探源】明沈堯中《沈氏學弢》卷十《五經總論》：道統之在天下，由伏羲而堯、舜，而禹、湯，而文、武、周公、孔子，上下數千百年，若斷若續，迄今猶可尋繹，不至沒沒者，經是已。經雖有五，其統則一。伏羲，吾得之《易》；堯、舜、禹、湯、文、武，吾得之《詩》《書》；而周公，得之《禮》；孔子，得

之《春秋》。經合則統合，經分則統分，故孔子之刪述，非五之，蓋一之也。秦漢以來，各經注疏無慮數十家，獨邵子有皇帝王霸之配，而亦泥於古今升降之運，是猶未知孔子之意也。余合五經而臆之，乃知《易》《書》《詩》《禮》《春秋》數聖人之統系在焉。一世而為《易》，二世而為《書》，三世而為《詩》，四世而為《禮》，五世而為《春秋》。猶祖宗父子之嗣續而不可紊也，猶根幹枝葉之繆續而不可析也。學者不志於道則已，未有志道而猶株守專經者。惟能以一而通五，合五而為一，斯於孔子刪述之意為無負云。（此條參考陳開林《〈經義考‧通說〉引文續考》）

【今按】沈堯中，字執甫，號瀛臺，嘉興人。萬曆八年（1580）進士，官至南京刑部尚書。博學嗜古，明於典故，纂修郡志，著有《沈司寇集》《治統紀略》《邊籌七略》《高士匯林》《古文大學集注》《春秋本義》《沈氏學韜》等書。

【又按】「道統之在天下」的說法，在明代又見於唐世隆《修河間獻王陵廟碑記》。

411

陳于陛曰：聖賢垂世立教，莫備於五經。五經者，天地自然之文，生人日用之具。五經之道明，則諸子百家之說若權設而不可欺以輕重，繩陳而不可欺以曲直。賴以見聖人之心者，獨此而已。

【探源】明許國《許文穆公集》卷二《五經正文序》：聖賢垂世立教，莫備於五經。五經者，天地自然之文，生人日用之具。其常明若日月，其常行若江河。秦火以來，若暫堙蝕，而其本在人心，其用在天地。亙古亙今，與五氣相為終始者固在也。莊周闡其所道，楊雄著其所辨，自荒唐之士、偏駁之儒尚猶崇信，而莫之或違。故五經之道明，則諸子百家之說不啻如鼎分神奸，鏡照妍醜。權設而不可欺以輕重，繩陳而不可欺以曲直，於今所賴以見聖人之心者，獨此而已。漢興，諸儒搜廢補逸，區區綴葺於秦火之餘，此其功固不可泯。而注疏遞興，人自為說，家自為師，五經之道反更堙蝕。且其卷帙浩繁，童而習之，白首紛如，遂並經文廢闕不講，故曰秦人焚經而經存，漢儒談經而經絕。故注疏之興，經文之累也。更宋九儒折衷芟正，而考亭朱氏集其大成。於是五經之文皆有集釋，章列句標，毫分縷析，足以羽翼聖經於不墜，而漢儒綴葺之功亦藉以有傳。昭代崇文，薄海內外，家藏戶誦，五尺童子高談幽眇，遠慕雍熙，彬彬乎盛矣。則宋之集釋似亦與五經相為始終而不可廢者。雖然，五經非他，皆吾心所固有也。吾心所固有者，散見於天地，闡玄於聖

賢，而備載於方冊。天之所以運，地之所以處，日月所以明，江河所以流，二帝三王所以為君，五臣十亂所以為相，孔子所以為師，宇宙萬物之所得繫命者，孰非囊括包舉於五經者乎？古昔聖人蓋先得我心以垂世立教，故五經之文若天所設，而人力不與焉。夫人心應物，紛紜變化，天則秩然，固亦有無文之五經矣。以吾無文之五經，而感觸於聖賢垂世立教之說，則知五經之文皆吾心故物，而宋儒集釋亦吾心之出諸身者耳。……然則苟得於經，雖無宋儒之集釋亦可矣。嗟乎！末學支離多岐為患，獨抱遺經，君子歎之。余欲學者友求於五經，而自以吾心為注釋也。故為校正五經白文，刊之以俟夫學者之自得焉。

【今按】許國（1527～1596），字維楨，明南直隸徽州府歙縣（今安徽歙縣）人。嘉靖四十四年（1565）進士，歷仕嘉靖、隆慶、萬曆三朝，先後出任檢討、國子監祭酒、太常寺卿、詹事、禮部侍郎、吏部侍郎、禮部尚書兼東閣大學士，入參機務。萬曆十二年，因「平夷雲南」有功，晉太子太保、武英殿大學士。卒諡文穆。著有《許文穆公集》。陳于陛（1545～1596），字元忠，四川南充人。隆慶二年（1568）進士，官至文淵閣大學士。卒贈少保，諡文憲。事蹟具《明史》本傳。

【又按】此處何以出現張冠李戴，原因待考。

412

葉向高曰：九經者，聖言之至約、至博者也。

【探源】明葉向高《蒼霞餘草》卷六《九經正文序》：聖人之道非言也，然而非言無以詮道。聖人之言非字也，然而非字無以郵言。字有義，有象，有韻。取於意為義，取於物為象，取於聲為韻，以郵天下之言躍如也。顧其於聖言尤所重。九經者，聖言之至約、至博者也。苟求其約，則庖羲之一畫、虞廷之十六字已括全經；苟求其博，則一經各有一經之蘊，而就諸經中一字亦各有一字之蘊。試令邊腹伏腰，漁獵於白首，顧舌孫吻，鼓吹於青編，吾知其當年不能究而累世不能殫也。世儒學一先生之言，沾沾作金華殿語，欲以敖所不知。五鹿之角其可折乎？或者謂無文之經，天下之至文；無畫之字，天下之至畫。……君子多乎哉，一以貫之而已矣。（此條參考陳開林《〈經義考・通說〉引文續考》）

【今按】葉向高（1559～1627），字進卿，號台山，福清人。萬曆十一年（1583）進士，官至東閣大學士。由於閹黨勢力過於強大，葉向高不甘受誤國之罵名，連上六十七道奏疏請辭。天啟四年（1624）以太子太傅致仕。卒贈太師，諡文忠。事蹟具《明史》本傳。

【又按】明湛若水《泉翁大全》卷三十六《進天德王道第二疏》：「昔者魯哀公問政於孔子，孔子將告之以政，而必推本於學焉。何也？蓋學與政一道也。夫九經即政也，孔子將告哀公以九經，而必先之以達道，又先之以達德，又先之以修身而知天，而曰所以行之者一也，何耶？蓋九經者，王道之大端也，達道、達德、修身以知天而行之一者，所以謹獨而立天德也。然則天德為王道之本，而謹獨又為天德之本，斷可知矣。」

413

唐公文獻曰：經之存於世，若日星麗天，嶽瀆互地，學者見作者之心於千載之上，賴有注疏存焉。漢之諸儒磨礱以歲月，窮殫以心力，然後成一家之言。其所持論，皆師門所授，搢紳長老之所傳聞，要以發明聖學，澤於道德者多也。自談者謂漢儒窮經而經絕，至以訓詁支離，烈於燔焰，抉瑕摘釁，掩其弘美，往哲羽翼之功，幾不存於世矣。

【探源】此則選自唐文獻《擬重刻十三經注疏序》。其文曰：「夫十三經之存於世，若日星麗天，嶽瀆互地，學者載籍極博，總之考信於是書矣。……見作者之心於千載之上，亦有注疏在焉。蓋漢以來諸儒麻列林立，無慮百家，……磨礱以歲月，窮殫以心力，然後成一家之言，斯已勤矣。而所持論駕說，往往師門所授，縉紳長老之所傳聞，雖晦蝕舛駁，亦時有之。要以發明聖學，澤於道德者多也。自談者曰漢儒窮經而經絕，至以訓詁支離，烈於燔焰，……抉瑕摘釁，掩其弘美，往哲羽翼之功，幾不存於世矣。」（此條參考陳開林《〈經義考・通說〉引文續考》）

【今按】朱彝尊於原文有所竄改。

【又按】黃宗炎《周易尋門餘論》卷下云：「《易》以卜筮，獨不罹秦火，其民間自相授受，亦止言卜筮而不敢及乎理義，故《漢書》《易》學大抵多論災祥禍福，以象數為重，蓋其由來使然也。然其章句之沿習與訓詁之垂傳者固未嘗廢也。乃宋人竟詆之謂：『秦人焚書而書存，漢儒窮經而經絕。』豈其然哉？」可與此條合觀。

【又按】唐文獻（1549～1605），字元徵，號抑所，直隸華亭（今上海）人。萬曆十

四年（1586）狀元。授翰林院修撰，官至禮部右侍郎。出趙用賢門，以名節

相矜許，後在官果能不負所言。官至禮部右侍郎，掌翰林院事。卒諡文恪。

著有《占星堂集》。

414

劉曰寧曰：今之談經者，專主濂、洛諸儒。當秦火既燔，關、洛未起，微

漢諸儒，彼宋人豈真能於夢想羹牆之間，遂彷彿其意而接其傳耶？不見夫越

人之治絲乎？漢儒三繹拮据，尺櫛寸比，疏之引之，緒井井然理也。宋人則

因之以收組織章甫之效，世徒見其為章為甫也，而遂忘拮据之為力，可乎哉？

【探源】此則出自劉曰寧《刻十三經注疏序》，其文曰：「<u>今世之談經術者，輒推范濂、</u>

<u>洛諸儒</u>，蓋多其羽翼之功，而學士猶羞稱於漢云。嗟夫，漢儒之有功於濂、

洛也。文之有經也，先天之旨也。宋其復明之候乎？相距蓋數千載而遙矣。

<u>當其間秦火既燔，關、洛未起</u>，絕續之交，重於九鼎。<u>微</u>何、杜、郭、鄭諸

子之功，<u>彼宋人豈真能於夢想羹牆之間，遂彷彿其意而接其傳也</u>？是故離經

術者漢儒，續經術者亦漢儒。要之瑕瑜，自不可掩。夫獨<u>不見於越人之治絲</u>

<u>乎？漢儒三繹拮据，尺櫛寸比，疏之引之，緒井井然理也。宋人則因之以收</u>

<u>組織章甫之效，世徒見其為章為甫也，而遂忘拮据之為力</u>。」劉曰寧《刻十

三經注疏序》文本較長，《經義考》乃節引其文首部分文字，且有點竄，又

刪去後段而妄增「可乎哉」一句。（此處參考陳開林《〈經義考・通說〉引文

考辨十則》）

【今按】劉曰寧，字幼安，南昌人。萬曆十七年進士。《明史》卷216有傳，傳文較

為簡略，不言其生卒年。今考明黃汝亨《寓林集》，錄有關於劉曰寧的壽文

及祭文各一篇，摘錄如下：

學士先生，予所服習而敬事之者，無如劉幼安先生。十五年以前，讀

書靈鷲山，與先生乍晤之僧舍。（卷五《知命篇為祭酒劉幼安先生五十壽》）

少宗伯劉公幼安先生今壬子六月登車副，主上嚮用。及邳州疾作，

以七月二十有七日長辭人世。越八月望三日，還舟白門，士大夫聞之無

不拊心雪涕，為天下慟者。……汝亨憶在癸巳獲交先生於靈鷲山居也，

披襟宣懷，論文柝（案：當作「析」）義，浹旬不倦。……先生時家居奉

母，相去一舍餘，聞問無寒暑之間，逮於今二十年所。……先生官大司

－269－

成時，行年五十。汝亨屏居北山之北，作《知命篇》以貽之。（卷二十《祭劉幼安先生文》）

就內容而言，此兩篇文字頗有關聯。黃汝亨與劉曰寧初會於癸巳年，即萬曆21年（1593）。後十五年，劉曰寧年齒五十，可推其生年為嘉靖38年（1559）。卒於壬子七月二十七日，即萬曆四十年（1612）。然談遷《國榷》有不同記載。據神宗萬曆四十年載：

八月，壬戌朔。……丁丑禮部右侍郎劉曰寧改吏部右侍郎，仍日講。

九月壬辰朔，吏部右侍郎劉曰寧卒。曰寧字幼安，吉水人。萬曆己丑進士，選庶吉士，授編修。

黃汝亨稱劉曰寧七月二十七日卒，談遷載劉曰寧八月仍改改官吏部右侍郎，卒期為九月初一。孰是孰非，今不可考。然卒年無異議，當為萬曆四十年。

【又按】《欽定四庫全書考證》：「案：章甫殷冠，緇布為之，此所引劉曰寧說，以為織絲為之，且以二字別開對舉，殊失其解。」《欽定四庫全書考證》卷四六、四七為《經義考》。

415

鄭瑗曰：六經言道而不遺法，《四書》言理而不外事。

【探源】鄭瑗《蜩笑偶言》：六經言道而不遺法，《四書》言理而不外事。諸國之語迂緩而不切於事情，戰國之策變詐而不要諸義理。馬遷駁而無緒，班固局而不暢。

【今按】鄭瑗（1450～1490），字仲璧，號省齋，福建興化府莆田人。成化十七年（1481）進士，官至南京禮部郎中。著有《省齋集》《井觀瑣言》。事蹟具《弘治八閩通志》，朱彝尊《明詩綜》亦載有其人。

416

胡應麟曰：夏、商以前，經即史也，《尚書》《春秋》是已。周、秦之際，子即集也，孟軻、荀況是已。

【探源】明胡應麟《少室山房筆叢》卷二《經籍會通二》：經史子集區分為四，九流百氏咸類附焉。一定之體也，第時代盛衰，製作繁簡，分門建例，往往各殊。唐、宋以還，始定於一。今稍掇拾諸家，撮其大略，以著於篇，述類例第二。

夏、商以前，經即史也，《尚書》《春秋》是已。至漢而人不任經矣，於是乎
作史。繼之魏晉，其業浸微，而其書浸盛，史遂析而別於經，而經之名禪於
佛、老矣。周、秦之際，子即集也，孟軻、荀況是已。至漢而人不專子矣，
於是乎有集。繼之唐、宋，其體愈備，而其制愈繁，子遂析而入於集，而子
之體夷於詩騷矣。

【今按】胡應麟（1551～1602），字元瑞，一字明瑞，號少室山人，後又更號為石羊
生，浙江金華府蘭溪人。明代萬曆四年（1576）舉人。遍交名士，名列「末
五子」。築室山中，家富藏書，根柢群書，發為文章。著有《詩藪》《少室山
房集》《少室山房筆叢》。

417

又曰：《尚書》，經之史也；《春秋》，史之經也；《中庸》《孟子》，子也，
而其理則經也。

【探源】明胡應麟《少室山房筆叢》卷二《經籍會通二》：《尚書》，經之史也；《春
秋》，史之經也；《中庸》、孟氏，子也，而其理經，故陟而經也。《道德》《沖
虛》，經也，而其理子，故降而子也。三者皆可以互名。惟其實也，集則迥
不同矣。

【今按】朱彝尊於原文有所竄改。

418

又曰：六經之學，廣大閎深，歷世名儒第專其一，有專於《易》者，有專
於《書》者，有專於《詩》者，有專於《禮》者，有專於《春秋》者，有專於
《爾雅》者，若馬融、鄭康成、賈逵、王肅、劉炫、崔浩、孔穎達、陸德明數
子，諸經並釋，六籍兼該，義或未精，博斯稱極。宋世巨儒精於析理，博匪所
先。新安後出，兼綜二家，既精且博矣。

【探源】明胡應麟《少室山房筆叢》卷二二《華陽博議上》：六經之學，廣大閎深，
歷世名儒第專其一，有博於《易》者，有博於《書》者，有博於《詩》者，
有博於《禮》者，有博於《春秋》者，有博於《爾雅》者。施、孟、梁、京
諸人博於《易》者也，伏、夏、周、劉諸人博於《書》者也，齊、魯、毛、
韓諸人博於《詩》者也，戴、曹、賀、賈諸人博於《禮》者也，公、谷、鄒、
夾諸人博於《春秋》者也，劉、郭、張、曹諸人博於《爾雅》者也。若馬融、

鄭玄、賈逵、王肅、劉炫、崔浩、穎達、德明數子，諸經並釋，六籍兼該，義或未精，博斯稱極。宋世巨儒精於析理，博匪所先。新安後出，兼綜二家，既精且博矣。宋世博於經學，亦不乏人，此舉其重。

【今按】朱彝尊於原文有所竄改。

419

又曰：宋初邢昺、孫奭等尚多以注疏顯。至閩、洛談理，而經學迥別前代。

【探源】明胡應麟《少室山房筆叢》卷二二《華陽博議上》：漢魏六朝諸人，儒林自有傳，此不錄。宋初邢昺等尚多以注疏顯。至洛、閩譚理，而經學迥別前代矣。

【今按】朱彝尊於原文有所竄改。

420

鄧黻曰：文莫粹於經，聖賢以其精蘊而形諸辭，辭可以已。聖賢必無事於作，作焉者不得已也。

【探源】朱彝尊《靜志居詩話》卷十一：「文度歌鹿鳴後喪母，遂不上公交車，以通經博古為務。嘗與客論文，其大略云：文（章）〔莫〕粹於經，聖賢以其精蘊而形諸辭，辭可以已。聖賢必無事於作，作焉者不得已也。三代而下放臣棄婦之辭，讀之尤足以興感者，性情也。今之為文者，無古人之性情與其所遇之時事，辭與意背以詖為容，以聚為約，浮濫而無法則，可以無作。或言西京之文近乎古，不知壞古人之文者，揚子諸人有貴焉。書出，陸子餘、歸熙甫皆是之。當嘉靖中，伯安、道思、應德既往，于鱗、元美、明卿、伯玉、本寧之派盛行，詩古文交失其真，文度之論其力挽元氣者與？詩亦崛奇，不沿七子之習。」

【今按】鄧黻，一作載，字文度，號新梓，其先松江華亭人，徙常熟。正德二年（1507）舉人。《靜志居詩話》「鄧黻」條的資料亦見錢謙益《列朝詩人小傳》丁集，比較文本內容，大體雷同，《列朝詩人小傳》更為完備。朱彝尊當是襲自錢謙益。就此則而言，「文莫粹於經」，《靜志居詩話》「莫」作「章」，而《列朝詩人小傳》正作「莫」。

421

焦竑曰：經者，性命之奧，政治之樞，文章之祖也。

【探源】明焦竑《國朝獻徵錄》卷九十五引張時徹《山東提學副使陸公鈇列傳》：陸
　　　　鈇，字舉之，副使稱季子。甫能言，母楊淑人命之以字，百試不爽。稍長，
　　　　慧智開發，一日輒數行下。為舉業文，精恪典雅，大為時輩所宗。己卯舉於
　　　　鄉，庚辰會試中式。辛巳廷對，擢甲科第二，拜翰林編修。讀書中秘，益銳
　　　　志問學，盡覽經史百家，儕輩素以才名著者，皆詘下之。尤砥礪名節，以古
　　　　人自期。待時議禮，諸臣故傾心於錢，欲引以為重，鈇卒不應。其人以為少
　　　　已，遂銜之。會預修《武皇實錄》成，進修撰。已而大禮告成，議禮者秉媥
　　　　修宿憾，遂出為湖廣按察司僉事……不詭於大道，所至敦尚孝悌，分別義利，
　　　　才雋有篤行者引之若肺腑，士習為之丕變。他如斥異端之祠，以崇祖先哲，
　　　　乃其教之大者。山東舊無通志，喟然歎曰：「海岱，山川之宗也。孔、孟，
　　　　人物之望也。六經，文章之祖也。惟茲一方之志，而天下古今之事備焉，志
　　　　何可廢？」遂考古取今，補遺正訛，窮日夕不懈。比逾年志成，而鈇則病矣，
　　　　遂上疏乞骸骨。

【今按】陸鈇（1494～1533），字舉之，號少石子，浙江寧波府鄞縣人。明朝正德十
　　　　六年（1521）楊維聰榜進士第二人。嘉靖初年，大禮議起，陸鈇以忤當權者
　　　　被貶為湖廣僉事，轉山東副使督學政。當時，山東無通志，陸鈇歎道：「周
　　　　公、孔子，百世之師，六經斯文之祖，泰山五嶽之宗，此一方文獻，而天下
　　　　古今事備焉，志奚可廢。」乃編輯成書。而陸鈇由此患病去世。銳志問學，
　　　　盡覽經史百家，為文奧衍宏暢，詩則溫醇而典婉，有晉、唐之風。著有《少
　　　　石子集》等。明代有兩陸鈇，另外一個字鼎儀，崑山人。

422

顧起元曰：漢建初八年，詔選高材生受四經，乃《左氏》《穀梁》《春秋》
《古文尚書》《毛詩》也。《漢・藝文志》云學五經，乃《詩》《書》《禮》《樂》
《春秋》也。建元五年立五經博士，乃《書》《詩》《禮》《易》《公羊春秋》也。
《揚子法言》五經為辨，乃《易》《書》《禮》《詩》《春秋》也。唐五經博士，
乃《周易》《尚書》《毛詩》《左氏春秋》《禮記》也。孔穎達與諸儒撰定《五經
正義》，乃《周易》《尚書》《毛詩》《禮記》《春秋》也。《禮記・經解》六藝政
教得失，乃《詩》《書》《樂》《易》《禮》《春秋》也。《史記》：孔子曰「六藝

於治一也」，乃《禮》《樂》《書》《詩》《易》《春秋》也。《莊子・天下篇》六經與上同。漢武表章六經，乃《易》《書》《詩》《禮》《樂》《春秋》也。秦宓曰：文翁遣司馬相如東受七經。又傅咸有《七經詩》。隋樊深有《七經義綱》《七經論》，乃《易》《書》《詩》《三禮》《春秋》也。宋劉敞有《七經小傳》，乃《詩》《書》《春秋》《周禮》《儀禮》《禮記》《論語》也。《經典釋文序錄》九經乃《易》《書》《詩》《三禮》《春秋》《孝經》《論語》也。《漢書藝文志》九經，唐谷那律稱九經庫，韋表微著《九經師授譜》，後唐校九經，鏤板於國子監，乃《易》《書》《詩》《禮》《樂》《春秋》《論語》《孝經》、小學也。《南史》周續之通十經，乃五經五緯也。《宋・百官志》國子助教十人分掌十經，乃《周易》《尚書》《毛詩》《禮記》《周官》《儀禮》《春秋》《左氏》《公羊》《穀梁》《論語》《孝經》也。《莊子》：孔子翻十二經以說老聃，云《詩》《書》《禮》《樂》《易》《春秋》又加六緯，一說《易》上下經並《十翼》也，一云春秋十二公經也。今《十三經注疏》國子監刊本乃《易》《詩》《書》《禮記》《周禮》《儀禮》《左氏春秋》《公羊傳》《穀梁傳》《論語》《孝經》《孟子》《爾雅》也。

【探源】語見明顧起元《說略》卷十二。

【今按】顧起元（1565～1628），名培，字起元，以字行，改字太初，一作璘初、鄰初，號遁園居士，應天府江寧（今南京）人。萬曆二十六年（1598）探花，官至吏部左侍郎，兼翰林院侍讀學。乞退後，築遁園，閉門潛心著述。朝廷曾七次詔命為相，均婉辭之。卒諡文莊。著有《金陵古金石考》《客座贅語》《遁園漫稿》《說略》《蟄庵目錄》等。

【又按】遁園位於南京花露崗 39 號，從明萬曆四十年（1612）開始建造，到天啟四年（1624）落成，費時大約 12 年，遁園佔地面積 1.13 萬平方米，是顧起元及其家族後人的生活之地，歷經近 400 年不變。據清代學者陳作霖《鳳麓小志》記載，遁園內有假山，有水榭，松竹陰翳，梅花成行，樓堂館閣，大有可觀。小石山、橫秀閣、郊曠樓、月鱗館、快雪堂、高臥室、劈花舫、懶真草堂、七召亭、耕煙閣、五己堂等景點點綴其間。民國時期，很多學者前往門西，探訪遁園舊址，留下珍貴史料。1950 年，南京博物院著名學者宋伯胤先生探訪後，寫下《遁園遺址考察記》一文，描繪遁園的頹敗風貌。當時的遁園分為住宅和園林兩部分，住宅的主體建築為三進四院，臨街的是牌樓式門樓，門額上有豎排的「七征不起」四個大字，右側牆基上嵌有一塊清光緒二十年的石碑，上部刻有「明顧文莊公遁園遺址」。門樓後有影壁，再往裏

去，是廳堂、祠堂、書房、內廳、偏房等建築，堪稱當時門西數一數二的深宅大院，其規模和精緻不亞於緊鄰的愚園。1972 年，遯園被南京第一棉紡織廠徵用，其住宅和園林都被拆光，顧家的文物大部分散落，只有祠堂內的「顧文莊公像碑」留存了下來，收藏於南博，現為國家二級文物。此碑正面為線描顧起元畫像，背後一篇《遯園記》為顧起元親自撰寫，記述了遯園興建過程，落款為「江寧遯園居士顧起元太初記事於園之快雪堂」。（《明代南京生活的百科全書作者顧起元舊居今何在？》，《金陵晚報》2016 年 11 月 28 日）

423

高攀龍曰：三代而後，聖王不作，於是孔子出，以六經治天下，決是非，定好惡，使天下曉然知如是為經常之道，越志者欲有所肆焉，民得執常道以格之，故亂臣賊子不旋踵而誅。是六經者，天之法律也，天下之所以治而亂、亂而復治者，以六經在也。

【探源】明高攀龍《高子遺書》卷九上：三代而後，聖王不作，於是夫子出，以六經治天下，決是非，定好惡，使天下曉然知如是為經常之道，越志者欲有所肆焉，民得執常道以格之，故亂臣賊子不旋踵誅，夷生民之類，不至糜爛而無遺餘。是六經者，天之法律也，順之則生，逆之則死，天下所以治而無亂、亂而即治者，以六經在也。然漢、唐之間，儒者溺訓詁而傳六經之糟粕，佛氏言心性而亂六經之精微。傳其糟粕者，言理而不本之心；亂其精微者，言心而不本之理。一則窮深極微而外於彝常日用，一則彝常日用而不可知化窮神，於是六經又敝。而周、程、張、朱五夫子出，而後知六經者，天理二字而已。天理者，天然自有之理，天得之為天，地得之為地，人得之為人者也，無所增於聖，無所減於凡，無所陞於古，無所降於今者也。誠者，誠此；敬者，敬此；格物者，格此。明此而後知俗儒之所蔽，佛氏之所亂，一膜而千里也。人知程朱三夫子之黃墩，亦知其學之黃墩乎？豈惟三夫子千聖萬賢之黃墩胥於是乎？在尼山乎？黃墩乎？天地之氣，山川之靈，鍾為聖賢，其生也有自，其出也有為，夫何為哉？明此而已矣。

【今按】朱彝尊於原文有所竄改。

【又按】高攀龍（1562～1626），字存之，又字雲從，江蘇無錫人。萬曆十七年（1589）中進士。世稱景逸先生。東林黨領袖。卒諡忠憲。著有《高子遺書》等。

424

又曰：六經皆聖人傳心，明經乃所以明心，明心乃所以明經。明經不明心者，俗學也；明心不明經者，異端也。

【探源】語見明高攀龍《高子遺書》卷一。

【今按】「明經不明心者，俗學也；明心不明經者，異端也。」高子此論極為弘通。俗學即科舉之學，異端即王學左派。晚明非俗學即異端，良有以也！

425

陳懿典曰：甚哉！王通氏之黜漢，而自尊其續經之功也。其言曰：「九師興而《易》道微，《三傳》作而《春秋》散。齊、韓、毛、鄭，《詩》之末也。大戴、小戴，《禮》之衰也。《書》殘於古今，《詩》失於齊、魯。」其訟言而攻之也，無非欲自尊其所述七製之書，關朗之《易》，《元經》《禮》《樂》與六籍並，而卑訾漢人之注疏為不足道也。自文中子之言出，而訓詁家絀矣。傳至宋儒，則訑訾漢儒愈力，甚且曰：「秦人焚書而書存，漢人窮經而經絕。」則又陰祖通之言，而益重漢人之罪也。嗟夫！貶漢所以尊宋也，不知秦灰方熠，孔壁乍起，自漢始除挾書律之歲，以至於宋，其間千有餘載，六籍之文不至於澌滅殆盡，以竢後人之講明而表章者，伊誰之力也？設令遺經散逸，異端縱橫，即有宋諸儒，何所據以加論著之功，續不傳之秘哉？

【探源】陳懿典《陳學士先生初集》卷二十五《十三經注疏》：甚哉！王通氏之黜漢，而自尊其續經之功也。其言曰：「九師興而《易》道微，《三傳》作而《春秋》散。齊、韓、毛、鄭，《詩》之末也。大戴、小戴，《禮》之衰也。《書》殘於古今，《詩》失於齊魯。」其訟言而攻之也，無非欲自尊其所述七製之書，曹、劉、顏、謝之詩，關朗之《易》，《元經》《禮》《樂》與六籍並，而卑訾漢人之注疏為不足道也。自文中子之言出，而訓詁家詘矣。傳至宋儒，則又目通為霸儒而僭王，如吳楚之罪，而訑訾漢儒則愈力，甚且以對於秦政咸陽之巨焰，曰：「秦人焚書而書存，漢人窮經而經絕。」則又陰祖通之言，而益重漢人之罪也。嗟夫！貶漢所以尊宋也。不知漢儒雖思乏淹通，見多枝葉，而秦灰正熾，孔壁未起，自漢始除挾書律之歲，以馴至於有宋五星聚奎之年，其間千有餘載，六籍之文、十三經之遺意不至於澌滅殆盡，以俟後人之講明而表章者，伊誰之力也？設令軒臂子弓之傳不衍於田、楊，家令口授之書不續於歐、夏，轅固無辭豕之能，公孫失封侯之業，高堂二戴不讀后蒼之傳，康成、子春

不廣三禮之旨，江都天祿之彥不明於《春秋》，左氏、公、谷之立不爭於學宮，《孝經》《爾雅》以寥寂而見遺，魯語軒書以繁稱而失紀，則<u>遺經散逸，異端縱橫，即有宋諸儒，何所據以加論著之功，續不傳之秘哉</u>？譬之行貿然。漢則守藏者也，聚貨者也，刀、貝、金、錢、布、果、粟、帛皆具矣。宋則為之委輸變化於五都之市、四通之衢者也。安見本業嗇而坐致千萬者也。譬之斷獄然。漢則具證者也，得情者也，罪狀、隱伏、顛末、詞證皆在矣。宋則為之定其輕重，傅以爰書，合於律例者也。吾未見公案缺而能懸斷是非者也。則漢人注疏之功雖未可與宋儒比長絜大，而豈遂詆為司空城旦書乎？〔註24〕

【今按】陳懿典（1554～1638），字孟常，號如剛，浙江嘉興府秀水人。萬曆二十年（1592）進士，授翰林院編修，與修《實錄》，官至中允，以目疾乞假歸，崇禎初起為少詹事，又不赴。里居三十餘年。著有《讀左漫筆》《讀史漫筆》《陳學士先生初集》。事蹟具《康熙秀水縣志》。

【又按】陳懿典《陳學士先生初集》卷三《重刻埤雅廣要序》：「訓詁盛於漢、唐，注疏何啻繭絲。自程朱之學行，而注疏詘；自陸子靜、王伯安之學興，而傳注又若詘。然而注疏之學終不盡漸滅也。……余嘗聞宋人言，少時得《史記》《漢書》，皆手自抄錄，讀之惟恐不及。今諸書無不盛行，而學者未必受讀。得書之易，反不若得書之難。因觀今日典籍之富，七略四庫，金匱石室、名山異域之藏，無不盡出，而求如虞世南、劉貢父之徒，實未之睹。則得書之易，而讀書之少，今古所通患也。」〔註25〕可以合觀。「自程朱之學行，而注疏詘；自陸王之學興，而傳注又若詘」，此論概括得極好。

426

謝肇淛曰：宋儒貶經太過者，至目《春秋》為斷爛朝報；信經太過者，至以《周禮》為周公天理爛熟之書。不知《春秋》非孔子不能作，而《周禮》實非周公之書也。至歐陽永叔以《繫辭》非孔子之言，抑又甚矣。

【探源】謝肇淛《五雜俎》卷十三：「<u>甚矣宋儒之泥也！貶經太過者，至目《春秋》為爛朝報；信經太過者，至以《周禮》為周公天理爛熟之書。不知《春秋》非孔子不能作，而《周禮》實非周公之書也。至歐陽永叔以《繫詞》非孔子之言，抑又甚矣。</u>」（此條參考陳開林《〈經義考・通說〉引文續考》）

〔註24〕《四庫禁燬書叢刊》集部第 79 冊第 465～466 頁。
〔註25〕《四庫禁燬書叢刊》集部第 78 冊第 689 頁。

【今按】朱彝尊於原文有所點竄。

【又按】謝肇淛（1567～1624），字在杭，號武林、小草齋主人，晚號山水勞人，福建長樂人，生於錢塘（浙江杭州）。萬曆二十年（1592）進士，入仕後，歷遊川、陝、兩湖、兩廣、江、浙各地名山大川，所至皆有吟詠，雄邁蒼涼，寫實抒情，博學能詩文。著有《五雜俎》《小草齋集》。

427

錢謙益曰：十三經之有傳、注、箋、解、義疏也，肇於漢、晉，粹於唐，而是正於宋熙寧中，王介甫憑藉一家之學，創為新義，而經學一變。淳熙中，朱元晦折衷諸儒之學，集為傳注，而經學再變。再變之後，漢、唐章句之學或幾乎熄矣。宋之學者自謂得不傳之學於遺經，而近代儒者遂以講道為能事。漢儒謂之講經，今世謂之講道。聖人之經即聖人之道也。離經而講道，則亦宋儒掃除章句者導其先路也。《宋史》儒林與道學分，而古人傳注箋解義疏之學轉相講述者無復遺種，此亦古今經術升降絕續之大端也。經學之熄也，降而為經義；道學之偷也，流而為俗學。輕材小儒，敢於嘻點六經，呰毀三傳，學術蠱壞，世道偏頗，孟子曰：「我亦欲正人心。君子反經而已矣。」誠欲正人心，必自反經始。誠欲反經，必自正經學始。

【探源】四庫本將「錢謙益」替換為「錢陸燦」！錢謙益《牧齋初學集》卷二十八《新刻十三經注疏序》：「十三經之有傳注、箋解、義疏也，肇於漢、晉，粹於唐，而是正於宋。歐陽子以謂諸儒章句之學，轉相講述，而聖道粗明者也。熙寧中，王介甫憑藉一家之學，創為新義，而經學一變。淳熙中，朱元晦折衷諸儒之學，集為傳注，而經學再變。介甫之學，未百年而熸，而朱氏遂孤行於世。我太祖高皇帝設科取士，專用程朱，成祖文皇帝詔諸儒作《五經大全》，於是程朱之學益大明。然而再變之後，漢、唐章句之學或幾乎熄矣。漢儒之言學也……如是而已。宋之學者，自謂得不傳之學於遺經，掃除章句，而胥歸之於身心性命。近代儒者，遂以講道為能事，其言學愈精，其言知性知天愈眇，而窮究其指歸，則或未必如章句之學，有表可循，而有坊可止也。漢儒謂之講經，而今世謂之講道。聖人之經，即聖人之道也。離經而講道，賢者高自標目，務勝於前人；而不肖者汪洋自恣，莫可窮詰。則亦宋之諸儒掃除章句者導其先路也。修《宋史》者知其然，於是分儒林、道學，釐為兩傳，儒林則所謂章句之儒也，道學則所謂得不傳之學者也。儒林與道學分，而古

人傳注、箋解、義疏之學轉相講述者無復遺種。此亦古今經術升降絕續之大端也。經學之熄也，降而為經義；道學之偷也，流而為俗學。胥天下不知窮經學古，而冥行摘埴，以狂瞽相師。馴至於今，輊材小儒，敢於嗤點六經，呰毀三傳，學術蠱壞，世道偏頗，而夷狄寇盜之禍亦相挺而起。孟子曰：『我亦欲正人心，君子反經而已矣。』誠欲正人心，必自反經始；誠欲反經，必自正經學始。」

【今按】錢陸燦（1612～1698），字湘靈，號圓沙，江蘇常熟人。順治丁酉，以第二名舉於鄉。詩歌骨力雄厚，古文磊落自喜，晚與王日藻、秦松齡、尤侗、徐乾學輩為耆年會，諸人皆兄事之。著有《圓沙文集》《調運齋集》。

【又按】「反經」即回歸經學。「誠欲正人心，必自反經始；誠欲反經，必自正經學始」，這是一代文豪錢謙益的經學宣言，至今仍然沒有過時。誠欲文化復興，必自振興經學始。

428

趙樞生曰：讀經者，求天地之道於《易》，求帝王之道於《書》，求諸侯之道於《春秋》，求大夫、士之道於《禮》，求民物之道於《詩》。

【探源】趙樞生《含玄子》卷十一餘篇「經上」曰：「三代聖人作經，孔子修經，漢儒窮經，宋儒釋經，今代文經。文經之後，無復事矣。讀經者，求天地之道於《易》，求帝王之道於《書》，求諸侯之道於《春秋》，求大夫、士之道於《禮》，求民物之道於《詩》。」〔註26〕

【今按】趙樞生，字彥材，太倉人。趙宧光（1559～1625）之父。屢試不舉，輒自謝去。築室東海之濱，名以含玄齋，黃姬水特為之撰《含玄齋說》。著有《含玄齋別編》十卷、《含玄子》十二卷、《含玄集》四卷。《含玄齋別編》提要云：「徽州人。據其子頤光後跋，樞生所著諸書，皆無錫顧冶排纂成帙，有內編、外編、遺編、別編、賡編。」

429

喬可聘曰：六經之義，驗之於心而然，施之行事而順，然後為得。今人讀孔、孟書，乃只為榮肥計，便是異端，如何又闢異端？

〔註26〕《四庫全書存目叢書》子部第 260 冊第 609 頁。

【探源】宋李幼武纂集《宋名臣言行錄外集》卷八楊時條：「六經之義，驗之於心而然，施之行事而順，然後為得。今之治經者，工無用之文，徼幸科第而已，果何益哉？」喬可聘因襲楊時之語，朱彝尊未能辨別。喬可聘著有《讀書剳記》四卷，見錄於《四庫全書》子部儒家類存目，今收入《四庫全書存目叢書》子部第17冊，多迻錄道學心性之論，引文或注「某某曰」，或徑錄其文。此則文字中，「六經之義，驗之於心而然，施之行事而順，然後為得」一句見該書卷四，「今人讀孔、孟書，祇為榮肥計，便是異端，如何又闢異端」一句見該書卷三。《經義考》誤合二為一。前句為楊時語錄，後句出自《明儒學案》卷32《泰州學案一》：「夏廷美，繁昌田夫也。……叟故未嘗讀書，弱侯命之讀《四書》，樂誦久之，喟然曰：『吾閱《集注》，不能了了。以本文反身體貼，如思知人，不可以不知天。竊謂仁者人也，人原是天，人不知天，便不是人。如何能事親稱孝子？《論語》所謂異端者，謂其端異也。吾人須研究自己為學初念，其發端果是為何，乃為正學。今人讀孔、孟書，只為榮肥計，便是異端，如何又闢異端？』」《通說》將《讀書剳記》中兩則不同卷的引文併合為一條，既失於剪裁草率，又不明其本始來源。（此處參考陳開林《〈經義考·通說〉引文考辨十則》）

【今按】喬可聘（1589～1675），字君徵，一字勝任，寶應人。天啟壬戌進士，官至河南道監察御史。其學初從陸、王入，晚乃兼信程、朱，故其說出於兩派之間。著有《讀書剳記》四卷。

430

柴紹炳曰：《春秋》載「夏五」、「郭公」、「杞子伯」、「甲戌」、「己丑」之類，以其傳疑，未嘗輒加增損。《論語》曰：「君子於其所不知，蓋闕如也。」至宋代，儒者多以己意刪訂經文，二程改《大學》，朱子作《孝經刊誤》，將舊文並省分屬經傳而刪其字句。夫仲尼不敢改魯史，而程、朱改《孝經》《大學》，此等事聽先儒自為之，勿傚之也。

【探源】毛奇齡《大學證文》卷三引柴氏紹炳《家誡》曰：《春秋》載「夏五」、「郭公」、「杞子伯」、「甲戌」、「己丑」之類，以其傳疑，未嘗輒加增損。《論語》曰：「君子於其所不知，蓋闕如也。」至宋代，儒者多以己意刪訂經文，二程改《大學》，朱子作《孝經刊誤》，將舊文並省分屬經傳而刪其字句。夫程

朱雖賢，不能逾仲尼，仲尼不敢改魯史，而程朱敢改《孝經》《大學》，此等
事聽先儒自為之，勿傚之也。

【今按】原文見《柴氏家訓》。柴紹炳（1616～1670），字虎臣，號省軒，浙江仁和（今
杭州）人。博聞強記，工於詩文，下筆動輒數千言，一氣呵成，自成一體，
人稱西陵體，於西泠十子中最為著名。著有《省軒文鈔》《省軒詩鈔》《白石
軒雜稿》《考古類編》《古韻通》《省過記年錄》《家誡明理記》等。

431

顧炎武曰：考定經文，如程子改《易·繫辭》「天一地二」一節於「天
數五」之上，《論語》「必有寢衣」一節於「齊必有明衣布」之下。蘇子瞻改
《書·洪範》「曰王省惟歲」一節於「五曰曆數」之下，改《康誥》至止於
信」於「未之有也」稽首之上。朱子改《大學》「曰《康誥》至止於信」於
「未之有也」之下，改「《詩》云『瞻彼淇澳』」二節於「止於信」之下，《論
語》「誠不以富」二句於「齊景公有馬千駟」一節之下，《詩·小雅》以《南
陔》足《鹿鳴之什》，而下改為《白華之什》，皆至當，無復可議。後人傚之，
妄生穿鑿。《周禮》五官，互相更調。而王文憲。作《二南相配圖》《洪範經
傳圖》，重定《中庸章句圖》，改《某棠》《野有死麕》《何彼襛矣》三篇於王
風。仁山金氏本此，改「斂時五福」一節於「五曰考終命」之下，改「惟辟
作福」一節於「六曰弱」之下。使鄒、魯之《書》傳於今者，幾無完篇，殆
非所謂「畏聖人之言」者矣。

【探源】顧炎武《日知錄》卷七「考次經文」條：《禮記·樂記》「寬而靜」至「肆直
而慈」一節，當在「愛者宜歌商」之上，文義甚明。然鄭康成因其舊文，不
敢輕更，但注曰：「此文換簡，失其次，『寬而靜』宜在上，『愛者宜歌商』
宜承此。」《書·武成》定是錯簡，有日月可考。蔡氏亦因其舊而別序一篇，
為今考定《武成》最為得體。其他考定經文，如程子改《易·繫辭》「天一
地二」一節於「天數五」之上，《論語》「必有寢衣」一節於「齊必有明衣布」
之下。蘇子瞻改《書·洪範》「曰王省惟歲」一節於「五曰曆數」之下，改
《康誥》至止於信」於「未之有也」稽首之上。朱子改《大學》「曰《康誥》
至止於信」於「未之有也」之下，改「《詩》云『瞻彼淇澳』」二節於「止於
信」之下，《論語》「誠不以富」二句於「齊景公有馬千駟」一節之下，《詩·
小雅》以《南陔》足《鹿鳴之什》，而下改為《白華之什》，皆至當，無復可

議。後人倣之，妄生穿鑿。《周禮》五官，互相更調。而王文憲。作《二南相配圖》《洪範經傳圖》，重定《中庸章句圖》，改《某棠》《野有死麢》《何彼襛矣》三篇於王風。仁山金氏本此，改「斂時五福」一節於「五曰考終命」之下，改「惟辟作福」一節於「六曰弱」之下。使鄒、魯之《書》傳於今者，幾無完篇，殆非所謂「畏聖人之言」者矣。

432

又曰：古人之文變化不拘，況六經出自聖人，傳之先古，非後人所敢擅議也。

【探源】顧炎武《日知錄》卷七「考次經文」條：鳳翔袁楷謂：「《文言》有錯入《繫辭》者『鳴鶴在陰』已下七節，自『天祐之』一節，『憧憧往來』已下十一節，此十九節皆《文言》也，即『亢龍有悔』一節之重見，可以明之矣。」遂取此十八節屬於「天玄而地黃」之後，於義亦通。然古人之文變化不拘，況六經出自聖人，傳之先古，非後人所敢擅議也。

433

又曰：讀書不通五經者，必不能通一經。

【探源】顧炎武《日知錄》卷一六「擬題」條：讀書不通五經者，必不能通一經，不當分經試士。且如唐、宋之世，尚有以《老》《莊》諸書命題，如《卮言日出賦》，至相率扣殿檻乞示者。今不過五經，益以《三禮》《三傳》，亦不過九經而已。此而不習，何名為上？《宋史》、「馮元，授江陰尉，時詔流內銓以明經者補學官，元自薦通五經、謝泌笑曰：『古人治一經而至皓首，於尚少，能盡通邪？』對曰：『達者一以貫之。』更問疑義，辨析無滯。」

434

□□□曰：六經自秦煨燼而後，非漢儒專門訓詁，後即有濂、洛大儒，亦無從得不傳之學於遺經，在當時各自名家，至今日而存亡或異，然其源流猶可取而考證也。

【探源】屈大均《翁山文外》卷二《陳議郎集序》：陳議郎何以有集也？屈大均曰：議郎無集也，而為有集也者，以其奏疏二篇，蓋吾粵文之所始也。今夫泉之初出其源，可以濫觴，非至於再，至於三而不成瀆。議郎之文，至於唐而為再矣，至於宋為三矣，至有明則歸海而為溟渤矣。古人祭川先河而後海，有

事於泰山必先有事於配林，重其本也。然則吾論纂廣東文集，先議郎而後及夫唐、宋、明諸家，其亦溯本窮源之微旨乎？嗟夫！吾粵自漢元鼎初即為郡縣，至建武百五十年，議郎父子乃赫然以《春秋》《易》名家，范升宛舌桓譚拱手桓、靈之世，《春秋》乃在交州文學之興，吾粵抑何後於天下耶？當夫光武重興，日月鴻朗，議郎即以立左氏學宮為請，蓋以《春秋》之書有所褒諱貶損，其義謹嚴，非《左氏傳》不能明。人臣之所以不知《春秋》，而為莽之篡弒，雄之阿諛，繇於不知《左氏傳》耳。《左氏傳》蓋《春秋》之梯航也。先是，周顯王時南海人，高固為楚威王太傅以《鐸氏春秋》進於王。鐸氏名椒，其所為書，蓋採取《左氏傳》中成敗卒四十章，名之曰微，使其王易於觀覽，而因固以儌其忠誠者，當是時，揚越新臣於楚，使公師隅築楚庭焉，然其僻在蠻荒，猶然蛟龍雜處，與半祼之民不相上下者也，固豈嘗北學於中國耶？夫子欲居九夷，揚越在當時夷也，乃有固焉能知《春秋》獨早其夫子之神明所注耶？則固亦開吾粵文學之先者耶？初左丘明作《春秋傳》以授魯申，申授吳起，起授其子期，期授楚人鐸椒，椒以授虞卿，其為鐸氏抄撮也，則以授固。議郎生長蒼梧，與南海密邇，豈嘗得固之所傳於椒者以為家學耶？其請列《左氏傳》也，猶夫固之心以是為啟沃耶？嗟夫！光武重興，愛好經術，一時海內學子莫不抱持六藝，雲會東京，議郎與范升、鄭興、杜林、衛宏、劉昆、桓榮之徒以褐衣召見，可不謂榮，而是時皇帝方臨雍自講，議郎以蠻越之人趨蹕其際，左執費氏之《易》，右執左氏之《春秋》，與諸儒進講，終日問難不窮，俾冠帶之倫圜橋門，聽者歡欣鼓舞，以億萬計。自三代以來，未有若斯之盛也。其承詔與范升辯難，書十餘上，詞旨必有可觀，使得與劉歆所移太常博士之書及鄭興父子所通大義、賈逵所上《春秋大義長義》，以抵《公羊》《穀梁》者並存簡編，傳至今日，豈非經學之幸？然左氏之立，歆始之，議郎終之。《左氏傳》所賴以不亡，議郎一疏之力也。所撰諸書與《陳氏春秋》雖皆不存，而其功在聖經已萬世矣。錄之以冠廣東文集，使天下人知二百餘集之權輿，其淵源一本於經學，豈不為嶺海之光乎？嗟夫，六經自秦煨燼而後，非漢儒專門訓詁，後即有濂、雒大儒，亦無從得不傳之學於遺經，在當時各自名家，至今日而存亡或異，然其淵流猶可取而考證。西亭授經之圖具在，吾即據之，以議郎及其父欽為吾粵窮經致用之第一人，將與治《春秋》者奉以為師，以見嶺海人崇尚經學，而能溯流窮源若此，其亦予好古之一端也。夫議郎名元，封川人。

【今按】□□□，文津閣四庫本誤作「黃虞稷」，涉下條而誤。經考證，當為屈大均。
屈大均（1630～1696），初名邵龍，又名邵隆，號非池，字騷余，又字翁山、
介子，號菜圃，漢族，廣東番禺人。進行反清活動。後避禍為僧，中年仍改
儒服。著作多毀於雍正、乾隆兩朝，後人輯有《翁山詩外》《翁山文外》《翁
山易外》《廣東新語》《四朝成仁錄》，合稱「屈沱五書」。

【又按】吾友楊果霖教授總結《經義考》中題稱的標識，以此則為類，歸為「缺錄題
稱」。然全書僅此一例，值得探究。鄧之誠稱「乾隆一朝禁書，以翁山為最
嚴」，故其著述在乾隆朝流傳極稀。考朱彝尊輯纂《明詩綜》及《曝書亭集》，
書中關於屈大均的文字均遭到刪刈和篡改。孫銀槎《曝書亭詩集箋注》成書
於嘉慶五年，尚有顧忌。文禁之嚴，可見一斑。《經義考》此則「缺錄題稱」，
恐為有所顧忌而為。（此處參考陳開林文章）

435

黃虞稷曰：五經，逮婺源朱子出而學益明，雙湖、雲峰、兩胡氏之於《易》，
慶源輔氏之於《詩》，九峰蔡氏之於《書》，勉齋黃氏、信齋楊氏之於《禮》，
清江張氏之於《春秋》，闡明羽翼，等於漢儒家法，而義理過之。

【探源】黃虞稷《授經圖義例序》：六經大義，至宋儒昌明之，而始無遺憾。學者守
為章程，宜也。不知絕續之際，漢儒為難，當日秦書既焚，往聖遺言漸滅殆
盡，幸而去古未遠，間得之屋壁所藏，女子所獻，老生所口述，然而僅矣。
迄學者代興，遐搜博考，或一人集眾是，或數人成一經，要其授受各有師承，
非若後人以意見為予奪也。劉歆遺書博士，謂孝宣時廣立經文，義雖相反，
不嫌並設，與其過而廢之，寧過而立之。旨哉斯言！夾漈鄭氏乃云：「秦焚
書而書存，諸儒窮經而經絕。」於是有指斥漢儒，跡其同異，紛紜為詆訶，
所自起豈知前型未墜，盡信非也，概疑之亦非也。六經之義，如江湖日月，
無所不該解之者，惟其不背於經，斯已爾而，又何同焉。夾漈之言過矣。授
經諸圖見於章氏《考索》，明西亭宗正復加釐定，並採諸儒言行，列為小傳，
由是師友淵源燦如指掌，自漢以後，晨星相望，專家雖不逮漢儒，而亦多有
續承，惜其未暇補入，然傳注義疏序解辨問條犁然各具於圖之左方，覽者因
目以求其書則得矣。是集未經鏤版，黃徵君俞邰向藏寫本，龔主事蘅圃、高
舍人澹人刻之白下，世之師心黨同，薄前賢為不足法，庶幾知所返也。然則
漢儒洵有功於六經，而為功於漢儒者三子，又將與西亭並傳也。夫秀水朱彝

尊彝：自經籍之傳，聖言弘廣，後世未易窺測言之者，人殊其義。於是《易》有施、孟、梁丘、京氏之學，費直晚出，其說盛行於今。《書》則歐陽、大小夏侯為今文，孔安國為古文；《詩》則有齊、魯、韓、毛四家之異；《三禮》則二戴之大小記，高堂生之《儀禮》，劉歆之《周官》；《春秋》則公羊之嚴氏、顏氏，谷梁之瑕丘江公，左氏之賈護、劉歆，各以其家法教授。緣及東京，相仍未改。班、范二書之《儒林傳》與散見於諸列傳者可考也。宋《崇文總目》有圖三卷，緣存而書亡。明萬曆初中尉西亭本其旨，因章俊卿《山堂考索》圖更為細訂，每經之首著凡例數則，其次為授經之圖，又其次為諸儒之行履，有關經術者，節為傳末，則附其所著，而下及於魏晉以來傳注之目，俾後人按籍以求，瞭若掌錄，誠有功經學之書也。惜其所載傳注時有缺誤，而類例亦未盡善，如古本之《易經》上下十傳，各自有書，王弼本始以彖、象、文言係各爻辭之下，《書》則伏生口授之二十九篇先興於齊魯之間，古文後出於孔壁，先儒多疑之者。西亭舊本先後不無參錯，予與龔子蘅圃重為釐正，《易》則以復古為先，《書》則以今文為首，其他經傳之缺軼者，復取歷代史《藝文志》及《通志》《通考》所載，咸為補入，而近代傳注可存者亦間錄焉，視西亭所輯庶幾少備矣乎。然是編也於漢儒略具矣，而有宋諸儒之著述，如藍田、上洛、洛陽、延平則程門之嫡嗣也，金華、新安則伊洛之孫曾也。<u>逮婺源朱子出，而五經之學益明，雙湖、雲峰之於《易》，慶源輔氏之於《詩》，九峰蔡氏之於《書》，勉齋、信齋之於《禮》，清江張氏之於《春秋》，與夫元、明以後諸儒闡明羽翼，亦等於漢儒家法，而義理過之</u>。其源流派別未有序而圖之者，苟得續是編以傳，其為裨益經學不更大乎？世多留意正學之士，予且有厚望矣。溫陵黃虞稷。

【今按】朱彝尊於原文有所竄改。

【又按】黃虞稷（1629～1691），字俞邰，號楮園，福建晉江人。黃居中之子。崇禎中隨其父移居南京。家富藏書。著有《千頃堂書目》。

436

陸隴其曰：諸經皆學者所當用力，今人只專守一經，而於他經則視為沒要緊，此學問所以日陋。

【探源】陸隴其《三魚堂文集》卷六《與席生漢翼》：漢廷科場，一時未能得手，此不足病，因此能奮發自勵，焉知將來不冠多士，但患學不足，不患無際遇也。

─285─

目下用功，不比場前，要多作文，須以看書為急。每日應將《四書》一二章潛心玩味，不可一字放過，先將白文自理會一番，次看本注，次看《大全》，次看《蒙引》，次看《存疑》，次看《淺說》，如此做工夫，一部《四書》既明，讀他書便勢如破竹，時文不必多讀而自會做。至於諸經皆學者所當用力，今人只專守一經，而於他經則視為沒要緊，此學問所以日陋。今賢昆仲當立一志，必欲盡通諸經，自本經而外，未讀者宜漸讀，已讀者當溫習，講究諸經，盡通方成得一個學者。然此猶只是致知之事，聖賢之學不貴能知而貴能行，須將《小學》一書逐句在自己身上省察，日閒動靜與此合否，少有不合，便須愧恥，不可以俗人自待，在長安中尤不宜輕易出門，恐外邊習氣不好，不知不覺被其引誘也。胸中能浸灌於聖賢之道，則引誘不動矣。

【又按】陸隴其（1630～1692），原名龍其，因避諱改名隴其，譜名世穮，字稼書，浙江平湖人，學者稱其為當湖先生。康熙九年（1670）進士，歷官江南嘉定、直隸靈壽知縣、四川道監察御史等，時稱循吏。為學專宗朱子，排斥陸王，被清廷譽為「本朝理學儒臣第一」。追諡清獻，加贈內閣學士兼禮部侍郎銜，從祀孔廟。著有《困勉錄》《讀書志疑》《三魚堂文集》等。

437

又曰：漢儒多求詳於器數，而闊略於義理。聖人之遺言雖賴之以傳，而聖人之精微亦由之而湮。至濂、洛、關、閩諸儒出，即器數而得義理，然後聖人之旨昭若白日，而六經之學於是為盛。

【探源】陸隴其《三魚堂文集》外集卷四《經學》：「六經者，聖人代天地言道之書也。六經未作，道在天地；六經既作，道在六經。自堯、舜以來，眾聖人互相闡發，至孔子而大備，不幸火於秦，微言大義幾於湮沒。至漢興，諸儒索之於爐燼之餘，得之於屋壁之中，收拾殘編斷簡，相與講而傳之，於是言六經者以為始於漢矣。然漢儒多求詳於器數，而闊略於義理。聖人之遺言雖賴之以傳，而聖人之精微亦由之而湮。歷唐及宋，至濂、洛、關、閩諸儒出，即器數而得義理，由漢儒而上溯洙泗，然後聖人之旨昭若白日，而六經之學於是為盛，是故漢、宋之學不可偏廢者也，然其源流得失不可不辨矣。辨其源流猶易，辨其得失則難。辨漢儒之得失猶易，辨宋儒之得失則難。欲辨源流，取兩漢《儒林傳》及《伊洛淵源錄》《考亭淵源錄》閱之，一展卷而昭昭矣。」

【今按】朱彝尊刪去「由漢儒而上溯洙泗」，致使路徑不明。

【又按】《方山薛先生全集》卷三四《折衷》亦云：「人之言曰：聖人未生，道在天地；
聖人既生，道在聖人；聖人既往，道在六經。是六經者，固聖人之道之所寓
也。」

438

按：西漢經師各有家法，其授受流弊，《儒林傳》載之詳矣。其後費直、
京房之說行，而為施、孟、梁丘之《易》者寡；杜林古文興，而為歐陽、大、
小夏侯之《書》者疏；《毛傳》廣而齊、魯、韓詩漸衰；《左傳》立而嚴、顏《春
秋》幾輟。范《史》述儒林不能如班氏之備，稽之歐陽子、趙氏、洪氏所錄碑
碣，治梁丘《易》則有重安侯相杜暉慈明，治歐陽《書》則有郎中王政季輔、
鄭固伯堅、綏氏、校尉熊喬、郊令景君，又有閭葵、龔叔謙；治小夏侯《書》
則有閭葵、廉仲絜；治《魯詩》則有司隸校尉魯峻仲嚴、執金吾丞武榮含和；
治《韓詩》則有郎中馬江元海、山陽太守祝睦元德、廣漢屬國都尉丁魴叔河、
從事武梁綏宗、費縣令田君、中常侍樊安子祐；治《嚴氏春秋》則有祝睦、處
士閭葵、班宣高、暨子讓公謙、泰山都尉孔宙季將、巴郡太守樊敏升達、祝
長、嚴欣少通、文學掾百石卒史孔龢；治《顏氏春秋》則有魯峻。此皆史傳所
不載，考古君子續九經師授之譜所當補入者也。

【探源】待考。

【今按】此為朱彝尊所加按語，《曝書亭集》失收。

439

【又按】五經始出，多係古文，辭義艱晦，非得訓故，其何能通？博士
轉相授受，不無異同。石渠、虎觀，講說紛綸，帝臨親決，歷久而後論定。漢
之經師用力勤而訓義艱，有功於經大矣。而又兢兢各守其師說，遇文有錯互，
一字一句不敢移易，其尊經也至，莫有侮聖人之言者。平心以揆之，漢人亦
何罪之有？乃宋人之論，謂《詩》因《序》而亡，經因窮而絕，至以訓詁之害
等於秦火之燔，毋乃過與？嗚呼！帖括盛而經義微，語錄多而經義少，於是
孔子之廡配食，祧漢而躋宋，說經者退，而高談性命者始得進矣。

【探源】待考。

【今按】此為朱彝尊所加按語，《曝書亭集》失收。

440

【又按】五經垂世，昔賢方之於海，比之日月，久而常新，挹而不竭，蓋合羲、農、軒、堯、舜、禹、湯、文、武、周公、孔子數聖人而成，非一人一家之言也。朱子注《論語》，從《禮記》中摘出《中庸》《大學》，為之章句，配以《孟子》，題曰「四書」，諄諄誨人，以讀書之法，先從四子始。由是淳熙而後，諸家解釋《四書》漸多於說經者矣。元皇慶二年，定為考試程式。凡漢人、南人第一場試經疑二問，於《大學》《論語》《孟子》《中庸》內出題，並用朱氏《章句集注》。經義一道，各治一經，若蒙古、色目人第一場試經問五條，以《大學》《論語》《孟子》《中庸》內設問，亦用朱氏《章句集注》，則舍五經而專治《四書》矣。明代因之。學使者校士，以及府、州、縣試，專以《四書》發題，惟鄉、會試有經義四道，然亦先《四書》而後經，沿習既久，士子於經義僅涉略而已。至於習《禮》者恒刪去經文之大半，習《春秋》者置《左氏傳》不觀，問以事之本末，茫然不知，經學於是乎日微。海其可枯乎？日月其可晦乎？此學者之所深懼也。檮昧之見，斟今酌古，謂試士之法，學使而下，宜經書並試，先經後書，鄉會試亦然，蓋書所同而經所獨，專精其所獨而同焉者不肯後於人，則經義書義庶幾並治矣。若夫元人之試經義，《詩》以朱氏為主，《尚書》以蔡氏為主，《周易》以程氏、朱氏為主，三經兼用古注疏，《春秋》許用《三傳》及《胡氏傳》，《禮記》用古注疏。迨明洪武中損益之，《春秋》得兼用張洽《集注》，《禮記》則用陳澔《集說》，要仍不廢古注疏，而永樂諸臣纂修《大全》，類攘竊一家之書以為書，廢注疏而不采，先與取士程式不協，何得謂之「大全」乎？所當核諸書所本，各還原著書之人，別事纂修可也。

【探源】語見朱彝尊《曝書亭集》卷六十《經書取士議》。

貞、《經義考‧通說四‧說緯》探源

441

桓譚曰：凡人情忽於見事，而貴於異聞。觀先王之所紀述，咸以仁義正道為本，非有奇怪虛誕之事。蓋天道性命，聖人所難言也。自子貢以下不得而聞，況後世淺儒能通之乎？今諸巧慧小才技數之人，增益圖書，矯稱讖記，以欺惑貪邪，詿誤人主，焉可不抑遠之哉！其事雖有時合，譬猶十數隻偶之類。

【探源】南朝宋范曄《後漢書》卷五八上《桓譚傳》：是時，帝方信讖，多以決定嫌疑。又酬賞少薄，天下不時安定。譚復上疏曰：「臣前獻瞽言，未蒙詔報，不勝憤懣，冒死得陳。愚夫策謀，有益於政道者，以合人心而得事理也。<u>凡人情忽於見事，而貴於異聞。觀先王之所記述，咸以仁義正道為本，非有奇怪虛誕之事。蓋天道性命，聖人所難言也。自子貢以下不得而聞，況後世淺儒能通之乎？今諸巧慧小才伎數之人，增益圖書，矯稱讖記，以欺惑貪邪，詿誤人主，焉可不抑遠之哉！</u>臣譚伏聞陛下窮折方士黃白之術，甚為明矣；而乃欲聽納讖記，又何誤也！<u>其事雖有時合，譬猶卜數隻偶之類。</u>陛下宜垂明聽，發聖意，屏群小之曲說，述五經之正義，略雷同之俗語，詳通人之雅謀。又臣聞，安平則尊道術之士，有難則貴介冑之臣。今聖朝興復祖統，為人臣主，而四方盜賊未盡歸伏者，此權謀未得也。臣譚伏觀陛下用兵，諸所降下，既無重賞以相恩誘，或至虜掠奪其財物，是以兵長渠率，各生孤疑，黨輩連結，歲月不解。古人有言曰：『天下皆知取之為取，而莫知與之為取。』陛下誠能輕爵重賞，與士共之，則何招而不至，何說而不釋，何向而不開，

何征而不克！如此，則能以狹為廣，以遲為速，亡者復存，失者復得矣。」帝省奏，愈不悅。其後，有詔會議靈臺所處，帝謂譚曰：「吾欲以讖決之，何如？」譚默然良久，曰：「臣不讀讖。」帝問其故，譚復極言讖之非經。帝大怒曰：「桓譚非聖無法，將下斬之！」譚叩頭流血，良久乃得解。出為六安郡丞，意忽忽不樂，道病卒，時年七十餘。

442

又曰：讖出河圖、洛書，但有朕兆，而不可知。後人妄復加增，依託稱自孔子，誤之甚也。

【探源】明陳耀文《經典稽疑》卷下引桓譚《新論》：「讖出河圖、洛書，但有朕兆，而不可知。後人復妄加，依託稱是孔丘，誤之甚也。」

【今按】鍾泰《中國哲學史第二編·中古哲學史第一章·兩漢儒學之盛》：降至哀、平之際，讖緯流行。光武紹復舊物，亦以赤符自累。至正五經章句，皆命從讖。於是以陰陽穿鑿說理，以圖緯附會徵信。始之陰陽折入於儒者，終乃儒為陰陽所奪。以鄭康成（玄）東漢大儒，而解經時取諸緯，又為諸緯做法，其他又何說乎？當讖記盛時，桓譚獨以非讖見放，今觀其言曰：「凡人情忽於見事而貴於異聞，觀先王之所記述，咸以信義正道為本，非有奇怪虛誕之事。」「今諸巧慧小才伎數之人，增益圖書，矯稱讖記，以欺惑貪邪，詿誤人主。……其事雖有時合，譬猶卜數隻偶之類。」又曰：「讖出河圖、洛書，但有朕兆，而不可知。後人妄復加增依託，稱自孔子，誤之甚也。」（《後漢書·桓譚傳》）其後張衡亦言：「讖者，虛偽之徒以要世取資，或復采前世成事，以為證驗。譬猶畫工惡圖犬馬，而好作鬼魅，誠以實事難形，而虛偽不窮也。」（《衡傳》）夫罔人者其害小，而賊理者其害大。以陰陽讖緯言學，而學乃不得不晦矣。是故儒術之盛，漢儒之功；而陰陽讖緯之行，亦漢人之罪。

443

張衡曰：聖人明審律曆，以定吉凶，重之以卜筮，雜之以九宮，經天驗道，本盡於此。或觀星辰逆順、寒燠所由，或察龜策之占、巫覡之言，其所因者，非一術也。立言於前，有徵於後，故智者貴焉，謂之讖書。讖書始出，蓋知之者寡。自漢取秦，用兵力戰，功成業遂，可謂大事。當此之時，莫或稱讖。若夏侯勝、眭孟之徒，以道術立名，其所述著，無讖一言。劉向父子領校

秘書，閱定九流，亦無讖錄。成、哀之後，乃始聞之。《尚書》堯使鯀理洪水，九載績用不成，鯀則殛死，禹乃嗣興，而《春秋讖》云共工理水。凡讖皆云黃帝伐蚩尤，而《詩讖》獨以為蚩尤敗，然後堯受命。《春秋元命包》中有公輸班與墨翟事，見戰國，非春秋時也。又言「別有益州」。益州之置在於漢世，其名三輔諸陵，世數可知。至於圖中，訖於成帝，一卷之書，互異數事，聖人之言，勢無若是，殆必虛偽之徒以要世取資。往者，侍中賈逵摘讖互異三十餘事，諸言讖者皆不能說。至於王莽篡位，漢世大禍，八十篇何為不戒，則知圖讖成於哀、平之世也。且河洛、六藝篇錄已定，後人皮傅，無所容篡。永元中，清河宋景遂以歷紀推言水災，而偽稱洞視玉版；或者至於棄家業，入山林，後皆無效，而復采前世成事以為證驗。至於永建復統，則不能知。此皆欺世罔俗，以昧勢位，情偽較然，莫知糾禁。且律曆、卦候、九宮、風角，數有徵效，世莫肯學，而競稱不占之書。譬猶畫工，惡圖犬馬，而好作鬼魅，誠以實事難形，而虛偽不窮也。宜收藏圖讖，一禁絕之，則朱紫無所眩，典籍無瑕玷矣。

【探源】南朝宋范曄《後漢書》卷八九《張衡傳》：初，光武善讖，及顯宗、肅宗因祖述焉。自中興之後，儒者爭學圖緯，兼復附以訞言。衡以圖緯虛妄，非聖人之法，乃上疏曰：「臣聞，聖人明審律曆以定吉凶，重之以卜筮，雜之以九宮，經天驗道，本盡於此。或觀星辰逆順，寒燠所由，或察龜策之占，巫覡之言，其所因者，非一術也。立言於前，有徵於後，故智者貴焉，謂之讖書。讖書始出，蓋知之者寡。自漢取秦，用兵力戰，功成業遂，可謂大事。當此之時，莫或稱讖。若夏侯勝、眭孟之徒，以道術立名，其所述著，無讖一言。劉向父子領校秘書，閱定九流，亦無讖錄。成、哀之後，乃始聞之。《尚書》堯使鯀理洪水，九載績用不成，鯀則殛死，禹乃嗣興。而《春秋讖》云共工理水。凡讖皆云黃帝伐蚩尤，而《詩讖》獨以為蚩尤敗，然後堯受命。《春秋元命包》中有公輸班與墨翟，事見戰國，非春秋時也。又言別有益州。益州之置，在於漢世。其名三輔諸陵，世數可知。至於圖中，訖於成帝。一卷之書，互異數事，聖人之言，勢無若是，殆必虛偽之徒以要世取資。往者，侍中賈逵摘讖互異三十餘事，諸言讖者皆不能說。至於王莽篡位，漢世大禍，八十篇何為不戒？則知圖讖成於哀、平之際也。且河洛、六藝，篇錄已定，後人皮傅，無所容篡。永元中，清河宋景遂以歷紀推言水災，而偽稱洞視玉版。或者至於棄家業，入山林。後皆無效，而復采前世成事，以為證驗。至

於永建復統，則不能知。此皆欺世罔俗，以昧勢位，情偽較然，莫之糾禁。且律曆、封候、九宮、風角，數有徵效，世莫肯學，而競稱不占之書。譬猶畫工，惡圖犬馬，而好作鬼魅，誠以實事難形，而虛偽不窮也。宜收藏圖讖，一禁絕之，則朱紫無所眩，典籍無瑕玷矣。」

444

尹敏曰：讖書非聖人所作，其中多近鄙別字，頗類世俗之辭，恐疑誤後生。

【探源】東漢劉珍《東觀漢記》卷十六《尹敏》：尹敏，字幼季，拜郎中，闢大司空府。上以敏博通經記，令校圖讖，敏對曰：「讖書非聖人所作，其中多近鄙別字，頗類世俗之辭，恐疑誤後生。」遷長陵令。永平五年，詔書捕男子周慮，慮素有名字，與敏善，過侯敏坐，繫免官，出乃歎曰：「瘖聾之徒，真世之有道者也，何謂察察而遇斯禍也？」敏與班彪親善，每相遇，與談常日旰忘食，晝即至暝，夜則達旦。彪曰：「相與久語，為俗人所怪。然鍾子期死，伯牙破琴，曷為陶陶哉！」

【今按】南朝宋范曄《後漢書》卷七九上《儒林列傳》：尹敏，字幼季，南陽堵陽人也。少為諸生。初習《歐陽尚書》，後受《古文》，兼善《毛詩》《穀梁》《左氏春秋》。建武二年，上疏陳《洪範》消災之術。時，世祖方草創天下，未遑其事，命敏待詔公車，拜郎中，闢大司空府。帝以敏博通經記，令校圖讖，使蠲去崔發所為王莽著錄次比。敏對曰：「讖書非聖人所作，其中多近鄙別字，頗類世俗之辭，恐疑誤後生。」帝不納。敏因其闕文，增之曰：「君無口，為漢輔。」帝見而怪之，召敏問其故。敏對曰：「臣見前人增損圖書，敢不自量，竊幸萬一。」帝深非之，雖竟不罪，而亦以此沉滯。與班彪親善，每相遇，輒日旰忘食，夜分不寢，自以為鍾期、伯牙，莊周、惠施之相得也。後三遷長陵令。永平五年，詔書捕男子周慮。慮素有名稱，而善於敏，敏坐繫免官。及出，歎曰：「暗聾之徒，真世之有道者也。何謂察察而遇斯患乎？」十一年，除郎中，遷諫議大夫。卒於家。

【又按】明顧炎武《日知錄》卷十八「別字」條亦云：「《後漢書·儒林書》：『讖書非聖人所作，其中多近鄙別字。』近鄙者，猶今俗用之字；別字者，本當為此字，而誤為彼字也。今人謂之白字，乃『別』音之轉。」

445

班固曰：聖人作經，賢者緯之。

【探源】班固《漢書‧敘傳》：「登孔顥而上下兮，緯群龍之所經。」應劭曰：「顥，太顥也。孔，孔子也。群龍，喻群聖也。自伏羲下訖孔子，終始天道備矣。」孟康曰：「孔，甚也。顥，大也。聖人作經，賢者緯之也。」師古曰：「應說孔顥是也，孟說經緯是也。」

【今按】此處將孟康之注文誤讀為班固之正文，魯莽滅裂，不足為訓。

446

蘇竟曰：孔丘秘經，為漢赤制，玄包幽室，文隱□（事）明。

【探源】南朝宋范曄《後漢書》卷六十上《蘇竟傳》：「夫孔丘秘經，為漢赤制，玄包幽室，文隱事明。」李賢注：「秘經，幽秘之經，即緯書也。赤制，解見《郅鄆傳》。包，藏也，言緯書玄秘，藏於幽室。文雖微隱，事甚明驗。」赤制，讖緯家指漢朝的國運。《後漢書‧公孫述傳》：「（公孫述）以為孔子作《春秋》，為赤制而斷十二公，明漢至平帝十二代，曆數盡也，一姓不得再受命。」《後漢書‧郅鄆傳》：「漢歷久長，孔為赤制，不使愚惑，殘人亂時。」李賢注：「言孔丘作緯，著曆運之期，為漢家之制。漢火德尚赤，故云為赤制，即《春秋感精符》云『墨孔生為赤制』是也。」

【今按】蘇竟（約公元前40～公元30），字伯況，扶風平陵人。平帝時，以明《易》為博士，講書祭酒。善圖緯，通百家之學。王莽時，與劉歆等典校書。拜代郡中尉。時匈奴擾邊，代獨得全。光武即位，拜代郡太守，建武五年（29），以疾篤詣京師，拜侍中。數月免，卒於家。

447

王充曰：神怪之言，皆在讖記，所表皆效圖書。

【探源】漢王充《論衡》卷二六《實知篇》：儒者論聖人，以為前知千歲，後知萬事，有獨見之明，獨聽之聰，事來則名，不學自知，不問自曉，故稱聖，則神矣。若蓍龜之知吉凶，蓍草稱神，龜稱靈矣。賢者才下不能及，智劣不能料，故謂之賢。夫名異則實殊，質同則稱鈞，以聖名論之，知聖人卓絕，與賢殊也。孔子將死，遺讖書，曰：「不知何一男子，自謂秦始皇，上我之堂，踞我之床，顛倒我衣裳，至沙丘而亡。」其後，秦王兼吞天下，號始皇，巡狩至魯，

觀孔子宅，乃至沙丘，道病而崩。又曰：「董仲舒，亂我書。」其後，江都相董仲舒，論思《春秋》，造著傳記。又書曰：「亡秦者，胡也。」其後，二世胡亥，竟亡天下。用三者論之，聖人後知萬世之效也。孔子生不知其父，若母匿之，吹律自知殷宋大夫子氏之世也。不案圖書，不聞人言，吹律精思，自知其世，聖人前知千歲之驗也。曰：此皆虛也。案：<u>神怪之言，皆在讖記，所表皆效圖書</u>。「亡秦者胡」，《河圖》之文也。孔子條暢增益以表神怪，或後人詐記，以明效驗。高皇帝封吳王，送之，拊其背曰：「漢後五十年，東南有反者，豈汝邪？」到景帝時，濞與七國通謀反漢。建此言者，或時觀氣見象，處其有反，不知主名。高祖見濞之勇，則謂之是。原此以論，孔子見始皇、仲舒，或時但言「將有觀我之宅」、「亂我之書」者，後人見始皇入其宅，仲舒讀其書，則增益其辭，著其主名。如孔子神而空見始皇、仲舒，則其自為殷後子氏之世，亦當默而知之，無為吹律以自定也。孔子不吹律，不能立其姓，及其見始皇，睹仲舒，亦復以吹律之類矣。案始皇本事，始皇不至魯，安得上孔子之堂，踞孔子之床，顛倒孔子之衣裳乎？始皇三十七年十月癸丑出遊，至雲夢，望祀虞舜於九嶷。浮江下，觀藉柯，度梅渚，過丹陽，至錢唐，臨浙江，濤惡，乃西百二十里，從陝中度，上會稽，祭大禹，立石刊頌，望於南海。還過，從江乘，旁海上，北至琅邪。自琅邪北至勞、成山，因至之罘，遂並海，西至平原津而病，崩於沙丘平臺。既不至魯，讖記何見而云始皇至魯？至魯未可知，其言孔子曰「不知何一男子」之言，亦未可用。「不知何一男子」之言不可用，則言「董仲舒亂我書」亦復不可信也。行事，文記謫常人言耳，非天地之書，則皆緣前因古，有所據狀。如無聞見，則無所狀。凡聖人見禍福也，亦揆端推類，原始見終，從閭巷論朝堂，由昭昭察冥冥。讖書秘文，遠見未然，空虛暗昧，豫睹未有，達聞暫見，卓譎怪神，若非庸口所能言。

448

韓敕曰：八皇三代，至孔乃備。三陽吐圖，二陰出讖。

【探源】宋洪适《隸釋》卷一《漢魯相造孔廟禮器碑》：皇戲統華胥，承天畫卦。顏育空桑，孔制元孝。俱祖紫宮，大一所授。前門九頭，以什言教。後封百王，獲麟來吐。制不空作，承天之語。乾元以來，三九之載。<u>八皇三代，至孔乃備</u>。聖人不世，期五百載。<u>三陽吐圖，二陰出讖</u>。制作之義，以俟知奧。

449

荀悅曰：世稱緯書仲尼之作，臣悅叔父故司空爽辯之，蓋發其偽也。或曰：「以己雜仲尼乎？以仲尼雜己乎？」若彼者，以仲尼雜己而已。然則所謂八十一首，非仲尼之作矣。或曰：「燔諸？」曰：「仲尼之作則否，有取焉則可，曷其燔？」

【探源】漢荀悅《申鑒》卷三《俗嫌第三》：世稱緯書仲尼之作也，臣悅叔父故司空爽辨之，蓋發其偽也。有起於中興之前，終張之徒之作乎？或曰：「雜曰以己雜仲尼乎？以仲尼雜己乎？」若彼者，以仲尼雜己而已。然則可謂八十一首，非仲尼之作矣。或曰：「燔諸？」曰：「仲尼之作則否，有取焉則可，曷其燔？」在上者不受虛言，不聽浮術，不采華名，不興偽事，言必有用，術必有典，名必有實，事必有功。

【今按】「世稱緯書仲尼之作也。」黃省曾注：「世之說者，謂孔子既敘六經，以明天人之道，知後世不能稽同其意，故別立緯及讖以遺來世。光武之世，篤信斯術，學者風靡，是以桓譚、張衡輩常發其虛偽矣。」「臣悅叔父故司空爽辨之，蓋發其偽也。」黃省曾注：「爽字慈明，董卓輔政，徵之爽，欲遁，命吏持之，急不得去，因復就拜平原相，行至宛陵，復追為光祿勳，視事三日，進拜司空。爽見董卓忍暴滋甚，必危社稷，其所辟舉皆取才略之士將共圖之，亦與司徒王允及卓長史何顒等為內謀，會病薨。常著《禮》《易傳》《詩傳》《尚書正經》《春秋條例》《公羊問》《辨讖》等篇。按：爽父淑有子八人：儉、緄、靖、燾、汪、爽、肅、專，而悅則儉之子，故爽於悅為叔父。所謂《辨讖》，即其發偽之書也。」「有起於中興之前，終張之徒之作乎？」黃省曾注：「起於哀、平。」

450

孟達曰：夫不經之言而有驗應者，號曰世讖也。

【探源】唐虞世南《北堂書抄》卷九六：「不經之言，號曰世讖。」明陳禹謨補注：「《蜀志》：孟達與劉封書云：『夫不經之言而有驗應者，號曰世讖也。』」

【今按】孟達（？～228），字子度，本字子敬，因劉備的叔父名叫劉子敬，為避諱而改字。扶風郡郿人，三國時期人物。本為劉璋屬下，後降劉備。關羽圍樊城、襄陽時因不發兵救關羽而觸怒劉備，於是投奔曹魏，在魏官至建武將軍，封平陽亭侯。此後又欲反曹魏而歸蜀漢，事敗而死。

451

劉熙曰：緯，圍也，反覆圍繞以成經也。圖，度也，盡其品度也。讖，纖
也，其義纖微也。

【探源】漢劉熙《釋名》卷六《釋典藝》：三墳，墳，分也，論三才之分，天地人之
治，其體有三也。五典，典，鎮也，制法所以鎮定上下，其等有五也。八索，
索，素也，著素王之法，若孔子者聖而不王，制此法者有八也。九丘，丘，
區也，區別九州，土氣教化所宜施者也。此皆三王以前上古羲皇時書也。今
皆亡，惟堯典存也。經，徑也，如徑路無所不通，可常用也。緯，圍也，反
覆圍繞以成經也。圖，度也，盡其品度也。讖，纖也，其義纖微也。易，易
也，言變易也。禮，體也，得其事體也。儀，宜也，得事宜也。

452

摯虞曰：圖讖之屬，雖非正文之制，然取其縱橫有義，反覆成章。

【探源】唐虞世南《北堂書抄》卷一〇〇：「縱橫有義，反覆成章。」明陳禹謨補注：
「摯虞《文章流別論》云：『圖讖之屬，雖非正文之制，然以取其縱橫有義，
反覆成章。』《御定淵鑑類函》卷一九六同。今按，《御定淵鑑類函》係抄
襲前代類書而成。康熙序云：「命儒臣逐稽旁搜，泝洄往籍，網羅近代，增
其所無，詳其所略，參伍錯綜，以摛其異，探賾索隱，以約其同。要之，不
離乎以類相從，而類始備焉。書成，計四百五十卷。夫自有類書迄於今千有
餘年，而集其大成。」

【今按】摯虞（250～300），字仲洽，京兆長安人。泰始年間舉賢良，擔任中郎，後
任太子舍人、聞喜縣令、尚書郎。元康年間，遷任吳王之友，後歷任秘書監、
衛尉卿、光祿勳、太常卿。後因遭亂餓死。著有《族姓昭穆》《文章志》，注
解《三輔決錄》等。

453

范曄曰：桓譚以不善讖流亡，鄭興以遜辭僅免。賈逵能附會文致，最差
貴顯。世主以此論學，悲矣哉！

【探源】范曄《後漢書》卷六六論曰：「鄭、賈之學，行乎數百年中，遂為諸儒宗，
亦徒有以焉爾。桓譚以不善讖流亡，鄭興以遜辭僅免。賈逵能附會文致，最
差貴顯。世主以此論學，悲矣哉！」

【今按】范曄（398～445），字蔚宗，順陽郡（今河南淅川）人，南朝宋官員、史學家、文學家，東晉安北將軍范汪曾孫、豫章太守范甯之孫、侍中范泰之子。出身士族家庭，博覽群書。元熙二年（420），出任冠軍長史，遷秘書丞、新蔡太守；元嘉九年（432），得罪司徒劉義康，貶為宣城太守，遷寧朔將軍。元嘉十七年（440），投靠始興王，歷任後將軍長史、南下邳太守、左衛將軍、太子詹事。元嘉二十二年（445），隨從孔熙先擁戴彭城王劉義康即位，事敗被殺。著有《後漢書》。

454

又曰：河洛之文，龜龍之圖，箕子之術，師曠之書，緯候之部，鈐決之符，皆所以探抽冥賾，參驗人區，時有可聞者焉。漢自武帝好方術後，王莽矯用符命，及光武猶信讖言，士之赴趨時宜者，皆馳騁穿鑿爭談之，故王梁、孫咸名應圖籙，越登槐鼎之（位）〔任〕；鄭興、賈逵以附同稱顯，桓譚、尹敏以乖忤淪敗。自是習為內學，尚奇文，貴異數，不乏於時矣。

【探源】《後漢書》卷八二上《方術列傳第七十二上》：仲尼稱《易》有君子之道四焉，曰「卜筮者尚其占」。占也者，先王所以定禍福，決嫌疑，幽贊於神明，遂知來物者也。若夫陰陽推步之學，往往見於墳記矣。然神經怪牒、玉策金繩，關局於明靈之府、封滕於瑤壇之上者，靡得而窺也。至乃河洛之文，龜龍之圖，箕子之術，師曠之書，緯候之部，鈐決之符，皆所以探抽冥賾、參驗人區，時有可聞者焉。其流又有風角、遁甲、七政、元氣、六日七分、逢占、日者、挺專、須臾、孤虛之術，乃望雲省氣，推處祥妖，時亦有以傚於事也。而斯道隱遠，玄奧難原，故聖人不語怪神，罕言性命。或開末而抑其端，或曲辭以章其義，所謂「民可使由之，不可使知之」。漢自武帝頗好方術，天下懷協道藝之士，莫不負策抵掌，順風而屆焉。後王莽矯用符命，及光武尤信讖言，士之赴趨時宜者，皆騁馳穿鑿，爭談之也。故王梁、孫咸，名應圖籙，越登槐鼎之任；鄭興、賈逵，以附同稱顯；桓譚、尹敏，以乖忤淪敗。自是習為內學，尚奇文，貴異數，不乏於時矣。是以通儒碩生，忿其妖妄不經，奏議慷慨，以為宜見藏擯。子長亦云：「觀陰陽之書，使人拘而多忌。」蓋為此也。

455

蕭綺曰：童謠信於春秋，讖辭煩於漢末。

【探源】此實出自王嘉《拾遺記》卷七。

【今按】蕭綺，南朝梁小說家，蘭陵（今江蘇常州西北）人。生卒年不詳。曾將秦王
　　　　嘉已散佚的《拾遺記》重新整理成書，並加以「錄曰」，對《拾遺記》補證、
　　　　發揮和評價，間評藝術特點，如《虞舜》篇錄曰：「特取其愛博多奇之間，
　　　　錄其廣異宏麗之靡矣。」「茫茫遐邈，眇眇流文，百家迂闊，各尚斯異，非
　　　　守文於一說者矣。」

456

劉勰曰：六經彪炳，而緯候稠疊；《孝》《論》昭晰，而《鉤》《讖》葳蕤。
按經驗緯，其偽有四：蓋緯之成經，其猶織綜，絲麻不雜，布帛乃成。今經正
緯奇，倍摘千里，其偽一矣。經顯，聖訓也；緯隱，神教也。聖訓宜廣，神教
宜約，而今緯多於經，神理更繁，其偽二矣。有命自天，乃稱符讖，而八十一
篇皆託於孔子，則是堯造綠圖，昌制丹書，其偽三矣。商、周以前，圖錄頻
見，春秋之末，群經方備，先緯後經，體乖織綜，其偽四矣。偽既倍摘，則義
異自明，經足訓矣，緯何豫焉？乃伎數之士，附以詭術，或說陰陽，或序災
異，若鳥鳴似語，蟲葉成字，篇條滋蔓，必假孔氏，通儒討覈，謂起哀、平，
東序秘寶，朱紫亂矣。至於光武之世，篤信斯術。風化所靡，學者比肩。沛獻
集緯以通經，曹褒撰讖以定禮，乖道謬典，亦已甚矣。是以桓譚疾其虛偽，尹
敏戲其深瑕，張衡發其僻謬，荀悅明其詭誕：四賢博練，論之精矣。

【探源】梁劉勰《文心雕龍》卷一《正緯第四》：夫神道闡幽，天命微顯，馬龍出而
　　　　大《易》興，神龜見而《洪範》耀，故《繫辭》稱「河出圖，洛出書，聖人
　　　　則之」，斯之謂也。但世夐文隱，好生矯誕，真雖存矣，偽亦憑焉。夫六經
　　　　彪炳，而緯候稠疊；《孝》《論》昭晰，而《鉤》《讖》葳蕤。按經驗緯，其
　　　　偽有四：蓋緯之成經，其猶織綜，絲麻不雜，布帛乃成。今經正緯奇，倍摘
　　　　千里，其偽一矣。經顯，聖訓也；緯隱，神教也。聖訓宜廣，神教宜約，而
　　　　今緯多於經，神理更繁，其偽二矣。有命自天，乃稱符讖，而八十一篇皆託
　　　　於孔子，則是堯造綠圖，昌制丹書，其偽三矣。商、周以前，圖錄頻見，春
　　　　秋之末，群經方備，先緯後經，體乖織綜，其偽四矣。偽既倍摘，則義異自
　　　　明，經足訓矣，緯何豫焉？原夫圖籙之見，乃昊天休命，事以瑞聖，義非配

經。故河不出圖，夫子有歎，如或可造，無勞喟然。昔康王河圖，陳於東序，
故知前世符命，歷代寶傳，仲尼所撰，序錄而已。於是伎數之士，附以詭術，
或說陰陽，或序災異，若鳥鳴似語，蟲葉成字，篇條滋蔓，必假孔氏，通儒
討覈，謂起哀平，東序秘寶，朱紫亂矣。至於光武之世，篤信斯術。風化所
靡，學者比肩。沛獻集緯以通經，曹襃選讖以定禮，乖道謬典，亦已甚矣。
是以桓譚疾其虛偽，尹敏戲其深瑕，張衡發其僻謬，荀悅明其詭誕：四賢博
練，論之精矣。若乃羲、農、軒、皞之源，山瀆、鍾律之要，白魚、赤烏之
符，黃金、紫玉之瑞，事豐奇偉，辭富膏腴，無益經典，而有助文章。是以
後來辭人，採摭英華。平子恐其迷學，奏令禁絕；仲豫惜其雜真，未許煨燔。
前代配經，故詳論焉。贊曰：榮河溫洛，是孕圖緯。神寶藏用，理隱文貴。
世歷二漢，朱紫騰沸。芟夷譎詭，糅其雕蔚。

【今按】劉勰（約 465～約 520），字彥和，生於京口（今鎮江），祖籍山東莒縣東莞
鎮大沈莊（大沈劉莊）。曾官縣令、步兵校尉、宮中通事舍人。著有《文心
雕龍》。

457

劉昭曰：緯候眾書，宗貴神鬼，出沒隱顯，動挾誕怪，該核陰陽，徼迎起
伏，或有先徵，時能後驗。故守寄構思，雜稱曉輔。通儒達好，時略文滯。公
輸益州，具於張衡之詰。無口漢輔，炳乎尹敏之諷。圖讖紛偽，其俗多矣。

【探源】《後漢書》卷三四劉昭補注：應劭曰：自上安下曰尉，武官悉以為稱。《前書》
曰秦官，鄭玄注《月令》亦曰秦官。《尚書中候》云舜為太尉，束皙據非秦
官，以此追難玄焉。臣昭曰：緯候眾書，宗貴神詭，出沒隱顯，動挾誕怪，
該核陰陽，徼迎起伏，或有先徵，時能後驗。故守寄構思，雜稱曉輔。通儒
達好，時略文滯。公輸益州，具於張衡之詰。無口漢輔，炳乎尹敏之諷。圖
讖紛偽，其俗多矣。太尉官實司天，虞舜作宰，璿衡賦政，將是據後位以書
前，非唐官之實號乎？太尉所職，即舜所掌，遂以同掌追稱太尉，乃《中候》
之妄，蓋非官之為謬。康成淵博，自注《中候》，裁及注《禮》，而忘舜位，
豈其實哉？此是不發譏於《中候》，而正之於《月令》也。廣微之誚，未探
碩意。《說苑》曰：「當堯之時，舜為司徒。」《新論》曰：「昔堯試於大麓者，
領錄天子事，如今尚書官矣。」《古史考》曰：「舜居百揆，總領百事。說者
以百揆，堯初別置於周，更名冢宰，斯其然矣。」

【今按】劉昭，字宣卿，平原高唐人。晉太尉寔九世孫。祖伯龍，居父憂以孝聞，宋
武帝敕皇太子諸王並往弔慰，官至少府卿。父彤，齊征虜晉安王記室。昭幼
清警，通《老》《莊》義。及長，勤學善屬文，外兄江淹早相稱賞。梁天監
中，累遷中軍臨川王記室。初，昭伯父彤，集眾家《晉書》，注干寶《晉紀》
為四十卷，至昭，集《後漢》同異以注范曄《後漢》，世稱博悉。卒於剡令。
又有文集十卷。

458

《隋書‧經籍志》曰：說者云，孔子既敘六經，以明天人之道，知後世不
能稽同其意，故別立緯及讖，以遺來世。其書出於前漢，有《河圖》九篇，《洛
書》六篇，云自黃帝至周文王所受本文。又別有三十篇，云自初起至於孔子，
九聖之所增演，以廣其意。又有《七經緯》三十六篇，並云孔子所作，並前合
為八十一篇。而又有《尚書中候》《洛罪級》《五行傳》《詩推度災》《氾曆樞》
《含神霧》《孝經勾命決》《援神契》《雜讖》等書。漢代有郗氏、袁氏說。漢
末郎中郗萌集圖緯讖雜占為五十篇，謂之《春秋災異》。宋均、鄭玄並為讖律
之注。然其文辭淺俗，顛倒舛謬，不類聖人之旨。相傳疑世人造為之後，或者
又加點竄，非其實錄。起王莽好符命，光武以圖讖興，遂盛行於世。漢時，又
詔東平王蒼正五經章句，皆命從讖。俗儒趨時，益為其學，篇卷第目，轉加增
廣。言五經者皆憑讖為說。……至宋大明中，始禁圖讖。梁天監以後，又重其
制。及高祖受禪，禁之逾切。煬帝即位，乃發使四出，搜天下書籍，與讖緯相
涉者皆焚之，為吏所糾者至死。自是無復其學，秘府之內，亦多散亡。

【探源】《隋書‧經籍志》曰：《易》曰：「河出圖，洛出書。」然則聖人之受命也，
必因積德累業，豐功厚利，誠著天地，澤被生人，萬物之所歸往，神明之所
福饗，則有天命之應。蓋龜龍銜負，出於河、洛，以紀易代之征，其理幽昧，
究極神道。先王恐其惑人，秘而不傳。<u>說者又云，孔子既敘六經，以明天人
之道，知後世不能稽同其意，故別立緯及讖，以遺來世。其書出於前漢，有
《河圖》九篇，《洛書》六篇，云自黃帝至周文王所受本文。又別有三十篇，
云自初起至於孔子，九聖之所增演，以廣其意。又有《七經緯》三十六篇，
並云孔子所作，並前合為八十一篇。而又有《尚書中候》《洛罪級》《五行傳》
《詩推度災》《氾曆樞》《含神務》《孝經勾命訣》《援神契》《雜讖》等書。
漢代有郗氏、袁氏說。漢末，郎中郗萌集圖緯讖雜占為五十篇，謂之《春秋</u>

—300—

災異》。宋均、鄭玄並為讖律之注。然其文辭淺俗，顛倒舛謬，不類聖人之旨。相傳疑世人造為之後，或者又加點竄，非其實錄。起王莽好符命，光武以圖讖興，遂盛行於世。漢時，又詔東平王蒼正五經章句，皆命從讖。俗儒趨時，益為其學，篇卷第目，轉加增廣。言五經者，皆憑讖為說。唯孔安國、毛公、王璜、賈逵之徒獨非之，相承以為妖妄，亂中庸之典。故因漢魯恭王、河間獻王所得古文，參而考之，以成其義，謂之「古學」。當世之儒，又非毀之，竟不得行。魏代王肅，推引古學，以難其義。王弼、杜預，從而明之，自是古學稍立。至宋大明中，始禁圖讖，梁天監以後，又重其制。及高祖受禪，禁之逾切。煬帝即位，乃發使四出，搜天下書籍與讖緯相涉者皆焚之，為吏所糾者至死。自是無復其學，秘府之內亦多散亡。今錄其見存，列於六經之下，以備異說。

459

唐章懷太子賢曰：七緯〔註1〕者，《易緯》：《稽覽圖》《乾鑿度》《坤靈圖》《通卦驗》《是類謀》《辨終備》也；《書緯》：《璇璣鈐》《考靈耀》《刑德收》《帝命驗》《運期授》也；《詩緯》：《推度災》《記曆樞》《含神霧》也；《禮緯》：《含文嘉》《稽命徵》《斗威儀》也；《樂緯》：《動聲儀》《稽耀嘉》《叶圖徵》也；《孝經緯》：《援神契》《鉤命決》也；《春秋緯》：《演孔像》《素命包》《文耀鉤》《運斗樞》《感精符》《合誠圖》《考異郵》《保乾圖》《漢含孳》《祐助期》《握誠圖》《潛潭巴》《說題辭》也。

【探源】《後漢書》卷一〇二上《樊英傳》：「樊英字季齊，南陽魯陽人也。少受業三輔，習京氏易，兼明五經，又善風角算、河洛七緯、推步災異。」唐章懷太子賢注：「七緯者，《易緯》：《稽覽圖》《乾鑿度》《坤靈圖》《通卦驗》《是類謀》《辨終備》也，《書緯》：《璇璣鈐》《考靈耀》《刑德收》《帝命驗》《運期授》也，《詩緯》：《推度災》《記曆樞》《含神務》也。《禮緯》：《含文嘉》《稽命徵》《斗威儀》也。《樂緯》：《動聲儀》《稽耀嘉》《叶圖徵》也。《孝經緯》：《援神契》《鉤命決》也。《春秋緯》：《演孔像》《素命包》《文耀鉤》《運斗樞》《感精符》《合誠圖》《考異郵》《保乾圖》《漢含孳》《祐助期》《握誠圖》《潛潭巴》《說題辭》。」

〔註1〕七緯，指《易緯》《書緯》《詩緯》《禮緯》《樂緯》《春秋緯》《孝經緯》七種緯書。

460

孔穎達曰：緯文鄙近，不出聖人，前賢共疑，有所不取。

【探源】《尚書序》孔穎達疏：《藝文志》曰：「仲尼沒而微言絕，七十子喪而大義乖。」
　　　　況遭秦焚書之後，群言競出，其緯文鄙近，不出聖人。前賢共疑，有所不取；
　　　　通人考正。偽起哀、平，則孔君之時未有此緯，何可引以為難乎？其馬、鄭
　　　　諸儒以據文立說，見後世聖人在九事之科，便謂書起五帝，自所見有異，亦
　　　　不可難孔也。

【今按】孔穎達（574～648），字沖遠（一作仲達、沖澹），冀州衡水（今屬河北）人。
　　　　孔子的第 31 世孫。唐初十八學士之一，唐朝經學家。

461

又曰：龜負洛書，經無其事，《中候》及諸緯多說黃帝、堯、舜、禹、湯、
文、武受圖書之事，皆云龍負圖，龜負書。緯候之書，不知誰作，通人討核，
謂偽起哀、平者也。

【探源】《尚書注疏》卷十一孔穎達疏：河出圖，則而畫之，八卦是也。禹治洪水，
　　　　錫洛書法而陳之，《洪範》是也。先達共為此說，龜負洛書，經無其事，《中
　　　　候》及諸緯多說黃帝、堯、舜、禹、湯、文、武受圖書之事，皆云龍負圖，
　　　　龜負書。緯候之書，不知誰作，通人討核，謂偽起哀、平，雖復前漢之末，
　　　　始有此書，以前學者必相傳此說，故孔以九類，是神龜負文而出列於背有數，
　　　　從一而至於九，禹見其文，遂因而第之，以成此九類法也。此九類陳而行之，
　　　　常道所以得次敘也。言禹第之者，以天神言語必當簡要，不應曲有次第丁寧
　　　　若此，故以為禹次第之。禹既第之，當有成法可傳，應人盡知之，而武王獨
　　　　問箕子者，《五行志》云：聖人行其道而寶其真，降及於殷，箕子在父師之
　　　　位而典之。周既克殷，以箕子歸周，武王親虛已而問焉。言箕子興其事，故
　　　　武王特問之。其義或當然也。若然，大禹既得九類，常道始有次敘，未有洛
　　　　書之前，常道所以不亂者。世有澆淳，教有疏密，三皇以前，無文亦治，何
　　　　止無洛書也。但既得九類以後，聖王法而行之，從之則治，違之則亂，故此
　　　　說常道攸敘攸斁，由洛書耳。

462

楊侃曰：緯書之類謂之秘經，圖讖之書謂之內學，河洛之書謂之靈篇。

【探源】此語常為後世所轉引。如《四庫全書總目》「易類六」案語：

> 案儒者多稱讖緯，其實讖自讖，緯自緯，非一類也。讖者，詭為隱
> 語，預決吉凶。……緯者，經之支流，衍及旁義。……迨彌傳彌失，又益
> 以妖妄之辭，遂與讖合而為一。然班固稱：「聖人作經，賢者緯之」。楊
> 侃稱：「緯書之類謂之秘經，圖讖之類謂之內學，河、洛之書謂之靈篇。」
> 胡應麟亦謂：「讖緯二書，雖相表裏，而實不同。」則緯與讖別，前人固
> 已分析之。

四庫館臣沿襲《經義考》之說，失於考訂，率爾立論。故爾以訛傳訛，亦多
為後人所稱引，如詹鍈《文心雕龍義疏・正緯》等。然追溯其源流，楊侃並
無此論。楊侃著《兩漢博聞》十二卷，《四庫提要》稱其「摘錄前、後《漢
書》，不依篇第，不分門類。惟簡擇其字句故事列為標目，而節取顏師古及
章懷太子《注》列於其下。」今錄相關內容如下：

> 秘經（《蘇竟傳》二十上）注云：謂幽秘之經，即緯書之類也。（卷
> 十一「秘經」）
>
> 內學（《方術傳序》七十二）「自王莽矯用符命，及光武尤信讖言。
> 自是習為內學，尚奇聞，貴異數，不乏於時矣。」注云：內學謂圖讖之書
> 也。其事秘密故稱內。（卷十一「內學」）
>
> 靈篇（《班固傳》）注云：靈篇，河洛之書也。（卷十二「靈篇」）

比較兩處文字段，可知《通說》此則乃朱彝尊改換《漢書》章懷太子注
文而成。因見載楊侃《兩漢博聞》，故爾定作楊侃之論。今考其本源，此語
應當歸為章懷太子，而非楊侃。楊侃之論乃朱彝尊偽構，學界在徵引時應當
避免。（此處參考陳開林《〈經義考・通說〉引文考辨十則》）

463

徐鍇曰：圖讖之興，興於兩漢，自唐堯申四嶽之命，箕子陳五行之書，
河圖洛書，聖人則之，此天所以陰騭下民，而聖人知命之術也。自董仲舒、劉
向博極其學，自餘諸子多非兼才，其陳說圖讖皆玄契將來，然離合文字本非
其術，至使所作符命文字皆俗體相兼，顏之推論之詳矣。又童謠符讖亦天所
以告俗人，或時之讖占候者隨事而作，以傳俗聞，未可以文字言也。

【探源】宋徐鍇《說文繫傳》卷三六：圖讖之興，興於兩漢，自唐堯申四嶽之命，箕子陳五行之書，河圖洛書，聖人則之，此天所以陰騭下人，而聖人知命之術也。自仲舒、劉向博極其學，自餘諸子多非兼才，其陳說圖讖皆玄契將來，然離合文字本非其術，至使所作符命文字皆俗體相兼，顏之推論之詳矣。又童謠讖亦天所以告俗人，或時之讖占候者隨事而作，以傳俗聞，未可以文字言也。君子於其言無所苟而已矣，況文字乎？又點畫之法著自前聞，蓋博物君子優游端粹，援毫布墨，寫其心素，寬聞由其，樂易精粹，自其端平，規旋矩折，如中繩墨。蕭何題署，張芝章草，筆跡輕重，著在縑緗，而後之學者棄本逐末，爭求點畫之妙，不測布置之由，乃至刪除點畫，加減隨意，是有拖幹之才，而不得棟宇之法，豫章杞梓得無枉屈之歎乎？目巧之室，臣所不取。又梁武帝觀鍾繇書云損補巧密，臣以為損謂字闊則畫短，間狹則點微，補謂字狹則畫盈，字疏則點壯爾。古謂善結字者謂布置也，點畫雖多，善布置者不覺其密，點畫雖少，能結字者不見其疏，此乃可稱爾。若多則師心以減，少則任意以增，以求平滿，則誰實不能事不師古，亦臣所恥。今文字可謂訛矣，陛下神裻勝氣，獨冠皇流，多才多藝，俯弘小學，以虞舜好問之德，兼漢宣乙夜之勤，蓋太山起於一拳，巨海由乎一勺，將裨事業無遺幽介，臣亦何者，而不上其所見哉！

【今按】徐鍇（920～974），字鼐臣，又字楚金，會稽（今浙江紹興）人。徐鉉之弟。仕於南唐，累官內史舍人。宋軍圍金陵，憂懼而卒。著有《說文解字繫傳》《說文解字韻譜》。

464

余靖曰：緯候相高，號雖同於怪牒；典墳一貫，理終異於神經。齊七政於璣衡，本殊象秘；立五經之管鑰，當備微文。

【探源】宋余靖《武溪集》卷十三《乙家有論語讖或告其私蓄禁書不伏》：疑眾成書，必嚴邦禁；解經有說，寧廢家藏。義已著於公行，罰豈同於私習。乙志勤稽，古學富窮微巾箱。如務於多聞，几案遂存於異覽。名以出義，雖比桓譚之非。書不盡言，蓋述仲尼之志。何或人之致詰，昧前聖之垂規。齊七政於璣衡，本殊秘象；立五經之管轄，當備微文。豈令該博之徒，盡比包藏之禁。至若乾文淵邈，時變幽深，皆倚伏之難明，恐生靈之易惑，亂之所由生也。民不可使知之，爰著前聞，式嚴彝憲，我異於是，人其謂何？緯候相高，號雖同

於怪牒；典墳一貫，理終異於神經。自當參驗人區，豈獨探抽真蹟，術符箕子，猶存建極之談，時匪李斯，難舉挾書之律。

【今按】余靖（1000～1064），本名余希古，字安道，號武溪，韶州曲江（今廣東省韶關市）人。天聖二年進士，歷任集賢校理、右正言，出使契丹，還任知制誥、史館修撰，出任桂州知府、集賢院學士、廣西體量安撫使，以尚書左丞知廣州，跟隨名將狄青打敗儂智高。英宗即位，拜工部尚書。卒贈刑部尚書，諡號為襄。著有《武溪集》二十卷。

465

歐陽修曰：士之所本在乎六經，而自暴秦燔書，聖道中絕，漢興收拾亡逸，所存無幾，或殘篇斷簡出於屋壁，而餘齡昏眊得其口傳，去聖既遠，莫可考證，偏學異說因自名家，然而授受相傳尚有師法。暨晉、宋而下師道漸亡，章句之篇家藏私蓄，其後各為箋傳，附著經文，其說存亡，以時好惡。學者茫昧，莫知所歸。至唐太宗時，始詔名儒撰定九經之疏，號為《正義》，凡數百篇。自爾以來，著為定論，凡不本《正義》者謂之異端，則學者之宗師，百世之取信也。然其所載既博，所擇不精，多引讖緯之書以相雜亂，怪奇古僻，所謂非聖之書，異乎正義之名也。臣欲乞特詔名儒學官，悉取九經之疏，刪去讖緯之文，使學者不為怪異之言之所惑亂，然後經義純一，無所駁雜，其用功至少，其為益則多。臣愚以謂，欲使士子學古勵行而不本六經，欲學六經而不去其詭異駁雜，欲望功化之成，不可得也。

【探源】宋歐陽修《文忠集》卷一一二《論刪去九經正義中讖緯劄子》：臣伏見國家近年以來，更定貢舉之科，以為取士之法，建立學校，而勤養士之方，然士子文章未純，節行未篤，不稱朝廷勵賢興善之意，所以化民成俗之風。臣愚以為，士之所本在乎六經，而自暴秦焚書，聖道中絕，漢興收拾亡逸，所存無幾，或殘編斷簡出於屋壁，而餘齡昏眊得其口傳，去聖既遠，莫可考證，偏學異說因自名家，然而授受相傳，尚有師法。暨晉、宋而下師道漸亡，章句之篇家藏私蓄，其後各為箋傳，附著經文，其說存亡，以時好惡。學者茫昧，莫知所歸。至唐太宗時，始詔名儒撰定九經之疏，號為《正義》，凡數百篇。自爾以來，著為定論，凡不本《正義》者謂之異端，則學者之宗師，百世之取信也。然其所載既博，所擇不精，多引讖緯之書以相雜亂，怪奇詭僻，所謂非聖之書，異乎《正義》之名也。臣欲乞特詔名儒學官悉取九經之疏，刪去讖緯之文，使學

者不為怪異之言惑亂，然後經義純一，無所駁雜，其用功至少，其為益則多。臣愚以為，欲使士子學古勵行而不本六經，欲學六經而不去其詭異駁雜，欲望功化之成，不可得也。伏望聖慈下臣之言，付外詳議。今取進止。

466

又曰：自周衰，禮樂壞於戰國，而廢絕於秦。漢興，六經在者皆錯亂散亡雜偽，而諸儒方共補緝，以意解詁，未得其真。而讖緯之書出以亂經，鄭玄之徒號稱大儒，皆主其說。學者由此牽惑沒溺，而時君不能斷決，由是郊丘明堂之論，至於紛然而莫知所止。《禮》曰：「以禋祀祀昊天上帝。」此天也。玄以為：「天皇大帝者，北辰耀魄寶也。」

【探源】歐陽修《新唐書‧禮樂志》：自周衰，禮樂壞於戰國，而廢絕於秦。漢興，六經在者皆錯亂散亡雜偽，而諸儒方共補緝，以意解詁，未得其真。而讖緯之書出以亂經矣。自鄭玄之徒號稱大儒，皆主其說。學者由此牽惑沒溺，而時君不能斷決，以為有其舉之，莫可廢也。由是郊丘明堂之論，至於紛然而莫知所止。禮曰：「以禋祀祀昊天上帝。」此天也。玄以為：「天皇大帝者，北辰耀魄寶也。」

467

又曰：兆五帝於四郊。此五行精氣之神也。玄以為：「青帝靈威仰，赤帝赤熛怒，黃帝含樞紐，白帝白招拒，黑帝汁光紀者，五天也。」由是有六天之說，後世莫能廢焉。雖然，禮之失也，豈獨緯書之罪哉？在於學者好為曲說，而人君一切臨時申其私意，以增多為盡禮，而不知煩數之為黷也。

【探源】語見歐陽修《新唐書‧禮樂志》。

468

鄭樵曰：讖緯之學，起於前漢，及王莽好符命，光武以圖讖興，遂盛行於世。漢時又詔東平王蒼正五經章句，皆命從讖。俗儒趨時，益為其學，惟孔安國、毛公、王璜、賈逵獨非之。至宋大明中，始禁圖讖。梁天監已後又重其制。隋煬帝發使四方搜天下書籍，與讖緯相涉者皆焚之，為吏所糾者至死，自是無復有其學。至唐惟餘《書》《易》《禮》《樂》《春秋》《論語》《孝經》七緯，《詩》二緯，共九緯而已。

【探源】語見鄭樵《通志‧藝文略》。

469

胡寅曰：讖書原於《易》之「推往以知來」，周家卜世得三十，卜年得八百，此知來之的也。《易》道既隱，卜筮者溺於考測，必欲奇中，故分流別派，其說寖廣，要之各有以也。《易》道所明，時有所用，知道者以義處命，理行則行，理止則止，術數之學蓋不取也。光武早歲從師長安受《尚書》大義，夷考其行事，蓋儒流之英傑也，何乃蔽於讖文，牢不可破邪？

【探源】元馬端臨《文獻通考‧經籍考》引致堂胡氏曰：<u>讖書原於《易》之「推往以知來」，周家卜世得三十，卜年得八百，此知來之的也。《易》道既隱，卜筮者溺於考測，必欲奇中，故分流別派，其說寖廣。要之各有以也。《易》道所明時，有所用知道者，以義處命，理行則行，理止則止，術數之學蓋不取也。光武早歲從師長安，受尚書大義，夷考其行事，蓋儒流之英傑也，何乃蔽於讖文，牢不可破耶？</u>

【今按】此條實出自胡寅《致堂讀史管見》卷三。

【又按】胡寅（1098～1156），字明仲，學者稱致堂先生，宋建州崇安（今福建武夷山市）人，後遷居衡陽。胡安國弟胡淳子，奉母命撫為己子，居長。著作有《論語詳說》《讀史管見》《注敘古千文》《斐然集》等。

470

又曰：緯書原本於五經而失之者也，而尤紊於鬼神之理、幽明之故，非知道者不能識。自孟子而後，知道者鮮矣，所以易惑而難解也。斷國論者誠能一決於聖人之經，經所〔不〕載者，雖有緯書、讖記，屏而不用，則庶乎其不謬於理也。

【探源】元馬端臨《文獻通考‧經籍考》引致堂胡氏曰：<u>緯書原本於五經而失之者也，而尤紊於鬼神之理、幽明之故。夫鬼神之理、幽明之故，非知道者不能識。自孟子而後，知道者鮮矣，所以易惑而難解也。斷國論者誠能一決於聖人之經，經所不載，雖有緯書、讖記，屏而不用，則庶乎其不謬於理也。</u>

【今按】此條實出自胡寅《致堂讀史管見》卷二十八。

【又按】「經所載者」，原文作「經所不載」，明唐順之《稗編》卷六十一《諸家十九》引作「經不載」，均有「不」字，據補。

471

晁公武曰：緯書起漢哀、平，光武既以讖立，故篤信之，陋儒阿世，學者甚眾，鄭玄、何休以之通經，曹襃以之定禮，歷代革命之際，莫不引讖為符命，故桓譚、張衡之徒皆深嫉之。自苻堅之後，其學殆絕。使其尚存，猶不足信，況又非其真也。

【探源】宋晁公武《郡齋讀書志》卷一上：《易乾鑿度》二卷。右舊題蒼頡修古籀文鄭氏注。按唐《四庫書目》有鄭玄注《書》《詩緯》，及有宋均注《易緯》，而無此書。其中多有不可曉者，獨九宮之法頗明。昔通儒謂緯書偽起哀、平，光武既以讖立，故篤信之，陋儒阿世，學者甚眾，鄭玄、何休以之通經，曹襃以之定禮，歷代革命之際，莫不引讖為符瑞，故桓譚、張衡之徒皆深疾之。自苻堅之後，其學殆絕。就使其尚存，猶不足信，況此又非真也。

【今按】朱彝尊於原文有所點竄。

472

洪邁曰：圖讖星緯之學，豈不或中，然要為誤人，聖賢所不道也。睢孟睹公孫病己之文，勸漢昭帝求索賢人，禮以帝位，而不知宣帝實應之，孟以此誅；孔熙先知宋文帝禍起骨肉，江州當出天子，故謀立江州刺史彭城王，而不知孝武實應之，熙先以此誅；當塗高之讖，漢光武以詰公孫述；袁術、王濬皆自以姓名，或父子應之，以取滅亡，而其兆為曹操之魏；兩角犢子之讖，周子諒以劾牛仙客，李德裕以議牛僧孺，而其兆為朱溫；隋煬帝謂李氏當有天下，遂誅李金才之族，而唐高祖乃代隋；唐太宗知女武將竊國命，遂濫五娘子之誅，而阿武婆幾易姓；武后謂代武者劉，劉無強姓，殆流人也，遂遣六道使悉殺之，而劉幽求佐臨淄王平內難，韋、武二族皆殄滅；晉張華、郭璞、魏崔伯深皆精於天文占筮，言事如神，然皆不免於身誅家族，況其下者乎？

【探源】語見宋洪邁《容齋隨筆》卷十六《讖緯之學》。

【今按】「禮」，同「禪」，而《經義考新校》第十冊第 5401 頁誤作「禮」。

473

呂祖謙曰：讖記之偽易知，只緣光武以符命起，故篤信之，亦是欲蔽明也。楊春卿有祖傳秘記，而為公孫述將以殺身，讖記之學何益？讖記出於術

數之士，豈無小驗，然無益於治亂，徒足為害耳。人主以讖害政，學者以讖害身。隋文帝創業大類始皇，然始皇焚書，文帝焚讖，利害相反也。

【探源】此則乃併合四則文字而成：

> 讖緯之偽易知，只緣光武以符命起，故信，亦是欲蔽明也。（《東萊呂氏東漢精華》卷二《論光武地位資質》）

> 楊春卿有祖傳祕記，而為公孫述將以殺身，讖記之學何益？記記於聖人，出於術數之士，豈能全無小驗，所謂億則屢中。然雖驗，無益於治亂，徒足為害耳。光武好讖，其事可見。（《東萊呂氏東漢精華》卷十四《列傳》楊厚）

> 人主以讖害政，學者以讖害身，盜賊以讖害身。（《東萊呂氏東漢精華》卷十四《列傳》楊厚）

> 隋文帝創業大類始皇，然始皇焚書，隋皇焚讖，利害相反。（《東萊呂氏東漢精華》卷十四《列傳》楊厚）

> 《後漢書》中，楊春卿傳附見其子楊厚傳。上列後三則文字均見《東漢精華》論及楊春卿之處，且文本連續，極容易混而為一。第一則「讖記」本作「讖緯」，因合併楊春卿之評議，與其「讖記」相一致，故改。（此處參考陳開林《〈經義考・通說〉引文考辨十則》）

【今按】呂祖謙（1137～1181），字伯恭，世稱「東萊先生」，為與伯祖呂本中相區別，亦有「小東萊先生」之稱。婺州（今浙江金華）人。隆興元年（1163）進士，累官直祕閣、主管亳州明道宮。參與重修《徽宗實錄》，編纂《皇朝文鑒》（即《宋文鑒》）。著有《東萊集》等。

474

又曰：讖記之學以術數推天人，以為天災人事皆有定數，如此將怠於修省，急於消伏。以天變言之，君子雖可假此以去小人，小人亦將假此以害君子，以正治邪，猶慮不勝，況以邪治邪乎？襄楷以天文星象言宮女之禍，雖感帝能寬其死，至上琅邪於吉神書，其不以左道誅者，幸也。

【探源】此則有刪並改動。其原本作：

> 讖記之學，以術數推天人，以為天災人事皆有定數，如此則急於修省，急於消伏，與天地相期。於酖論其賢否，天道難知，若以天變言之，

君子雖可假此以去小人，小人亦將假此以害君子。(《東萊呂氏東漢精華》卷十四《列傳》郎顗)

大抵以正治邪，猶慮不勝，況以邪治邪乎？楷以天文星象言宮女之禍，雖感帝能寬其死，至上琅邪於吉神書，其不以左道誅者，幸也。(《東萊呂氏東漢精華》卷十四《列傳》襄楷)

此則前部分品評郎顗，後部分品評襄楷。《通說》捏合為一，實則前後之間關聯不大。(此處參考陳開林《〈經義考‧通說〉引文考辨十則》)

【今按】唐李賢注：「神書，即今道家《太平經》，其經以甲、乙、丙、丁、戊、己、庚、辛、壬、癸為部，每部一十七卷。」相傳後漢於吉撰。

475

葉適曰：河出圖，洛出書，孔子之前已有此論，其後（隨）〔遂〕有讖緯之說，起於畏天，而成於誣天矣。

【探源】宋葉適《習學記言》卷三七：因隋史敘讖緯事，古聖人所以為治道者，必能知天人之常理，而順行之，武王所謂「陰騭相協，以為彝倫」者也。鯀以人慾勝天，水方泛濫，不能順導，乃崇土以塞之，一事不順，天人之理亂矣，此桀紂暴德之始，三代漢、唐之所由分也。然學者不足以知之，則河出圖，洛出書，孔子之前已有此論，而其後遂有讖緯之說，起於畏天，而成於誣天，況五事人之所為無預於五行，學者之陋一至於此，及其消磨息滅，費多少氣力，而聖人之治終不復可施，故隋文雖焚讖，而妄稱祥瑞，至有袁充、王劭之事，又甚於讖矣。

【今按】葉適（1150～1223），字正則，號水心居士。溫州永嘉（今浙江溫州）人。居於永嘉水心村，世稱水心先生。淳熙五年（1178）榜眼。歷仕孝宗、光宗、寧宗三朝，官至兵部侍郎。謚文定。著有《水心先生文集》《水心別集》等。

476

陳善曰：《五經正義》多引讖緯，反害正經，皆可刪。

【探源】見陳善《捫虱新話》下集卷二「《五經正義》引讖緯《三國志注》引神怪小說皆可刪」條。

【今按】陳善，字子兼，一字敬甫，號秋塘，福州府羅源人。著有《捫虱新話》。

【又按】元陶宗儀《說郛》卷二二上引陳善《捫虱新話》「讖緯害經」條：「五經正文多引讖緯，反害正經，皆可刪。歐陽公昔嘗有劄子論其事，今《三國志》注多引神怪小說，無補正史處亦可刪。」

477

陳振孫曰：按《後漢書》緯候之學注言：緯，七緯也；候，《尚書中候》也。讖緯之說起於哀、平、王莽之際，莽以此濟其篡逆，公孫述傚之，而光武紹復舊物，乃亦以赤伏自累，篤好而推崇之，甘心與莽、述同志，於是佞臣陋士從風而靡。賈逵以此論左氏學，曹褒以此定漢禮，作大予樂，大儒如鄭玄專以讖言經，何休又不足責矣。二百年間，惟桓譚、張衡力非之，而不回也。魏、晉以革命受終，莫不傅會符命，其源實出於此。隋、唐以來，其學寖微矣，考《唐志》猶存九部八十四卷，今其書皆亡，惟《易緯》僅存，及孔氏《正義》或時援引，先儒蓋嘗欲刪去之以絕偽妄矣。使所謂七緯者皆存，猶學者所不道，況其殘闕不完，於偽之中又有偽者乎？《唐志》數內有《論語緯》十卷，七緯無之，《太平御覽》有《論語摘輔象》《撰考讖》者，意其是也。《御覽》又有《書帝驗期》《禮稽命曜》《春秋命歷序》《孝經左右契》《威嬉拒》等，皆七緯所無，要皆不足深考。

【探源】宋陳振孫《直齋書錄解題》卷一讖緯類：《乾坤鑿度》二卷，一作《巛鑿度》，題包羲氏先文，軒轅氏演籀，蒼頡修。晁氏《讀書志》云《崇文總目》無之，至元祐《田氏書目》始載，當是國朝人依託為之。按《後漢書》「緯候之學」，注言：「緯，七緯也；候，《尚書中候》也。」所謂河洛七緯者，《易緯》：《稽覽圖》《乾鑿度》《坤靈圖》《通卦驗》《是類謀》《辨終備》也。《書緯》：《璇璣鈐》《考靈曜》《帝命驗》《運期授》也。《詩緯》：《推度災》《氾歷樞》《含神霧》也。《禮緯》：《含文嘉》《稽命徵》《斗威儀》也。《樂緯》：《動聲儀》《稽耀嘉》《叶圖徵》也。《孝經緯》：《援神契》《鉤命決》也。《春秋緯》：《演孔像》《素命包》《文耀鉤》《運斗樞》《感精符》《合誠圖》《考異郵》《保乾圖》《漢含孳》《佐助期》《握誠圖》《潛潭巴》《說題辭》也。讖緯之說，起於哀、平、王莽之際，以此濟其篡逆，公孫述傚之，而光武紹復舊物，乃亦以赤伏符自累，篤好而推崇之，甘與莽、述同志。於是佞臣陋士從風而靡，賈逵以此論左氏學，曹褒以此定漢禮，作《大予樂》，大儒如鄭康成專以讖言經，何休又不足言矣。二百年間惟桓譚、張衡力非之，而不能回也。魏、

晉以革命受終，莫不傅會符命，其源實出於此。隋、唐以來，其學寖微矣。考《唐志》猶存九部八十四卷，今其書皆亡，惟《易緯》僅存如此，及孔氏《正義》或時援引，先儒蓋嘗欲刪去之，以絕偽妄矣。使所謂七緯者皆存，猶學者所不道，況其殘缺不完於偽之中又有偽者乎？姑存之以備凡目云爾。《唐志》數內有《論語緯》十卷，七緯無之。《太平御覽》有《論語摘輔像》《撰考讖》者，意其是也。《御覽》又有《書帝驗期》《禮稽命曜》《春秋命歷序》《孝經左右契》《威嬉拒》等，皆七緯所無，要皆不足深考。

【今按】陳振孫（1183～約1261），曾名瑗，字伯玉，號直齋，浙江安吉縣梅溪鎮人。歷官台州知州、嘉興知府。淳祐四年除國子司業。後官至侍郎，以寶章閣待制致仕。博古通今，藏書五萬一千餘卷。仿《郡齋讀書志》，撰《直齋書錄解題》。

478

真德秀曰：讖緯者，末世之邪說。張衡以為起於哀、平之間，蓋得之矣。夫異端小數，豈無或驗，要非六經之法言、先王之正道，故劉歆見之而改名，公孫述因之而僭畔，是徒足以起亂臣賊子之心而已，果何益於世教哉！

【探源】宋真德秀《大學衍義》卷十三：光武之中興，其先有以赤伏符來上者（赤伏符者圖讖之名），帝於是篤信之，始以之命三公，又以之定郊祀，終以之斷封禪焉。不知六經者，先王之格言，而讖緯者，末世之邪說。張衡以為起於哀、平之間，蓋得之矣。新莽之居攝也，假稱符命以惑眾聽，因以行其篡竊之謀。光武誅新復漢，宜削滅其書，以絕禍本可也，乃以赤伏之驗，崇信而表章之。夫異端小數，豈無或驗，要非六經之法言、先王之正道，故劉歆見之而改名，公孫述因之而僭畔，是徒足以起亂臣賊子之心而已，更何益於世教哉！自光武好之，而東都儒者鮮不傳習，至引之以釋經，謬妄為甚。後之為正義者復祖焉，故先朝名臣歐陽修乞詔儒臣悉取九經之疏刪去讖緯之文，以其害道故也，聖明之君有志於扶持正道者，誠取修言施行之，則所益多矣。

479

魏了翁曰：凡緯書皆三字名，如《乾鑿度》《參同契》等皆然。鄭康成俱有注，是經書緯書盡讀也。

【探源】宋魏了翁《鶴山集》卷一〇九《師友雅言下》：<u>九緯書皆三字名，如《乾坤</u>
　　　　<u>鑿度》及《參同契》等皆然</u>，可細考。<u>然鄭康成皆有注，是經書緯書盡讀也。</u>

【今按】朱彝尊於原文有所點竄。

480

　　　　劉炎曰：或問六經讖緯之是非，曰：「夫子不語怪力亂神，讖緯不足信
明矣。用以釋經，是則漢儒之罪也。」

【探源】宋劉炎《邇言》卷十《經籍》：<u>或問六經讖緯之是非，曰：「夫子不語怪力亂</u>
　　　　<u>神，讖緯不足信明矣。用以釋經，是則漢儒之罪也。」</u>或曰：「六經傳注不
　　　　同，學者師其是而已，何西漢諸儒執一見也？」曰：「主一經之說而勝者，
　　　　驟用主一經之說，而負者左遷，漢君實使之然耳。」

【今按】劉炎，字子宣，宋括蒼人。精研理學。因慶元黨籍隱而不仕，從真德秀遊。
　　　　著有《邇言》。

481

　　　　王應麟曰：鄭康成引圖讖皆謂之「說」，《易緯》曰「易說」，《書緯》曰
「書說」，嫌引祕書也。

　　　　又曰：《宋‧符瑞志》云：「孔子齋戒，向北辰而拜，告備於天，曰孝經四
卷，春秋河洛凡八十一卷，謹已備矣。」是以聖人為巫史也，緯書謬妄，而沈
約取之，無識甚矣。

【探源】宋王應麟《困學紀聞》卷八。

482

　　　　黃震曰：讖書謂孔子預知「秦皇上我之堂」，然始皇實未至魯。

【探源】宋黃震《黃氏日抄》卷五七：讖書謂孔子預知「秦皇上我之堂」。按：始皇
　　　　實不至魯。

【今按】黃震（1213～1280），字東發，號文潔，慈谿（今屬浙江）人。寶祐四年進
　　　　士，歷仕史館檢閱、廣德軍通判。宋亡後隱居定海靈緒鄉澤山（今屬慈谿田
　　　　央鄉），後寓居鄞縣，講學著述，自稱「非聖人之書不觀，無益之詩文不作」。
　　　　卒於故里（《宋元學案》稱餓死於鄞縣寶幢山），葬鳴鶴鄉錢家嶴，門人私諡
　　　　文潔先生。著有《黃氏日抄》。

483

陳普曰：王莽以哀章金匱用賣餅兒王盛為四將，天下所共笑也。光武初興，又按赤伏符用王梁為大司空，以讖文用孫咸為大司馬，群情不悅，始以吳漢易咸，後欲以罪誅梁。夫名應赤伏符而有可誅之罪，則所謂劉秀者何足道哉？且人情所不悅，而與河洛圖書同寶，抑何悖也。

【探源】陳普有《光武》詩五首，第二、四、五首詩後均有自注。此則選自第四首詩後自注。（此條參考陳開林《〈經義考・通說〉引文續考》）

【今按】陳普（1244～1315），字尚德，號懼齋，世稱石堂先生，寧德人。入元，隱居石堂山，終日研究理學，以窮經著述自娛。三辟為本省教授，不起。嘗聘主雲莊書院。晚居莆中，造就益眾。著有《周易解》《四書句解鈐鍵》《學庸指要》《孟子纂圖》《石堂遺稿》。

484

王禕曰：緯書，漢儒以為孔子所演，七經之緯凡三十六篇，及河圖九篇、洛書六篇，又別有三十篇，與七緯各八十一篇，而《尚書中候》《論語讖》又不與焉。大抵緯書之說，以謂孔子既敘六經以明天人之道，知後世不能稽同其意，故別立緯讖以遺來世，其書出於漢哀、平之世，蓋夏賀良之徒為之，以為有經則有緯，故曰「緯書」。其言誕謾詭譎，不可致詰，是時王莽好符命，將以此濟其篡逆，而公孫述傚之。至光武亦以赤伏自命，篤好而推崇焉。當世儒者習為內學，賈逵以此論左氏學，曹褒以此定漢禮樂，大儒如鄭玄輩專以讖言經，而何休之徒又不足言矣。然惟桓譚、張衡力非之，而不能回也。先是，孔安國、毛公以來，皆相承以為妖妄，亂中庸之典，因魯共王、河間獻王所得古文，參而考之，以成其義，謂之古學，而世儒惑於讖緯，毀之，至魏王肅推引古學，王弼、杜預從而明之，自是古學稍立，而讖緯之學寖微。迨宋大明中始禁讖緯之書，及隋末遣使搜天下書籍，與讖緯相涉者悉焚之，唐以來其學遂熄矣。然考之《唐志》，猶存九部四十八卷，而孔穎達作《（九）〔五〕經正義》，往往援引緯書之說，宋歐陽公嘗欲刪而去之，以絕偽妄，使學者不為其所亂惑，然後經義純一，其言不果行。迨鶴山魏氏作《九經要義》，始加黜削，而其言絕焉。

【探源】語見王禕《王忠文集》卷二十「叢錄」條。

485

張九韶曰：讖緯之說，秦以前未之聞也。始皇時方士盧生入海，還，奏錄圖書，此圖讖之所始乎？其後王莽以金匱符命而簒漢，遣五威將師頒符命四十二篇於天下，光武即位，以赤伏符之文信用圖讖，終漢之世，儒者鮮不傳習，至引之以釋經。先儒歐陽子嘗議取九經注疏刪去讖緯之文，惜乎當時未之能行也。

【探源】明張九韶《理學類編》卷八：……右論讖緯之說。愚按：讖緯之說，秦以前未之聞也，始皇時方士盧生入海，還奏錄圖書，曰亡秦者胡也，此其圖讖之所始乎？其後，王莽以金匱符命而簒漢，遣五威將帥，頒符命四十二篇於天下。光武之即位也，以赤伏符之言，曰劉秀發兵捕不道，四夷雲集，龍鬥野，四七之際，火為主，由是信用圖讖。終漢之世，儒者鮮不傳習，至引之以釋經。先儒歐陽子嘗議取九經注疏刪其讖緯之文，惜乎當時未之能行也。

【今按】張九韶，字美和，後以字行，江西清江人。元末累舉不仕，明洪武三年（1370）被推薦為縣學教渝，遷國子助教，改翰林編修。《明史・宋訥傳》附載九韶傳。著有《理學類編》《元史節要》等。

486

胡應麟曰：讖緯之說，蓋起於河洛圖書，當西漢末，符命盛行，俗儒增益，舛訛日繁，其學自隋文二主禁絕，世不復傳，稍可見者，惟類書一二援引，及諸家書目具名而已。《易》則《稽覽圖》《乾鑿度》《坤靈圖》《通卦驗》《是類謀》《辨終備》《乾坤鑿度》《乾元序制》，《書》則《中候》《璇璣鈐》《考靈曜》《帝命驗》《運期授》，《詩》則《含神霧》《推度災》《汜曆樞》，《禮》則《含文嘉》《稽命徵》《斗威儀》，《禮記默房》，《樂》則《動聲儀》《稽曜嘉》《叶圖徵》，《春秋》則《元命包》《演孔圖》《文曜鉤》《運斗樞》《感精符》《合誠圖》《考異郵》《保乾圖》《漢含孳》《佐助期》《握誠圖》《潛潭巴》《說題辭》，《論語》則《摘輔象》《撰考讖》，《孝經》則《孝經雜緯》《孝經內事》《句命決》《援神契》《元命包》《左右握》《左右契》《雌雄圖》《分野圖》《弟子圖》《口授圖》《應瑞圖》。《太平御覽》又有〔書〕《帝驗期》《禮稽命曜》《春秋命歷序》《孝經威嬉拒》等，然隋世所存，僅十之三。馬氏《通考》止《易緯》數種，晁、陳俱斥為偽書。今惟《乾坤鑿度》行世，蓋《易緯》又幾盡矣。

【探源】語見胡應麟《少室山房筆叢》卷十四《四部正訛上》。

487

又曰：《太平御覽》又有《易卦統通圖》《尚書鉤命決》《禮記稽命曜》《春秋命歷序》，又《河圖括地象》《河圖稽命曜》《河圖挺佐輔》《河圖帝通紀》《河圖錄運法》《河圖真鉤》《河圖著命》《河圖矩起》《河圖天靈》《河圖秘徵》《河圖玉版》《洛書錄運法》《洛書稽命曜》等，尋其命名，亦《易緯》之數，第《御覽》所引用亦甚希，而諸史《藝文志》、馬、鄭《經籍略》並其名亦無之，蓋自唐已亡。高士濂等編《文思博要》，或掇拾於宋齊諸類書中。御覽又得之《博要》諸書，決非宋初所有也。

【探源】明胡應麟《少室山房筆叢》卷十四《四部正訛上》：緯書，《太平御覽》又有《易卦統通圖》《尚書鉤命決》《禮記稽命曜》《春秋命歷序》，又《河圖括地象》《河圖稽命曜》《河圖挺佐輔》《河圖帝通紀》《河圖錄運法》《河圖真鉤》《河圖著命》《河圖矩起》《河圖天靈》《河圖秘徵》《河圖玉版》《洛書錄運法》《洛書稽命曜》等，尋其命名，亦《易緯》之類，第《御覽》所引用亦甚希，而諸史《藝文志》、馬、鄭《經籍略》並其名亦無之，蓋自唐已亡。高士廉等編《文思博要》，或掇拾於宋齊諸類書中。《御覽》又得之《博要》諸書中，決非宋初所有也。

488

又曰：《乾坤鑿度》所載緯書，《太古文目》有《元皇介》，次《萬形經》，次《乾文緯》，次《乾鑿度》《坤鑿度》，次《考靈經》，次《制靈圖》，次《河圖八文》，次《希夷名》，次《含文嘉》，次《稽命圖》，次《墳文》，次《八文》，次《元命包》，共一十四緯。今見於類書者，惟《含文嘉》《元命包》《乾坤二鑿度》而已。《垂皇策》《乾文緯》《乾坤二鑿度》，說《易》者也；《含文嘉》則《禮》，而《元命包》，《春秋》《孝經》皆有之，不知何者在先？而衛元嵩《易元包》則又因是命名者也。今《乾坤鑿度》全書存，其理欲深而甚淺，其文欲怪而甚庸，其他雜見類書者，往往不相遠也。

【探源】明胡應麟《少室山房筆叢》卷十四《四部正訛上》。

【今按】衛元嵩，蜀郡人也。原為河東人，由於遠祖從宦而遷蜀。年少時於益州野安寺從亡名禪師為沙彌，不耐清苦，佯為狂放，諸僧譏恥之，後還俗，在北周平定蜀地之後入長安。天和年中（566～571），造作讖緯，預言世事。武帝即位後，元嵩上書詆毀佛法，自此還俗，並與道士張賓進言廢毀寺院及僧尼，

帝頗信重之，遂有毀法之舉。後不知所終。（北周武帝時代的排佛論者，也是北周武帝排佛運動的推動者之一。又仿傚《太玄經》作《元包》一書十卷，另著有《齊三教論》七卷。《經義考新校》第十冊第5405頁誤將「衛元嵩」標上書名號，與《易元包》並列。

489

又曰：《坤鑿度》又有《地靈母經》《含靈孕》《易靈緯經》，又《洛書》有《靈準聽》，又《地形經》，又《制靈經》。甚矣其名之眾也！蓋此又宋世偽撰《乾坤鑿度》者依仿《御覽》所存諸目創立新題，故尤可笑。

【探源】明胡應麟《少室山房筆叢》卷十四《四部正訛上》：<u>《坤鑿度》又有《地靈母經》〔註2〕，《含靈孕》（見注）〔註3〕、《易靈緯經》。又《洛書》有《靈準聽》，又《地形經》，又《制靈經》。甚矣其名之眾也！蓋此又宋世偽撰《乾坤鑿度》者，依仿《御覽》所存諸目創立新題，故尤可笑。</u>近關中《胡氏麈談》首集諸緯書名僅十二三，烏傷王氏《叢錄》直據《隋志》及《通考》亦不能詳，余故備錄之，以資好事。噫，昔之偽撰者彼既已濫用其心，而余又窮搜其目，得無以五十步笑百步哉？曾鞏氏曰：「欲使天下之毋惑其說，莫如大明其說之非而放之。」余之意其亦猶是已夫！

490

又曰：世率以「讖」、「緯」並論，二書雖相表裏，而實不同。「緯」之名所以配「經」，故自六經、《語》《孝》而外，無復別出，《河圖》《洛書》等緯皆《易》也。讖之依附六經者，但《論語》有讖八卷，餘不概見。以為僅此一種，偶閱《隋・經籍志》注附見十餘家，乃知凡讖皆託古聖賢以名其書，與緯體制迥別。蓋其說尤誕妄，故隋禁之，後永絕，類書亦無從援引，而唐、宋諸藏書家絕口不談。以世所少知，附其目於此：《孔老讖》十二卷、《老子河洛讖》一卷、《尹公讖》四卷、《劉向讖》一卷、《雜讖書》二十九卷、《堯戒舜禹》一卷、《孔子王明鏡》一卷、《郭文金雄記》一卷、《王子年歌》一卷、《嵩山道士歌》一卷。又有以緯候並稱者，今惟《尚書中候》見目中，他不可考云。

〔註2〕原注：《地靈母經》，女媧著。
〔註3〕原注：《易靈緯》，炎帝、黃帝著。又黃帝作《易八墳》。

【探源】明胡應麟《少室山房筆叢》卷十四《四部正訛上》。

【今按】胡應麟《少室山房筆叢》卷十四《四部正訛上》又云:「緯書名義率不可通曉,今據《乾坤鑿度》錄其一二有注釋者於左,自餘可以例推。昔人云:『以艱深之詞文淺易之說。』但睹其名,無事開卷矣。」

491

朱載堉曰:俗謂緯書出於哀、平之世,王莽好讖,乃有妄人撰作諸緯,茲說不然。蓋緯書之文未必盡出妄人之手,其間繆妄雖亦不無,要在學者擇焉而已。一切皆以為妄而棄之,則過矣。太史公、大、小戴皆在哀、平之前,已有《通卦驗》之書,而引「差之毫釐,繆以千里」之文,豈待王莽而後有哉?大抵緯書起自前漢,去古未遠,彼時學者多見古書,凡為著述,必有所本,不可以其不經而忽之也。

【探源】明朱載堉《樂律全書》卷二三《律學新說三》:俗謂緯書出於哀、平之世,王莽好讖,乃有妄人撰作諸緯,茲說不然。蓋緯書之文未必盡出妄人之手,其間謬妄雖亦不無,要在學者擇焉而已。一切皆以為妄而棄之,則過矣。太史公、大、小戴皆在哀、平之前,則已有《通卦驗》之書,而引之豈待王莽而後有哉?其書今亡,全文雖不復見,而略見於傳記之所引者,如《隋志》十馬尾為一分之類是也。臣嘗試之,選馬尾之圓實粗大者用之,而其區者細者皆去之不用,止用一條,以利刀碎截成段,每段可長一分,或半分許,先以面胡塗竹篾上,次將截碎馬尾實排沾之,一一相挨,勿令露空,如此十馬尾則為一分矣,以新造橫黍尺校之,適與相合,是知新尺信古尺也。大抵緯書起自前漢,前漢去古未遠,彼時學者多見古書,凡為著述,必有所本,不可以其不經而忽之也。至於後漢去古漸遠,雖大儒亦未免穿鑿,若許氏《說文》謂十髮為程,程為一分,蓋因《易緯》之義,而誤以馬尾為人髮,無稽之言此類是也。臣嘗取髮試之,校諸黍尺,皆不合焉。是故寧取《易緯》之馬尾,不取《說文》之人髮,信其所信,而疑其所疑,是其所是,而非其所非,亦當然之理耳。

【今按】朱載堉(1536~1611),字伯勤,號句曲山人、九峰山人,河南懷慶府河內縣(今河南沁陽)人。明太祖九世孫,鄭藩第六代世子。朱載堉深受父親鄭恭王修德講學、布衣蔬食、能書能文、折節下士的影響,自幼儉樸敦本,聰穎好學。早年即從外舅祖何瑭學習天文、算術等學問,因不平其父獲罪被關,

築室獨處十九年，直到 1567 年，其父被赦免，他才願意入宮。他本該繼承王位，卻七疏讓國，辭爵歸里，潛心著書，專心攻讀音律、曆算。著有《樂律全書》等。朱載堉的成就震撼世界，中外學者尊崇他為「東方文藝復興式的聖人」。

【又按】朱載堉所謂「緯書之文未必盡出妄人之手，其間謬妄雖亦不無，要在學者擇焉而已」，持論最為公允。

492

徐常吉曰：緯書八十一篇，然《乾鑿度》外又有《乾坤鑿度》，魏伯陽《參同契》亦《易緯》也，而說者以其入道家，遂不列於緯書之目，《尚書中候》《論語讖》亦不與八十一篇之數，則漢之緯書何啻八十一篇已也。

【探源】此條實際出自顧起元《說略》卷十三：……<u>與七緯共為八十一篇，然《乾鑿度》外又有《乾坤鑿度》，魏伯陽所作《參同契》亦為《易緯》，而說者以其入於道家，遂不列於緯書之目，而《尚書中候》《論語讖》亦不與八十一篇之數，則漢之為緯書者不止八十一篇已也</u>。其書實不出於孔子。蓋漢武購求遺書，當時儒者多偽作以應命，孔安國、毛公輩皆目以為妖妄。哀平之世，夏賀良之徒又增為之。王莽謀簒漢，因符命以濟其奸。光武中興，復以赤伏為援。於是，其書始行。當時張衡、桓譚力爭之而不能也。

【今按】徐常吉，字士彰，號儆弦，江蘇武進人。萬曆十一年（1583）進士，官工科給事中，以清廉聞，遷浙江按察司僉事，未赴卒。著有《事詞類奇》《六經類聚》《遺經四解》《六經類雅》《諸家要旨》《諧史》等。

493

顧起元曰：《易緯》六篇，《書緯》五篇，《詩緯》三篇，《禮緯》三篇，《樂緯》三篇，《孝經緯》二篇，《春秋緯》十三篇，是為七緯，共三十五篇。目與前章懷太子所舉同。諸書所載，又有《論語緯》及《河圖》九篇、《洛書》六篇，共八十一篇，其書實不出於孔子。蓋漢武購求遺書，當時儒者多偽作以應命，孔安國、毛公輩皆目以為妖妄。哀平之世，夏賀良之徒又增為之。王莽謀簒漢，因符命以濟其奸。光武中興，復以赤伏為援。於是，其書始行。當時張衡、桓譚力爭之而不能也。賈逵以此論《左氏》，曹褒以此定禮樂，京房、翼奉以此言《易》，鄭玄、何休又以此談經，末流既濫，不可複障。先是，毛公、孔安國諸人因魯恭王、河間獻王所獻表而章之，謂之古學。至魏王肅注

釋《孝經》，推引古學，王弼、杜預從而和之。宋大明中始禁讖緯之書，及隋末搜天下書籍，與讖緯相涉者悉焚之，而緯書稍戢。至唐以來，則李淳風輩專明讖學，而孔穎達作《(九)〔五〕經正義》，亦多引緯書以證其說。是時，《唐志》所存緯書尚有九部四十八卷，蓋亦不能障其流也。至宋，歐陽公、魏鶴山輩刪而正之，而緯學始息。然鶴山所作《九經要義》，多引孔穎達《正義》之說，則亦豈能盡斥而遠之哉？本朝王子充以為緯書盡亡，今所存者惟《易緯·乾鑿度》，不知六經緯書世尚有繕寫之者，不止一《乾鑿度》已也。

【探源】語見顧起元《說略》卷一三。

494

又曰：讖緯前記之外，《易》又有《坤鑿度》《運期讖》《乾元序制記》，《書》有《期中候》《洛罪級》，《春秋》有《演義圖》《玉版讖》，《孝經》有《中黃讖》，《論語》有《素王受命讖》《比考讖》，河圖有《會昌符》《括地象》《稽曜鉤》《握拒起》《帝通紀》《葉光篇》《著命篇》《揆命篇》，洛書有《甄曜度》《寶號命》《錄運期》，共二十一種，大都此等，多係漢人偽作。東漢人所著錄，如《參同契》之名，皆三字，其為假託者，多難可斷決也。

【探源】語見顧起元《說略》卷十三。「讖緯前記之外」，原文作「按讖緯前所記未備者」。

495

譚濬曰：從曰經，橫曰緯。〔《家語》云：〕「四方南北曰經，東西曰緯；天象定者為經，動者為緯。」《文心》曰：「經顯，聖訓也；緯隱，神教也。」「緯之成經，猶絲麻不雜，布帛乃成。」若讖緯，乃書之曲說。桓譚、尹敏、張衡、荀悅論之詳矣。

【探源】此則選自譚濬《言文》卷下《緯》。其文曰：「從曰經，橫曰緯。《家語》云：『四方南北曰經，東西曰緯；天象定者為經，動者為緯。』《文心》曰：『經顯，聖訓也；緯隱，神教也。』『緯之成經，猶絲麻不雜，布帛乃成。』若讖緯，乃緯書之曲說，錄圖假堯，丹書誣昌，符讖託孔，乃技數詭附。故沛獻集緯以通經，曹褒撰讖以定禮。桓譚、尹敏、張衡、荀悅論之詳矣。」（此條參考陳開林《〈經義考·通說〉引文續考》）

【今按】朱彝尊於原文有所點竄，如刪去「《家語》云」三字，致使出處不明。

－320－

496

項德棻曰：秦火六經，隋火七緯。

【探源】待考。

【今按】項德棻，即項夢原，項篤壽之子，項德楨之弟，浙江秀水人。萬曆四十七年
　　　　（1619）進士。官至刑部郎中。著有《宋史偶識》。盛楓《嘉禾徵獻錄》載：
　　　　「夢原初名德棻，字希憲，號玄海……」《色戒錄》載：「項夢原本名德棻，
　　　　已中辛卯鄉科，以污兩少婢削去。遂誓戒邪淫，力行善事，刻《金剛經》歲
　　　　施之。後夢至一所，見黃紙第八名為項姓，中一字模糊，下為『原』字，因
　　　　易『夢原』。壬子鄉試中二十九名，己未會試中第二名，心甚疑之，及殿試，
　　　　二甲第五名，方悟合鼎甲之數，恰是第八，而殿榜紙獨黃也。後官至憲副。
　　　　上蔡曰：『天道禍淫，不加悔罪之人。』信哉！故項公本中也，而以污少婢
　　　　削之，已削也，而復戒邪淫，行善事，得之……」董其昌《明故墨林項公墓
　　　　誌銘》言及「猶子孝廉夢原六齡失母，（元汴）鞠誨備至」。項夢原早歲喪母
　　　　后得到過項元汴的悉心關照。由於自小與項元汴一起生活，薰習日久，對書
　　　　畫收藏也就有了濃厚的興趣，而其兄項德楨則與此道無緣，因而他父親及項
　　　　元汴的部分藏品就由他繼承了。

497

黃秉石曰：漢好讖緯，極為不經。〔又曰：〕僉謂起於哀、平之世，然公
孫卿稱黃帝鼎書，其作俑者也。《史記‧天官書》曰：「雖有明天子，必視熒惑
所在。」注言：「《春秋文曜鉤》有此語。」是則讖緯之說久矣。

【探源】明黃秉石《偶得紺珠》曰：「<u>漢好讖緯，極為不經</u>。南宋書載之符瑞中，極
　　　　為可笑……不過傅會一備字耳。」〔註4〕又曰：「<u>讖緯之書起於哀、平之世</u>，
　　　　如《隋‧經籍志》所錄、洪景廬所記詳矣。其未及者尚多，如<u>公孫卿黃帝鼎
　　　　書之類，其作俑者也。又《史記‧天官書》曰：『雖有明天子，必視熒惑所
　　　　在。』注言：『《春秋緯‧文曜鉤》有此語。』……然則讖緯之說久矣</u>。賊儒
　　　　專造此語，禍人身家。我國家只不用此事，真是度越千古。」〔註5〕

【今按】黃秉石，字復子，江寧（今江蘇南京）人。萬曆中以薦為推官，官至嚴州府
　　　　同知。著有《偶得紺珠》《黃氏憶言》。

〔註4〕《四庫全書存目叢書》子部第 145 冊第 131 頁。
〔註5〕《四庫全書存目叢書》子部第 145 冊第 151 頁。

【又按】《偶得紺珠》云：「近小說《西遊記》言人參果亦微有據。」〔註6〕又云：「今
　　　所傳佛道書，多似吾道中贗古書，想後人模擬而增之耳。」〔註7〕

【又按】明邱濬《大學衍義補》卷十二：「符讖之書，不出於唐、虞三代，而起於哀
　　　平之世，皆虛偽之徒要世取資者所為也。光武尊之，比聖凡事取決焉，其拜
　　　三公三人，而二人取諸符讖，逮眾情怏望，才減其一，而王梁尋坐罪廢，讖
　　　書果安在哉？先儒謂光武以英睿剛明之主，親見王莽尚奇怪而躬自蹈之，其
　　　為盛德之累亦豈小哉！」

<h2 style="text-align:center">498</h2>

　　孫瑴曰：緯候之興，其生於「河出圖」一語乎？自前漢世有《河圖》九
篇、《洛書》六篇，云自黃帝至周文王所受本文；又別三十篇，云自初起至於
孔子，九聖增演，以廣其意，蓋七緯之祖也……其錄有曰《括地象》、曰《絳
象》、曰《始開圖》，皆以鉤山河之賾，曰《帝覽嬉》、曰《稽曜鉤》，皆以抉星
象之玄，曰《挺佐輔》、曰《握矩記》，皆以闡運曆之要，而又有《帝通紀》《真
紀》《鉤著命》《秘徵要》《元考曜》，視諸緯為富云。

【探源】明孫瑴《古微書》卷三二「河圖緯」引賁居子語，中間刪去：「顧《漢志》、
　　　馬、鄭皆不道及，惟梁《崇文》、隋《經籍》有二十卷，今讀其文，淵且艷
　　　也。」

【今按】孫瑴（1585～1643），字子雙，又稱雙甫，自號賁居士，湖南華容人。父孫
　　　羽侯，萬曆十七年（1589）進士，官刑科給事中；兄孫穀，萬曆三十五年（1607）
　　　進士，官副都御史，巡撫遼東；父子兄弟，並有文名。孫瑴終身為學著述，
　　　著有《古微書》《賁園詩文稿》。

<h2 style="text-align:center">499</h2>

　　顧炎武曰：《史記‧趙世家》：扁鵲言秦穆公寤而述上帝之言，公孫支書
而藏之，秦讖於是出矣；《秦本紀》燕人盧生使入海，還，以鬼神事因奏錄圖
書，曰：「亡秦者胡也。」然則讖記之興，實始於秦人，而盛於西漢之末也。

【探源】顧炎武《日知錄》卷三十「圖讖」條。「盛於西漢之末也」句下原注：「褚先
　　　生《三代世表論》引黃帝終始傳。」引文有刪節。

〔註6〕《四庫全書存目叢書》子部第145冊第94頁。
〔註7〕《四庫全書存目叢書》子部第145冊第122頁。

500

又曰：自漢以後，凡世人所傳帝王易姓受命之說，一切附之孔子，如沙丘之亡、卯金之興，皆謂夫子前知而預為之讖，其書蓋不一矣。魏高祖太和九年詔：「自今圖讖、秘緯及名為《孔子閉房記》者，一皆焚之。留者以大辟論。」《舊唐書・王世充傳》：「世充將謀篡位，有道士桓法嗣者自言解圖讖，乃上《孔子閉房記》，畫作丈夫持一竿以驅羊，釋云：『隋，楊姓也，干一者，王字也，王居羊後，明相國代隋為帝也。』世充大悅。詳此乃似今人所云《推背圖》者，今則託之李淳風，而不言孔子。」

【探源】語見顧炎武《日知錄》卷三十「孔子閉房記」條。「不言孔子」句下有原注：
「《隋書・藝術傳》臨孝恭著《孔子馬頭易卜書》一卷。」

501

胡渭曰：圖讖之術，自戰國時已有之。漢武帝表章聖籍，諸不在六藝之科者皆不得進。及其衰也，哀、平之際，緯候繁興，顯附於六藝而無所忌憚。王莽矯用符命，光武尤信讖言，鄭興、賈逵以附同稱顯，桓譚、尹敏以乖忤淪敗，自是習為內學……實六經之稂莠也。

【探源】語見胡渭《易圖明辨》卷一。「自是習為內學」句下原注：「其事秘密，故稱內。」胡渭對鄭玄有尖銳的批評：「康成號一代儒宗，不能違眾而獨立，乃據此以注《易》，信如所言，則伏羲畫卦之本變為錄紀興亡之數，而河圖亦是文字，洛書且非九疇矣。妖妄不經，莫甚於此，故《參同契》之流得乘隙而起，以九宮之數縱橫十五者冒河圖之名，而稍近於理，世莫能辨，向使東漢諸儒不為緯候所惑，紹先正之傳，而更為之發明，彼方技家言安得竄入於吾《易》而亂聖，真欺來學也哉！噫！是康成之過也。」「實六經之稂莠也」並非上文的結論，而是下引文字的中心觀點：「河洛九六之說，至今猶有為彼所惑，而遷就其間者。黃氏《象數論》曰：『天垂象，見吉凶。聖人象之者，仰觀於天也。河出圖，洛出書，聖人則之者，俯察於地也，謂之圖者，山川險易，南北高深，如後世之圖經是也。謂之書者，風土剛柔，戶口阨塞，如夏之《禹貢》、周之《職方》是也；謂之河洛者，河洛為天下之中，凡四方所上圖書皆以河洛繫其名也。』愚竊謂伏羲之世，風俗淳厚，豈有山川險易之圖？結繩而治，豈有戶口阨塞之書？且舉河洛以該四方，未免曲說，改『出』為『上』，尤覺難通矣。毛氏《原舛編》曰：『大抵圖為規畫，書為簡

冊，無非典籍之類。」鄭康成注《大傳》引《春秋緯》云：『河圖有九篇，
洛書有六篇。』則直指為簡冊之物，此漢代近古似乎可案者。夫緯書，六經
之稂莠也。康成引以釋經，侮聖已甚，後儒不能鋤而去之，而反為之灌漑滋
長焉，其何以息邪而閑道乎？」

【今按】胡渭（1633～1714），初名渭生，字朏明，號東樵，浙江德清人。年十五為
縣學生，入太學，篤志經義。著有《禹貢錐指》《易圖明辨》等。

502

按：緯讖之書相傳始於西漢哀、平之際，而《小黃門譙敏碑》稱其先故
國師譙贛深明典奧讖錄圖緯，能精微天意，傳道與京君明，則是緯讖遠本於
譙氏、京氏也。徵之於史，如「亡秦者胡」、「明年祖龍死」、「楚雖三戶，亡秦
必楚」，已為緯讖兆其端矣。迨新莽之篡，丹書白石，金匱銅符，海內四出，
於是劉京、謝囂、臧洪、哀章、甄尋、西門君惠等爭言符命，遂遣五威將軍王
奇等乘乾文車，駕坤六馬，將軍持節稱天一之使，帥持幢稱五帝之使，頒符
命四十二篇於天下，不過藉以愚一時之耳目爾。乃光武篤信不疑，至讀之廡
下，終東漢之世，以通七緯者為內學，通五經者為外學，蓋自桓譚、張衡而
外，鮮不為所惑焉。其見於范《史》者無論，謝承《後漢書》稱姚濬「尤明圖
緯秘奧」，又稱姜肱「博通五經，兼明星緯」。載稽之碑碣，於有道先生郭泰則
云「考覽六經，探綜圖緯」，於太傅胡廣則云「探孔子之房奧」，於琅邪王傅蔡
朗則云「包洞典籍，刊摘沉秘」，於郎中周勰則云「總六經之要，括河洛之機」，
於大鴻臚李休則云「既綜七籍，又精群緯」，於國三老袁良則云「親執經緯，
隱括在手」，於太尉楊震則云「明河洛緯度，窮神知變」，於山陽太守祝睦則
云「七典並立」，又云「該洞七典，探賾窮神」，於成陽令唐扶則云「綜緯河
洛，咀嚼七經」，於酸棗令劉熊則云「敦五經之緯圖，兼古業，覈其妙，七業
勃然而興」，於高陽令楊著則云「窮七道之奧」，於合陽令曹全則云「甄極毖
緯，靡文不綜」，於藁長蔡湛則云「少耽七典」，於從事武梁則云「兼通河洛」，
於冀州從事張表則云「該覽群緯，靡不究窮」，於廣漢屬國都尉丁魴則云「兼
究秘緯」，於廣漢屬國候李翊則云「通經綜緯」。至於頌孔子之聖，稱其鉤河
摘雒，蓋當時之論，咸以內學為重。及昭烈即位，群臣勸進，廣引《洛書》《孝
經》緯文，蕭綺所云：「讖辭煩於漢末。」不誣也。然鄭康成注《周官》，目
《孝經緯》為說；賈公彥《疏》以漢時禁緯故，則又未始不禁之矣。自晉以

降，其學寖微，然釋慧皎作《高僧傳》，稱法護「博覽六經，遊心七籍」，沈約作《宋書》，於天文、五行、符瑞亦備引緯候之說；蕭子顯《南齊書》志亦然。而周續之兼通五經、《五緯》，號為「十經」。直至隋焚禁之後，流傳漸罕，乃孔氏、賈氏、徐氏猶援以釋經，杜氏、歐陽氏、虞氏、徐氏編輯類書，間亦引證，今則《樊英傳注》所載，隋、唐《經籍志》所錄，《太平御覽》所採，學士大夫能舉其名者寡矣。

【探源】語見朱彝尊《曝書亭集》卷六十《說緯》。

【今按】「爭言符命」之事如下：

《漢書‧王莽傳》：是歲，廣饒侯劉京、車騎將軍千人扈云、太保屬臧鴻奏符命。京言齊郡新井，云言巴郡石牛，鴻言扶風雍石，莽皆迎受。十一月甲子，莽上奏太后曰：「陛下至聖，遭家不造，遇漢十二世三七之厄，承天威命，詔臣莽居攝，受孺子之託，任天下之寄。臣莽兢兢業業，懼於不稱。宗室廣饒侯劉京上書言：『七月中，齊郡臨淄縣昌興亭長辛當一暮數夢，曰：吾，天公使也。天公使我告亭長曰：攝皇帝當為真。即不信我，此亭中當有新井。亭長晨起視亭中，誠有新井，入地且百尺。十一月壬子，直建冬至，巴郡石牛，戊午，雍石文，皆到於未央宮之前殿。臣與太保安陽侯舜等視，天風起，塵冥，風止，得銅符帛圖於右前，文曰：天告帝符，獻者封侯。承天命，用神令。』騎都尉崔發等視說。及前孝哀皇帝建平二年六月甲子下詔書，更為太初元將元年，案其本事，甘忠可、夏賀良讖書臧蘭臺。臣莽以為元將元年者，大將居攝改元之文也。於今信矣。《尚書‧康誥》『王若曰：「孟侯，朕其弟，小子封。」』此周公居攝稱王之文也。《春秋》隱公不言即位，攝也。此二經周公、孔子所定，蓋為後法。孔子曰：『畏天命，畏大人，畏聖人之言。』臣莽敢不承用！臣請共事神祇宗廟，奏言太皇太后、孝平皇后，皆稱假皇帝。其號令天下，天下奏言事，毋言攝。以居攝三年為初始元年，漏刻以百二十為度，用應天命。臣莽夙夜養育隆就孺子，令與周之成王比德，宣明太皇太后威德於萬方，期於富而教之。孺子加元服，復子明辟，如周公故事。」奏可。眾庶知其奉符命，指意群臣博議別奏，以視即真之漸矣。

《漢書‧王莽傳》：是月，前輝光謝囂奏武功長孟通濬井得白石，上圓下方，有丹書著石，文曰：「告安漢公莽為皇帝。」符命之起，自此始矣。莽命群公以白太后，太后曰：「此誣罔天下，不可施行！」太保舜謂太后：「事已如此，無可奈何，沮之力不能止。又莽非敢有它，但欲稱攝以重其權，

填服天下耳。」太后聽許。舜等即共令太后下詔曰:「蓋聞天生眾民,不能相治,為之立君以統理之。君年幼稚,必有寄託而居攝焉,然後能奉天施而成地化,群生茂育。《書》不云乎?『天工,人其代之。』朕以孝平皇帝幼年,且統國政,幾加元服,委政而屬之。今短命而崩,嗚呼哀哉!已使有司徵孝宣皇帝玄孫二十三人,差度宜者,以嗣孝平皇帝之後。玄孫年在襁褓,不得至德君子,孰能安之?安漢公莽輔政三世,比遭際會,安光漢室,遂同殊風,至於制作,與周公異世同符。今前輝光嚚、武功長通上言丹石之符,朕深思厥意,云『為皇帝』者,乃攝行皇帝之事也。夫有法成易,非聖人者亡法。其令安漢公居攝踐祚,如周公故事,以武功縣為安漢公采地,名曰漢光邑。具禮儀奏。」

《漢書·王莽傳》:梓潼人哀章,學問長安,素無行,好為大言。見莽居攝,即作銅匱,為兩檢,置其一曰「天帝行璽金匱圖」,其一署曰「赤帝行璽某傳予黃帝金策書」。某者,高皇帝名也。書言王莽為真天子,皇太后如天命。圖書皆書莽大臣八興,又取令名王興、王盛,章因自竄姓名,凡為十一人,皆署官爵,為輔佐。章聞齊井、石牛事下,即日皆時,衣黃衣,持匱至高廟,以付僕射。僕射以聞。戊辰,莽至高廟拜受金匱神嬗。御王冠,謁太后,還坐未央宮前殿,下書曰:「予以不德,託於皇初祖考黃帝之後,皇始祖考虞帝之苗裔,而太皇太后之末屬。皇天上帝隆顯大祐,成命統序,符契圖文,金匱策書,神明詔告,屬予以天下兆民。赤帝漢氏高皇帝之靈,承天命,傳國金策之書,予甚祇畏,敢不欽受!以戊辰直定,御王冠,即真天子位,定有天下之號曰『新』。其改正朔,易服色,變犧牲,殊徽幟,異器制。以十二月朔癸酉為建國元年正月之朔,以雞鳴為時。服色配德上黃,犧牲應正用白,使節之旄幡皆純黃,其署曰『新使王威節』,以承皇天上帝威命也。」

《宋書》卷二十七《符瑞志上》:少公曰:「國師公是也。」光武笑曰:「何用知非僕?」道士西門君惠等並云:「劉秀當為天子。」光武平定河北,還至中山,將軍萬修得《赤伏符》,言光武當受命。群臣上尊號,光武辭。前至鄗縣,諸生強華又自長安詣鄗,上《赤伏符》,文與修合。群下又請曰:「受命之符,人應為大。」光武又夢乘赤龍登天,乃即位,都洛陽,營宮闕。一夕,有門材自至。

諍友與功臣：
《經義考通說疏證》平議〔註1〕

張宗友〔註2〕

摘要：司馬朝軍《經義考通說疏證》，是現代學術視野下第一部專就《經義考》某一門類進行深入研究的經學文獻整理專著。作者之旨趣，在於考溯《通說》引據資料之初源，兼考相關文獻之異同等。該書雖偶有不足，而成果極為豐碩，為《經義考》的進一步整理與研究，提供了可資借鑒的範本。

關鍵字：《經義考》、司馬朝軍、平議

《經義考》是清初學者朱彝尊（錫鬯，竹垞。1629～1709）編纂的一部經籍總目，共分三十個門類，其中卷二九五至卷二九八，係「通說」部分。司馬朝軍先生對該部分進行專題研究，相關成果，以《〈經義考·通說〉疏證》之名，收入其《國故新證》一書（武漢大學出版社，2010年版）。《新證》凡七篇：《論卦辭深層結構》、《〈經義考·通說〉疏證》、《〈經解入門〉辨偽十題》、《〈經解入門〉待質錄》、《論司馬遷的歷史地位》、《〈樂庵語錄〉真偽考》、《〈黃侃傳〉徐復序辨偽》。從主題上看，《國史新證》是一部以討論經史之學及辨偽為主的學術論集。《新證》正文凡390頁，全書篇幅達36萬餘字。《〈經義考·通說〉疏證》係此集第二篇，從體量上看，內容多達270頁，約25萬字，近占全書篇幅之百分之七十，實際上已然能自成一書。格於論集體例，《〈經義考·通說〉疏證》並無序、跋等發凡起例之文字，惟在文章開篇，有

〔註1〕專案基金：國家社會科學基金項目「朱彝尊論學詩研究」（17BZW118）。
〔註2〕南京大學文學院副教授。

簡要之緣起（見下引）。其實司馬朝軍先生撰寫《〈經義考·通說〉疏證》之志意，業已形諸文字，即《〈經義考通說疏證〉序跋》一文（由序、跋各一篇組成）。該文撰寫於 2009 年冬，發表於《新證》行世之次年（載《出版科學》2011 年第 1 期）。可見，作者已將有關《通說》之專題研究，定名為《經義考通說疏證》，惟囿於論集體例，未將序跋載入《新證》。據此，本文將《〈經義考·通說〉疏證》及其序跋，視作一種著述之整體，並按《〈經義考通說疏證〉序跋》題名之例，徑稱為《經義考通說疏證》（簡稱作「《疏證》」）。

《疏證》是現代學術視野與規範下第一種有關《經義考》某一門類文獻之專題研究著作，屬於經學文獻整理、研究範疇，在《經義考》研究史、學術史上具有獨特之地位。《疏證》之緣起、貢獻與經驗，理應引起學界之重視。

目前學界對《疏證》之注意與研究，有陳開林所撰兩篇論文：《〈經義考·通說〉疏證〉補證》（《圖書館工作與研究》，2015 年第 2 期）、《〈經義考·通說〉引文考辨十二則》（《貴州師範大學學報》，2015 年第 3 期）。前文針對《疏證》「不切及錯誤之處，略作補證」[2]67，後文針對《疏證》「待考」的條目，「擇取十二則予以考辨」[3]110。可見二文旨趣，分別在糾《疏證》之訛誤、補《疏證》之未備，而於《疏證》之撰述緣起、疏證實績及其在經學文獻整理方面之意義，未予討論。

一、《經義考通說疏證》之緣起

《經義考·通說》分《說經》《說緯》兩個部分，前者三卷，後者一卷，合計四卷。《疏證》因此分為四節：「《經義考·通說一·說經上》疏證」、「《經義考·通說二·說經中》疏證」、「《經義考·通說三·說經下》疏證」、「《經義考·通說四·說緯》疏證」。

《疏證》開篇，有簡要之緣起：

> 清儒朱彝尊撰《經義考》三百卷，為經學研究的必備之書，其《通說》四卷摭錄自孔子迄清初諸儒有關經學的觀點，資料極其豐富，但未一一注明出處，不便於研究者使用，加以錯訛衍奪，所在多有，今試為之疏通證明，補所未逮，或於經學不無小補云爾。[1]13

此段緣起，首先肯定《經義考》的學術價值（「經學研究的必備之書」），繼而指出兩大缺點：甲、不一一注明所錄資料之出處；乙、「錯訛衍奪，所在多有」。那麼，作者「為之疏通證明，補所未逮」之目的，應當有二：一

是考出《經義考》所錄資料之出處；二是校正「錯訛衍奪」的文字之誤。但是，此段文字十分簡略，內容有限，尚不足以充分說明作者撰寫《疏證》之志意。

《疏證》作者司馬朝軍先生，以研治四庫學蜚聲學界，著有《〈四庫全書總目〉研究》《四庫全書總目編纂考》等。對《經義考》之注意，起源於對《四庫全書總目》的研究：

> 具有重大價值的研究課題往往只有在研究過程中才會被發現。自從開始研究《四庫全書總目》，我就發現了不少相關課題，關於《經義考》的溯源即為其中一例。《經義考》與《總目》存在深刻的淵源關係，我在研究《總目》之初就與它打上了交道。因此，選擇《經義考》，對於我來說，並非偶然，而是必然。在追溯《總目》編纂來源時，凡屬涉及《經義考》的條目，我就不厭其煩地查閱原書。經過比勘，我發現了《經義考》存在大量錯誤，還特地寫過考證文章予以駁正。[4] 108

《經義考》中存在的問題，引發了朝軍先生的研究興趣：

> 乾嘉時期的一位大儒翁方綱在《蘇齋筆記》中指出：「《經義考》於每書之序多刪去其歲月，觀者何而考其師承之緒及其先後之跡乎？又所載每書考辯論說皆渾稱某人曰，不注其出於某書、某注、某集，則其言之指歸無由見，而於學人參稽互證之處無所裨助。」刪去歲月，不注出處，此二點正是《經義考》的最大缺點，翁方綱洞若觀火，不可謂之苛論。……這些致命弱點無疑大大降低了它的學術價值，也影響了它作為工具書的使用效率。[4] 106~107

如何解決《經義考》中存在的問題？在學界既有研究實踐的基礎上，朝軍先生對研治《經義考》的學術方法，進行了探索：

> 張宗友博士認為：「對《經義考》所錄資料，考溯其源，校靇其文，補其未備，從而為學界提供完善的可資利用的文本，即為頗具有現實意義和切實可行的課題。」（《經義考研究》第344頁，中華書局2009年版）楊果霖先生亦有「還原其原始的出處」的看法，可謂英雄所見略同。筆者早在世紀之交就注意及此，在研究《四庫全書總目》的同時，也開始積累相關資料，準備做《經義考》的溯源校勘工作。[4] 107~108

基於上述對《經義考》文本溯源、校勘之重要性的認識，朝軍先生「發願在此方面有所突破，且以最笨的辦法去獲取最佳的效果」。為此，「我採取了張果老倒騎驢的辦法，首先整理最後的四卷，即《通說》部分。《通說》四卷撮錄自孔子迄清初諸儒有關經學的觀點，資料極其豐富，但未一一注明出處，不便於研究者使用。加以錯訛衍奪，所在都有。我開始一條一條地查找原始出處，補充史料，校勘文字。……經過我們的史料溯源，無疑將大大提升其學術價值，並為經學話語的重構準備豐富的資料，其意義是每一個經學研究者都不難理解的。」[4] 108

綜上，司馬朝軍先生因研治《四庫全書總目》而發現《經義考》之重要性與研究價值，通過溯源、校勘的方法研治此書，而首及於《通說》部分。《經義考通說疏證》，即為其學術結晶。

二、《經義考通說疏證》之學術成就

《經義考》之《通說》部分凡四卷，包括《說經》三卷、《說緯》一卷。各卷均引前儒或某種文獻內有關經典闡釋的文字，體現出歷代關於經典的認知。所輯文字，《說經上》有 95 條，《說經中》有 110 條，《說經下》有 94 條，《說緯》有 98 條；另有朱彝尊按語 5 條。以上合計，共有 402 條。實際上，由於某條之內，往往不止一則資料（通常以「又曰」領起），因此，實際輯錄之資料，約近 500 則[2] 67。

《經義考通說疏證》是司馬朝軍教授對《通說》四捲進行溯源、校勘的學術結晶，成果極為豐碩。具體來說，其成就有以下幾個方面：

（一）考溯《經義考》引據文獻之初源

據統計，除 61 則資料「待考」外，《疏證》共考出《經義考》438 則引據資料之出處[3] 110。在考溯初源時，《疏證》體式較為靈活。其例有以下數種：

1. 徑明文獻初源

如《說經上》第十條（「莊周曰」）：「《詩》以道志，《書》以道事，《禮》以道行，《樂》以道和，《易》以道陰陽，《春秋》以道名分。」（《經義考》卷二九五。）《疏證》云：

　　　語見《莊子·天下篇》。[1] 15

又如《說經上》第十五條（「陸賈曰」）：「天生萬物，以地養之，聖人成之，定《五經》，明六藝。《鹿鳴》以仁求其群，《關雎》以義鳴其雄，《春秋》

以仁義貶絕，《詩》以仁義存亡，《乾》、《坤》以仁和合，八卦以義相承，《書》以仁敘九族，君臣以義制忠，《禮》以仁盡節，《樂》以禮升降。學之者明，失之者昏，背之者亡。」（《經義考》卷二九五。）《疏證》云：

> 語見漢陸賈《新語》卷上《道基第一》。[1] 17

按：此類斷語簡要果決。《莊子》、《新語》非稀見或亡佚之書，通行易得，無須辭費。

2. 兼列其他可能出處

如《說經上》第八條（「齊太史子與曰」）：「孔子生於衰周，先王典籍錯亂無紀，而乃論百家之遺記，考正其義，祖述堯舜，憲章文武，刪《詩》述《書》，定《禮》理《樂》，制作《春秋》，贊明《易》道，垂訓後嗣，以為法式，何甚盛也！」（《經義考》卷二九五。）《疏證》云：

> 語見《孔子家語》卷九《本姓解》。又見宋楊簡《先聖大訓》卷
>
> 六、宋胡仔《孔子編年》卷五、《繹史》卷八六之三。[1] 15

按：《疏證》指出本條文獻之初源（《孔子家語》），但同時列出宋儒楊簡、胡仔及清初學者馬驌（1621～1673）之著述。朱彝尊（1629～1709）治學以博雅精勤著稱，楊、胡、馬三氏之著述，均有可能在其取材之列。此類疏證，頗見作者之匠心。

又如，《說經上》第四十條（「張華曰」）：「聖人制作曰經，賢者著述曰傳，曰記，曰章句，曰解，曰論，曰讀。」（《經義考》卷二九五。）《疏證》云：

> 晉張華《博物志》卷六：「聖人制作曰經，賢者著述曰傳。鄭玄
> 注《毛詩》曰箋，不解此意。或云，毛公嘗為北海郡守，玄是此郡
> 人，故以為敬。」《太平御覽》卷六〇八引《博物志》曰：「聖人制
> 作曰經，賢者著述曰記，曰章句，曰解，曰論，曰讀。」唐虞世南
> 《北堂書鈔》卷九五引張華《博物志》云：「聖人制作曰經，賢者著
> 述曰傳記，曰章句，曰解，曰論，曰注。」[1] 37

按：《疏證》指出本條文獻之初源（《博物志》），而文本有差異；復列出文本相近者兩種，分別載於《北堂書鈔》、《太平御覽》。後二者與《經義考》所載者相近，可能均在朱彝尊取材之列。

3. 兼釋所引文獻

如《說經上》第一條（「《經解》」）：「孔子曰：『入其國，其教可知也。其為人也，溫柔敦厚，《詩》教也……屬辭比事，《春秋》教也。故《詩》之失

愚……《春秋》之失亂。其為人也，溫柔敦厚而不愚，則深於《詩》者也……
屬辭比事而不亂，則深於《春秋》者也。」(《經義考》卷二九五。)《疏證》
云：

> 《禮記注疏》卷五〇：《正義》曰：「《經解》一篇，總是孔子之
> 言，記者錄之以為經解者。」[1] 13

又如，《說經上》第四條（「《春秋演孔圖》曰」）：「孔子做法五經，運之天
地，稽之圖像，質於三王，施之四海。」(《經義考》卷二九五。)《疏證》云：

> 明孔轂編《古微書》卷八。關於《春秋演孔圖》，原注云：「此
> 端為血書鳥圖而述也，故以演孔立名，而旁及帝王。」[1] 14

按：《疏證》不僅標明《經義考》引據文獻之出處，還對引據文獻所在篇
目（如《經解》）或所從出之原始文獻（如《春秋演孔圖》），引用前人注語略
加說明，無疑有助於對所引文獻之理解，起「疏通證明」之用。

4. 備列引據文獻之全本

如《說經上》第十六條（「韓嬰曰」）：「千舉萬變，其道不窮，六經是也。」
(《經義考》卷二九五。)《疏證》云：

> 漢韓嬰《韓詩外傳》卷五：儒者，儒也，儒之為言無也，不易
> 之術也。千舉萬變，其道不窮，六經是也。若夫君臣之義，父子之
> 親，夫婦之別，朋友之序，此儒者之所謹守，日切磋而不捨也。雖
> 居窮巷陋室之下，而內不足以充虛，外不足以蓋形，無置錐之地，
> 明察足以持天下，大舉在人上，則王公之材也。小用使在位，則社
> 稷之臣也。雖岩居穴處，而王侯不能與爭名，何也？仁義之化存爾。
> 如使王者，聽其言，信其行，則唐虞之法可得而觀，頌聲可得而聽。
> 《詩》曰：「先民有言，詢於芻蕘。」取謀之博也。[1] 17

按：朱彝尊取《韓詩外傳》中數語，突出「六經」之「千舉萬變，其道不
窮」。然而「六經」何以如此？《外傳》中對「儒」之含義、職守、功用加以
解讀，說明「儒」所謹守之「君臣之義」等，均源出「六經」。《疏證》還原「千
舉萬變，其道不窮」之語境，當然有助於對其文之理解。此類疏證，可謂元元
本本，極為明瞭，朱彝尊引據時所作之改動及其訛誤，均能一目了然。

5. 兼考其他文獻之異同

如《說經上》第四十一條（「乙瑛曰」）：「孔子作《春秋》，制《孝經》，演
《易·繫辭》，經緯天地，幽贊神明。」(《經義考》卷二九五。)《疏證》云：

《幸魯盛典》卷八《漢魯相置孔子廟百石卒史碑》引其文曰：
「司徒臣雄、司空臣戒稽首言：魯前相瑛書言，詔書崇聖道，勉六
藝。孔子作《春秋》，制《孝經》，演《易》繫辭，經緯天地，幽贊
神明。」《五禮通考》卷一二一同。宋歐陽修《集古錄》卷二刪去「刪
述五經」四字，《隸釋》卷一闕「刪述」二字。乙瑛字少卿，平原高
唐人。[1] 30

按：《疏證》根據碑文，不僅列出文獻初源，而且對《五禮通考》《集古
錄》《隸釋》等採錄此碑之文本，予以檢視，載其同異。

（二）校正《經義考》引據之誤

如《說經上》第五十四條（「葛洪曰」）：「《五經》為道德之淵海。」（《經
義考》卷二九五。）《疏證》云：

> 《抱朴子外篇·尚博》：「抱朴子曰：正經為道義之淵海，子書
> 為增深之川流。仰而比之，則景星之佐三辰也；俯而方之，則林薄
> 之裨嵩嶽也。雖津塗殊闢，而歸於進德；雖難於舉趾，而合於興化。
> 故通人總原本以括流末，操綱領而得一致焉。」按：正經，指儒家
> 經典。而《經義考》誤作「五經」。[1] 38~39

又如，《說緯》第四條（「班固曰」）：「聖人作經，賢者緯之。」（《經義考》
卷二九八。）《疏證》指出，此語本諸孟康為《漢書敘傳》所作之注。班固原
文為：「登孔顯而上下兮，緯群龍之所經。」孟康注云：「孔，甚也。聖人作
經，賢者緯之也。」《疏證》因申論云：

> 今按：此處將孟康之注文誤讀為班固之正文，魯莽滅裂，不足
> 為訓。[1] 252

按：以上兩例，《疏證》分別校出《經義考》引據之誤：前例將「正經」
誤作「五經」，後例誤將注文當作正文。

（三）校正《點校補正經義考》之誤

例如：《說經上》第四十四條（「（荀悅）又曰」）：「道之本，仁義而已矣，
五典以經之，羣籍以緯之，施之當時則為道德，垂之後世則為典經。」（《經
義考》卷二九五。）《疏證》云：

> 南朝宋范曄《後漢書》卷九二《荀悅傳》：「夫道之為本，仁義
> 而已矣。五典以經之，群籍以緯之，詠之歌之，弦之舞之，前監既

明，後復申之。故古之聖王，其於仁義也，申重而已。」漢荀悅《前
漢紀》卷二五：「施之當時，則為道德；垂之後世，則為典經。皆所
以總統綱紀，崇立王業。」[1]32

　　按：以上《疏證》考其出處，復加「今按」云：「此段本為來源不同的材
料，而被朱彝尊捏合為一。《點校補正經義考》一書的整理者不明其故，該書
第八冊第 775 頁誤點為：『道之本，仁義而已矣，五典以經之，群籍以緯之、
施之，當時則為道德，垂之後世則為典經。』『施之當時』與『垂之後世』相
對成文。」[1]32 事實上，以《點校補正經義考》為基礎，遞經覆校、審讀之《經
義考新校》，此處仍沿誤未改[5]5335。由於《國故新證》與《經義考新校》均
刊行於 2010 年，《新校》整理者因此無法利用《疏證》此處成果。《點校補正經
義考》、《經義考新校》之誤，在於整理之時，未能採用考溯文獻初源的方法。

三、《經義考通說疏證》指瑕

　　《經義考通說疏證》是第一部針對《經義考》某一門類進行疏通證明的
專著，以考溯引據文獻之初源、進行文本校正為旨趣，屬於經學文獻整理、
考證之範疇。朱彝尊治學，以博雅精勤著稱，《經義考》引據極為浩博，因此，
考溯《經義考》引據文獻之初源，存在兩個方面的困難：其一，工作量大，極
費時力。其二，很多文獻已經亡佚，極難考知。對於通行文獻而言，難處在於
如何辨別初源、斟酌去取；對於亡佚文獻而言，難處在於如何能藉由蛛絲馬
蹟，正確尋繹。因此，對《經義考》文本予以溯源，有所錯訛，在所難免。陳
開林《〈《經義考·通說》疏證〉補證》、《〈經義考·通說〉引文考辨十二則》
二文，旨在糾誤、補闕，即緣此而作（見前揭）。

　　朱彝尊身歷明清易代之變，長期奔波江湖，賴有驚人之毅力、強大之學
術交流網路，方能纂成《經義考》三百卷之巨著。學術發展至今日，文獻資源
獲得之難度，已大為降低。因此，當下經學文獻之整理，最難者不在於查檢
文獻，而在於甄別去取，正確考溯初源。如從文獻整理之角度來審視《疏證》，
那麼，其中難免有所不足。以下試舉其例：

（一）缺少整理要素

　　作為經學文獻整理、考證之專著，《疏證》僅於篇首有簡短之緣起，而缺
少應有的說明與交待。如果同《點校補正經義考》及《經義考新校》相比較，
那麼，《疏證》尚缺少以下兩個方面的關鍵要素：

1. 凡例

任何一部高水準的文獻整理著作或學術論著，都有其行文準則與內在規範，此即凡例。對於文獻整理而言，凡例尤為重要。例如，《點校補正經義考》之《點校凡例》，即交待了整理時所依據之底本、參校本，各項內容之次序、標點方式等等，全書因此眉目清楚，條理暢然。凡例不明，必然影響到文獻整理的行文水準與讀者的使用效率。

例如，關於如何引入文獻出處的問題，由於缺少凡例的約束，《疏證》在引入文獻時，便無一定之規。茲舉數例：

> 語見《春秋左傳注疏》卷一五。《正義》曰：……。[1] 14
>
> 漢韓嬰《韓詩外傳》卷五：……。[1] 17
>
> 漢戴德《大戴禮記》卷三《保傅第四十八》：……。[1] 13
>
> 《漢書》卷七五：……。《朱子語類》卷一三七：……。[1] 20
>
> 《漢書·儒林傳》：……。[1] 23~24
>
> 語見《後漢書》卷四八。[1] 29
>
> 南朝宋范曄《後漢書》卷六四《吳延史盧趙列傳》：……。[1] 30
>
> 語見漢賈誼《新書》卷八《道德說》，原文為：……[1] 17
>
> 漢牟融《理惑論》：……。（友按：文末出注，云：「梁釋僧祐《弘明集》卷一。」）[1] 22~23
>
> 梁釋僧祐《弘明集》卷一引《理惑論》：……。[1] 27
>
> 唐虞世南《北堂書鈔》卷九五引楊泉《物理論》云：……。[1] 38
>
> 明昌翰林六年學士黨懷英《金重修至聖文宣王廟碑》……。（友按：文末出注，云：「載四庫本《山東通志》卷一一之七。」）[1] 140~142

可見，關於經傳、史傳、子書等之稱引，文獻、卷次、篇目與責任者之組合，稱引文獻與據以析出文獻之位次等，《疏證》尚無定則。倘有凡例加以規範，即能整齊其類例，不致參差。

2. 文獻傳本信息

《經義考·通說》以選錄前儒論說或摘錄文獻記述為主，因此涉及大量文獻；《疏證》考溯引據文獻之初源，同樣涉及各種文獻。而對於文獻傳本信息，《疏證》大都未予交待（僅部分注腳／校記中有所注出。此類注文，集中於《說緯》部分）。所謂傳本信息，除文獻名稱外，尚包括責任者、版本或版次、頁碼等。《疏證》並非古人著述，而是當代學術著作，理應遵循當代學術

規範。但是，《疏證》既未能對傳本信息，一一分別注出（注出者鮮），也未能於全文之末，附上引據書目，致使所涉文獻傳本面貌不明，大大影響了《疏證》文本之可信度。

由於凡例、文獻傳本信息的缺失，《疏證》許多內容，即令人費解。例如，《說經中》第二十七條「鄒浩曰」，《疏證》出校云：

> 鄒浩，吏部侍郎，字志完，常州晉陵人。中進士第。歷揚州穎昌府教授，元祐七年除太學博士，出為襄州教授。大觀四年復直龍圖閣。政和元年卒，年五十二。[1]91

按：以上顯然是對鄒浩簡要生平事行之介紹。問題在於，《疏證》對於《經義考》內「某某曰」之「某某」身份，並未全部加以引介。那麼，何者當介紹，何者當忽略？其中依據是什麼？此其一。其二，本處關於鄒浩之介紹文字，源於何種文獻？應予交待。

又如，《說經中》第三十條（「晁說之曰」）：「五采具而作繪，五藏完而成人，學者於《五經》，可舍一哉？」《疏證》注「五采」「五藏」云：

> ①五采，指青、黃、赤、白、黑五種顏色。荀子《賦》：「五采備而成文。」
>
> ②五藏，即五臟。指心、肝、脾、肺、腎。中醫謂「五臟」有藏精而不瀉的功能，故名。《素問·五臟別論》：「所謂五藏者，藏精氣而不寫也。」《管子·水地》：「五味者何？曰五藏。酸主脾，咸主肺，辛主腎，苦主肝，甘主心。」[1]93

《疏證》以上兩條注文，係對引據文獻中「五采」「五藏」加以解說。然而《疏證》此前，並無先例，何以此處需要出注？如果有規律可循，那麼，《經義考》引據文獻眾多，涉及名物不可勝計，何者當出注解讀？

又如，《說經中》第三十六條（「蘇籕曰」）：「昔仲尼於《詩》、《書》、《易》、《禮》、《樂》、《春秋》，惟舉要發端，不詳其言，非不能詳也，以為詳之則隘，故略之，使仁智者自求而得。」《疏證》明其出處為蘇籕《雙溪集》卷九《初論經解劄子》，並節引其文以明初源。引文首云：「臣聞聖經賢傳，唐虞三代所遺；闕里之業，王者樂道尊儒。」於「闕里」二字出注云：

> 闕里，孔子故里。在今山東曲阜城內闕里街。因有兩石闕，故名。孔子曾在此講學。後建有孔廟，幾占全城之半。後借指曲阜孔廟。又借指儒學。[1]99

此條所注，已非《經義考》引據之文，而是整理者用以考證之文，更為泛濫無歸。實際上，就全書通例而言，以上三例，似均無出注之必要。

由於缺少《凡例》，以上所舉，是否應當出注，便不明所以，造成行文體例之前後不一。同時由於少傳本信息，《疏證》所費力考溯之文本初源，即難以令人放心稱引。如此後果，實有違於《疏證》之初衷。前揭《疏證序》云：「刪去歲月，不注出處，此二點正是《經義考》的最大缺點……這些致命弱點無疑大大降低了它的學術價值，也影響了它作為工具書的使用效率。」執此返視《疏證》，雖注出處而無凡例、不交待版本信息，其實也降低了《疏證》作為經學文獻整理著作的學術價值。

（二）標點不盡準確

經學文獻之整理，其事匪易，最難者往往不在尋繹初源，而在看似平凡之標點。《疏證》之標點，也頗有可商之處。

1. 標點未能正確顯示文獻之層級

例如《說經上》第六條（「管仲曰」）：「內不考孝悌，外不正忠信，澤其《四經》而誦學者，是亡其身者也。」《疏證》云：

> 語見《管子》卷一〇《戒第二十六》。唐房玄齡注：「內不考孝悌，言不仁。外不正忠信，言不友。澤其四經而誦學者，是亡其身者也，四經謂《詩》《書》《禮》《樂》，既無孝悌忠信，空使四經流澤，徒為誦學者，即四經可以亡身也。」[1] 14

按：《疏證》於探其初源之後，另錄房玄齡之注，以明其所指。初讀之下，頗以房氏所注，頗類經解之章句體（如《公羊傳》、孔穎達《正義》等）。實際上，上揭文內「言不仁」「言不友」「四經謂……可以亡身也」等句，分別是《通說》所引「內不考孝悌」等三句之注文，在原書內，以夾註形式出現。《疏證》當加以轉寫。

2. 斷句未當，標點有誤

例如《說經上》第七條（「趙衰曰」）：「《詩》、《書》，義之府也；《禮》、《樂》，德之則也。」《疏證》云：

> 語見《春秋左傳注疏》卷一五。《正義》曰：說謂愛樂之敦謂厚重之。《詩》之大旨，勸善懲惡，《書》之為訓，尊賢伐罪，奉上以道，禁民為非之謂義。《詩》《書》，義之府藏也。《禮》者，謙卑恭

謹，行歸於敬樂者。欣喜歡娛，事合於愛，揆度於內，舉措得中之謂德。《禮》《樂》者，德之法則也。心說《禮》《樂》，志重《詩》《書》，遵《禮》《樂》以布德，習《詩》《書》以行義，有德有義，利民之本也。《晉語》云：文公問元帥於趙衰，對曰：郤縠可年五十矣，守學彌惇。夫好先王之法者，德義之府也。夫德義，生民之本也。能敦篤不忘百姓，請使郤縠公從之。[1]14~15

按：《疏證》在指明文獻初源之後，復引孔穎達《正義》以補充說明之，正合「通說」之義。然而文中首句「說謂愛樂之敦謂厚重之」，語意晦澀；「郤縠可年五十矣」「請使郤縠公從之」，令人費解。覈其實，《左傳·僖公二十七年》，「（晉）搜於被廬，作三軍，謀元帥」。趙衰因建言曰：「郤縠可。臣亟聞其言矣：說《禮》《樂》而敦《詩》《書》。《詩》《書》，義之府也。《禮》《樂》，德之則也。德、義，利之本也。」上揭孔穎達《正義》，係疏解趙衰之語而發。宜標點作：

《正義》曰：「『說』，謂愛樂之。『敦』，謂厚重之。《詩》之大旨，勸善懲惡。《書》之為訓，尊賢伐罪。奉上以道、禁民為非之謂義。……心說《禮》《樂》，志重《詩》《書》。遵《禮》《樂》以布德，習《詩》《書》以行義。有德有義，利民之本也。《晉語》云：『文公問元帥於趙衰。對曰：「郤縠可。年五十矣，守學彌惇。夫好先王之法者，德、義之府也。夫德、義，生民之本也。能敦篤不忘百姓，請使郤縠。」公從之。』」

（三）考溯出處未盡

例如：前揭《說經上》第五十四條（「葛洪曰：《五經》為道德之淵海。」），《疏證》云：

《抱朴子外篇·尚博》：「抱朴子曰：正經為道義之淵海，子書為增深之川流。……故通人總原本以括流末，操綱領而得一致焉。」
按：正經，指儒家經典。而《經義考》誤作「五經」。[1]38~39

按：此條《疏證》，已能指出「五經」乃「正經」之誤。但可議者有以下幾點：

（甲）細讀文本，知「道德」二字，《抱朴子》實作「道義」。此異《疏證》未予指出。

（乙）考《抱朴子外篇·百家第四十四》：「抱朴子曰：百家之言，雖不皆

清翰銳藻，弘麗汪濊，然悉才士所寄心，一夫澄思也。正經為道義之淵海，子書為增深之川流。仰而比之，則景星之佐三辰；俯而方之，則林薄之裨嵩嶽。」[6]441 其中也有「正經為道義之淵海」等句。那麼，《百家》篇所載，也有可能是《經義考》之初源。

（丙）檢《太平御覽・學部・敘經典》：「抱朴子曰：正經為道德之淵海，子書為增深之川流。猶北辰之佐三辰，林薄之依高岳也。」（《太平御覽》卷六〇八。）[7]2736《經義考》所引「道德」二字，很有可能據《太平御覽》析出。

又如，《說經上》第七十條（「王通曰」）：「九師興而《易》道微，《三傳》作而《春秋》散。齊、韓、毛、鄭，《詩》之末也；大戴、小戴，《禮》之衰也。《書》殘於古今，《詩》（或曰：「當作《論》。」）失於齊、魯。」（《經義考》卷二九五。）《疏證》指出，此段文字，本於王通《中說》卷二《天地篇》：「子曰：『蓋九師興而《易》道微，《三傳》作而《春秋》散。』賈瓊曰：『何謂也？』子曰：『白黑相渝，能無微乎？是非相擾，能無散乎？故齊、韓、毛、鄭，《詩》之末也；大戴、小戴，《禮》之衰也。《書》殘於古今，《詩》失於齊魯，汝知之乎？』」「當作《論》」三字，顯係朱彝尊自作夾註。《疏證》於此三字下出校，云：

> 今按：或曰非也。當作「詩」。宋阮逸注：「齊轅固生治《詩》，為博士，齊人宗之。魯申公漢初為儒學，魯人宗之。於是有齊、魯《詩》。」[1]50

按：據《經義考》夾註，知朱彝尊認為，「《詩》失於齊魯」，也可能作「《論》失於齊魯」。至於其中理據，未予發明。《疏證》據阮逸為王通《中說》本句所作注，認為《經義考》之夾註有誤，至於朱彝尊何以夾註，未予考察。考王應麟《困學紀聞・諸子》，論及《中說》，有云：

> 「《詩》失於齊、魯」，當從龔氏本云「《論》失於齊、魯」，謂《論語》也。上文已言「齊、韓、毛、鄭，《詩》之末也」，不當重出。（《困學紀聞》卷十。）

王應麟依據傳本（「龔氏本」）、文理（前文已言「《詩》之末」），認為此處當作「《論》失於齊、魯」。翁元圻注云：「唐李行修《請置詩學博士書》云：『《書》殘於古今，《論》失於齊魯。』正用文中子語，可以證龔本之不誤。」（《困學紀聞注》卷一〇）[8]691 朱彝尊自注之「或曰」，其實即本諸王氏此說。《疏證》徑斷其誤，而未遑及此。

（四）出注不合通例

《疏證》專以疏通證明《經義考》所引文獻為職志，尤以考溯文本初源、指正文字訛誤要務，撰者有所申論，正文中即能發揮（《疏證》有「今按」之設置），因此除非必要，一般不宜出注（注腳）。《疏證》偶有出注，起標明文本異同之作用，自無不可。例如，《說經上》第十七條（「賈誼曰」），《疏證》引賈誼《新書》「鬼神以與於利害」、「受博學以達其知」，出注兩條：

「以」，上海人出版社 1976 年版《賈誼集・新書》作「能」。[1] 18

「受」，上海人出版社 1976 年版《賈誼集・新書》無，而四庫本《新書》有，似為衍文。（《疏證》，頁 18）

以上二注表明，作者在考溯文本初源時，曾參考今人整理本。注出文本異同，以備考核，屬於通例。同是本條，作者又能校正《點校補正經義考》之誤：

今按：……《點校補正經義考》第八冊第 768 頁將「賈誼」誤作「陸賈」。[1] 18

此條同前揭《說經上》第四十四條（「（荀悅）又曰」）內「今按」一例，均指正《點校補正經義考》之誤，體例允洽。此類按語，其功用相當於校記。

但有些注文（校記），於例未安。例如《說經上》第十九條（「（董仲舒）又曰」）內，「《春秋》正是非，故長於治」，《疏證》於「正」字出注云：

今按：《點校補正經義考》第八冊第 769 頁奪「正」字。[1] 19

此條注文，實同上揭《說經上》第十七條（「賈誼曰」）內「今按」功用相同，當循例置於正文為宜。

又如，《說經上》第七十二條（「牛弘曰」）：「周德既衰，經籍紊棄，孔子以大聖之才，開素王之業，憲章祖述，制《禮》刊《詩》，正五始而修《春秋》，闡《十翼》而弘《易》道。」《疏證》引《隋書・牛弘傳》，內有「昔陸賈奏漢祖云：『天下不可馬上治之』」，出注云：

陸賈曰：「陛下馬上得之，不可馬上治之。」[1] 53

按：此注顯然在追溯「天下不可馬上治之」之語源。但此注同要疏通證明之牛弘之文，並無直接聯繫，作者將其作為讀書零札則可，若將其作為注文而入《疏證》，即同上揭出注之通例不合。

又如，《說經下》第三十九條（「方鵬曰」）：「《五經》、《四書》一也，漢人

讀之為訓詁之學，唐人讀之為辭章之學，今人讀之為科舉之學，蓋讀之者同，而用之者異也。」），《疏證》指出其出處為「明方鵬《矯亭存稿》」，出注云：

> 《四庫全書總目》卷一百七十六《矯亭存稿》提要：「十八卷、《續稿》八卷，明方鵬撰。是集詩文多應酬之作，所載筆記亦無所發明。」因此列入存目。[1] 211

按：此注明方氏《矯亭存稿》何以入四庫存目。所揭事實，同需要考溯之文本初源，並無直接關聯，是否有必要出注，值得推敲。

（五）載錄原文過長

備列《經義考》引據文獻之全本，使其中文本之訛脫衍倒等情形，不言自明，是《疏證》之一大優點，已如前述。但所引文獻之「全」，以何為度，其實頗值探討。《疏證》中部分文本初源，載錄過長。例如，《說經上》第六十五條（「（劉勰）又曰」）：「聖哲彝訓曰經，述經敘理曰論。」（《經義考》卷二九五。）此見於劉勰《文心雕龍·論說第十八》卷首。《疏證》將《論說》全篇照錄[1] 46~48，纚纚達千餘言。又如《說經上》第七十二條（「牛弘曰」）：「周德既衰，經籍紊棄。孔子以大聖之才，開素王之業，憲章祖述，制《禮》刊《詩》，正五始而修《春秋》，闡《十翼》而弘《易》道。」此牛弘上書請開獻書之路之表文。《疏證》遂將牛弘里貫及表文，自《隋書》中析出，文字長達一千七百餘言[1] 52~54。諸如此類，未免轉錄過當，失於冗長。

此外，《疏證》在引據文獻時，偶有未諳古文體例而解讀有誤者。例如《說經中》第八十七條（「黨懷英曰」）：「六藝者，夫子所以傳唐、虞、三代之道，眾流之所從出，而儒為之源也。」《疏證》考其出處為「四庫本《山東通志》」所載「明昌翰林六年學士黨懷英《金重修至聖文宣王廟碑》」[1] 140。其中「明昌翰林六年學士」，莫明所以。檢文淵閣《四庫全書》本（《疏證》所謂「四庫本」，即指此本）《山東通志》，知此數字均為夾註之文，分作「明昌六年」「翰林學士」兩段，中間空一字距。由於夾註雙行書寫，《疏證》顯將縱行連讀，致文次失序。明昌（1190～1196），金章宗完顏璟年號。

四、結語

綜上所述，《疏證》以考溯《經義考》通說部分之文獻初源為職志，或經明文獻之初源，或兼列其他可能出處，或兼釋所引文獻，或備列引據文獻之全本，或兼考其他文獻之異同，共考出 438 則引據資料之出處，約占該部分

引據資料之百分之八十八。如慮及古典文獻之浩如煙海，亡佚文獻之艱於探尋，此一整理成果，無疑極為豐碩。司馬朝軍《疏證序》云：「我們無意否定朱彝尊的歷史功績，也無意貶低《經義考》的史料價值，只是想讓這部名著更加熠熠生輝，更加完美無缺。我們無意成為朱彝尊之諍友、《經義考》之功臣，只是想做一點有利於學術的善事而已。」[1]108 事實上，《疏證》雖偶有不足，但其豐碩之考溯成果，不僅有功於《經義考》，也為經學文獻之整理，提供了可資借鑒的範本，足以當得「朱彝尊之諍友、《經義考》之功臣」。

參考文獻

1. 司馬朝軍，《經義考·通說》疏證〔J〕，國故新證，武漢大學出版社，2010。

2. 陳開林，《〈經義考·通說〉疏證》補證〔J〕，圖書館工作與研究，2015（2）。

3. 陳開林，《經義考·通說》引文考辨十二則〔J〕，貴州師範大學學報，2015（3）。

4. 司馬朝軍，《經義考通說疏證》序跋〔J〕，出版科學，2011（1）。

5. 林慶彰等，經義考新校〔M〕，上海古籍出版社，2010。

6. 楊明照，抱朴子外篇校箋（下）〔M〕，中華書局，1991。

7. 李昉等，太平御覽（影印宋本）〔M〕，中華書局，1960。

8. 翁元圻，困學紀聞注〔M〕//續修四庫全書第1142冊，上海古籍出版社，2002。

後　記

　　具有重大價值的研究課題往往只有在研究過程中才會被發現。自從開始研究《四庫全書總目》，我就發現了不少相關課題，關於《經義考》的溯源即為其中一例。《經義考》與《總目》存在深刻的淵源關係，我在研究《總目》之初就與它打上了交道。因此，選擇《經義考》，對於我來說，並非偶然，而是必然。在追溯《總目》編纂來源時，凡屬涉及《經義考》的條目，我就不厭其煩的查閱原書。經過比勘，我發現了《經義考》存在大量的錯誤，還特地寫過考證文章予以駁正。我在研究的餘暇，將《經義考》的幾個常見版本，如《四庫全書》本、《四部備要》本等，經常進行比較。後來我又借到林慶彰主編的《點校補正經義考》，最近又翻閱了楊果霖等人的研究論著。有關《經義考》的研究雖然也取得了不少成果，但最關鍵的探源工作迄今依然無人著手。我發願在此方面有所突破，且以最笨的辦法去獲取最佳的效果。我們正組織同志，協同作戰，計劃整理出一個完備的「疏證本」。

　　我採取了張果老倒騎驢的辦法，首先整理最後的四卷，即《通說》部分。《通說》四卷撮錄自孔子迄清初諸儒有關經學的觀點，資料極其豐富，但未一一注明出處，不便於研究者使用，加以錯訛衍奪，所在多有。我開始一條一條地查找原始出處，補充史料，校勘文字。考慮到《經義考》是一部將近三百卷的大書，我從一開始就做好了打持久戰的準備。今年暑假，我成天伏案，每日工作十四個小時，對它展開了一場猛烈的夏季攻勢，計劃先拿下《通說》部分。其間的艱苦難以言喻。見於文淵閣《四庫全書》本電子版、《漢籍全文檢索系統》等數據庫的條目還好說，對散見於《四庫全書存目叢書》《續修四庫全書》《四庫禁燬書刊》者，只好採取「大海撈針」的辦法，一本一本地

找，一行一行地找，從頭翻到尾，又從尾翻到頭。有時好幾天才找到一條，有時找了好久，還是一無所獲。每找到一條，就像發現了一顆尚未命名的新星，那種興奮勁，只有下過類似笨工夫的人才會明白。在那些聰明人看來，他們或許會大加揶揄——「如此枯燥乏味地考證，就為了查找一句話的原始出處，到底有何意義？」「花費如此巨大的勞動，只是為了給古人疏通證明，值嗎？」對於這種冷嘲熱諷，我無言以對。這種史源學的方法並不是我的發明，而是前人留給我們的一條治學路徑。如果不探明《經義考》的來源，我們就無法準確地利用它。這恐怕正是現代學者在編寫經學教科書時沒有利用它的一個重要原因。當然，也不排除整個學術界對它缺少起碼的認識，不知道其中竟然會有如此豐厚的史料！

古之學者為己，往往登高去梯；今之學者為人，為後來者鋪路。辛苦我一個，方便後來人。為人之學，有啥不值？《經義考》最初偷工減料，不符合學術規範，經過我們的史料溯源，無疑將大大提升其學術價值，並為經學話語的重構準備豐富的資料，其意義是每一個經學研究者都不難理解的。三百卷僅得其四，尚未愜意。我將上下求索，早日完成剩餘部分。

古人云：「六經不是打門磚。」為了打開六經之門，《經義考》無疑是最好的打門磚。信不信由你，反正我是信了。

己丑冬至深夜記於武昌觀衢軒

【補記】此書待字閨中竟然長達十年！近來重加修訂，恍如隔世。我自1986年秋天負笈珞珈山，問字周大璞、夏淥等先生，不知不覺已越一世矣！珞珈山無疑是我今生今世最重要的場域，三進三出，足夠寫成「珞珈三部曲」！我曾經在中文系、圖書館學系、國學院、中國傳統文化研究中心暨歷史學院輾轉飄移，不斷跨越學科，打破壁壘。令我最為欣慰的是，我除了是文獻學教授、專門史教授，還是一名經學教授。我的經學計劃本來很大，一度欲編纂《大經藏》，但事與願違，只好暫時先寫一些小型的經學專書。漢儒夏侯勝曰：「學經不明，不如歸耕。」先祖司馬光曰：「取士之道，當以經術為先，辭采為後。」嗚呼！而今學經不明，學無寸進，愧對先祖矣！己亥大雪子夜，記於海上之文淙閣。